본 글씨는 필자가 직접 쓴 성경말씀(전도서 7 : 14)으로 한글 고체와 한문의 예서, 전서, 행서를 조화롭게 배열한 서예작품임

North Korea

2005년 8월 31일 평양의 봉수교회를 방문하고, 앞줄 오른편 앞줄 첫 번째가 저자 박완신 장로

2005년 8월 31일 평양의 칠골교회를 방문하고 두 번째 줄 오른편에서 두 번째가 저자 박완신 장로

2005년 8월 31일 북한의 평양신학원을 방문하고 장신대 임성빈교수, 북한조그련의 이성숙 전도사, 박래창 장로와 함께한 저자 박완신 장로

2005년 9월 2일 평양의 낙랑구역에 위치한 가정 교회를 방문하고 김지철 소망교회 담임목사(중앙)와 북한 가정교회 성도들과 함께한 저자 박완신 장로(앞줄 왼편에서 4번째)

2005년 9월 2일 평양 낙랑구역에 위치한 가정교회(아파트 3층)에서 이곳성도들과 함께 예배를 드리는 김지철 소망교회 담임목사님(오른편에서 두 번째), 임성빈 교수(세번째), 이학주 목사(왼편에서 두 번째), 박래창 장로(오른편에서 첫 번째), 저자 박완신 장로(왼편에서 첫 번째)

2005년 9월 2일 북한의 남포에 있는 서해갑문을 돌아보고 방북단 일행과 함께한 저자 박완신 장로(오른편에서 4번째)

2004년 3월 29일부터 4월 3일까지 사이에 미국 L.A와 휴스턴에서 열린 미주지역 통일선교대학에서 강의하고 있는 저자 박완신 교수

2005년 2월 12일부터 21일까지 사이에 캐나다 벤쿠버, 에드몬톤, 캘러리에서 열린 필자의 통일강연과 소망교회 헵시바 찬양단의 북한 어린이 돕기 위한 자선음악회를 마치고 찍은 사진임

2005년 2월 12일부터 21일까지 사이에 캐나다에서 열린 필자의 통일 강연과 소망교회 헵시바 찬양단의 북한어린이돕기 자선음악회를 마치고 로키산(캘거리)에서 찍은 사진임.

2005년 2월 12일부터 21일까지 사이에 캐나다에서 열린 필자의 통일 강연과 소망교회 헵시바 찬양단의 북한 어린이돕기 자선음악회를 마치고 찍은 사진임.

2005년 8월 29일 북방선교사역차 방문한 중국 천안문 광장에서 소망교회 김지철 담임목사님(중앙), 임성빈 교수, 이학주 목사, 박래창 장로와 함께한 저자 박완신 장로

2005년 7월 27일 소망교회 북방선교부장으로서 애심양광 교육프로그램에 대표단장으로 참여하여 내 몽골사막지대에서 아내(홍경순 권사)와 함께한 저자 박완신 장로

2005년 7월 27일 중국내 몽골 사막지역에 서나무 100그루를 소망교회에서 심어주고 중국 류수 부주석과 함께한 저자 박완신 장로(오른편)

2005년 7월 24일부터 28일까지 사이에 중국 내몽골지치주에서 열린 애심양광(당, 정간부 정신교육)교육에 대표단장으로 참여하고 김지철 소망교회 담임목사, 중국 류수 부주석 등과 주석단에서 함께한 저자 박완신 교수(오른편에서 세 번째)

2005년 5월 31일 몽골 울란바타르 대학교 윤순재 총장으로부터 객원교수임명장을 받고 장학금을 전달하고 있는 박완신 장로(소망교회 북방선교부장으로서 전달)

2005년 5월 31일 몽골 울란바타르 대학교 졸업식에 소망교회 북방선교부 대표단장으로 참석한 박완신 장로(왼편)

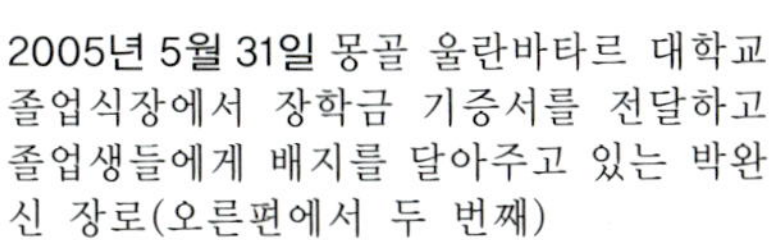

2005년 5월 31일 몽골 울란바타르 대학교 졸업식장에서 장학금 기증서를 전달하고 졸업생들에게 배지를 달아주고 있는 박완신 장로(오른편에서 두 번째)

2005년 5월 27일부터 6월 1일까지 몽골 선교 여행 중 몽골정부청사 앞에 선 박완신 교수

2005년 5월 30일 몽골 바양고비사막 초원에서 말을 타고 있는 박완신 교수

2005년 5월 30일 몽골 전통가옥인 겔에서 몽골인, 그 자녀들과 함께한 박완신 교수

統一의 詩, 平和의 詩

평양하늘을 울리는 사랑의 노래

박 완 신 시집

머리말

뜨거운 가슴으로 기다렸던 길, 가깝고도 머 언 평양 길, "대동강아 말해다오" 통일의 그날을…

나는 북한학 교수 대표로 평양과 북한의 여러 지역을 돌아보면서 한반도 평화와 통일의 그날을 향해 솟구치는 열정을 억제할 수 없었다.

그렇게도 애타게 기다렸던 마음들, 타오르는 사랑으로 남북의 형제들이 함께 어우러져 통일의 노래를 힘차게 외쳤다.

"사랑, 평화, 민주, 자유, 복지, 통일"

이것은 우리 통일조국이 지녀야할 가치이다

우리는 이제 미래를 향한 이 민족적 가치를 하나로 가꾸어가야 한다.

웃음으로 평화와 통일의 염원을 밝혀야 한다.

한강에, 대동강에 우뚝 솟은 분수는 서울과 평양 하늘로 다투어 치솟고 있다. 새 세기를 향해…

능라도에서, 여의도로, 남산에서 대성산으로, 백두산에서, 한라산으로, 설악산에서, 금강산으로, 지리산에서 묘향산으로 메아리친 사랑의 노래는 민족의 가슴을 뜨겁게 한다.

이 사랑의 노래는 서울과 평양의 하늘아래 평화와 통일의 노래되어 한반도에서 동북아로, 세계로 힘차게 울려 퍼질 것이다.

민족의 통일과 평화, 사랑과, 화해를 위한 비전과 꿈을 안고 살아온 삼십여 년의 나의 삶, 기도하며 연구하며 가르치며 평화와 통일을 향한 삶의 현장에서 나의 가슴을 담은 시로, 하늘을 향한 기도문으로, 통일 기행문으로, 마음을 쏟은 수필로 적어놓은 글들을 모아 "금강산에 메아리 친 통일의 노래"에 이어 "평양하늘을 울리는 사랑의 노래"에 담아 보았다.

인간의 삶은 기도와 시와 함께 성숙해 감을 절감한다. 이제 이 한편의 사랑의 노래가 하나님께는 영광이요 우리 민족의 평화와 통일을 위해 크게 기여 했으면 한다.

오늘 내가 있기 까지 진리의 말씀으로 굳게 서게 한 소망교회 곽선희 원로목사님, 김지철 담임목사님, 장로님들,기도로, 정성으로 힘을 준 사랑하는 아내와 아들, 딸들, 그리고 믿음의 모든 형제들에게 고마움을 보낸다.

또한 "평양하늘을 울리는 사랑의 노래"를 출간해준 지구문화사 주병오사장님과 직원들에게 감사한다.

아무쪼록 이 책이 민족의 평화와 통일에 조금이라도 기여하는 "평양하늘을 울리는 사랑의 노래"가 되길 기원하는 마음 간절하다.

2006년 12월 10일

민족의 평화와 통일을 기원하며

저자 박완신

제1부 평양하늘을 울리는 사랑의 노래

평양의 아침 ······ 21
대동강아 말해다오 ······ 23
서울에서 평양까지 ······ 24
백두산 가는 길에 ······ 25
북녘하늘아래 솟아난 백두산 ······ 26
삼지연에서 백두산까지 ······ 27
평양하늘을 울리는 사랑의 노래 ······ 28
남북이 잡은 손 ······ 29
양각도의 사랑 ······ 31
평 양 2005 ······ 32
묘향산 가는 길 ······ 33
묘향산 비선폭포에서 ······ 34
남포로 가는 길 ······ 35
개성으로 부는 바 ······ 36
대성산을 울린 통일의 노래 ······ 37
능라도에서 ······ 38
만경대 소년학생궁전 ······ 40
보통강변을 거닐며 ······ 41
봉수교회에서 ······ 42
칠골교회의 사랑 ······ 43
낙랑의 가정교회 ······ 44
휴전선 넘어 금강산 가는 길 ······ 45
삼일포에 피어난 눈꽃 ······ 46
금강산에서 두손을 모은 남북 ······ 47
해금강의 연정 ······ 48
북녘하늘 ······ 49
북한학 교수의 하루 ······ 51
통일은 결코 금을 지우는 것이 아니다 ······ 53
통일의 꽃나무 ······ 55
통일의 노래 ······ 57
개성에서 잡은 손 ······ 58

제 2 부 세계로 평화로

세계로 평화로 ······ 61
시카고 하늘아래 ······ 62
트리니티를 밝힌 통일의 빛 ······ 63
LA, 휴스턴에 피어난 통일 선교의 꽃 ······ 64
캐나다에 메아리 친 통일의 노래 ······ 65
헵시바, 그 기쁨과 평화 ······ 66
단풍으로 물든 캐나다 ······ 67
샤논폭포(shannon falls) 가는 길에 ······ 68
흰눈으로 옷 입은 에드몬톤 ······ 69
미주대륙을 수놓은 로키산맥 ······ 70
백두의 심장 ······ 71
연변에 솟은 진리의 기둥 ······ 72
언거패이(恩格貝)의 사랑 ······ 73
별빛 찬란한 중국하늘 ······ 74
애심양광(愛心陽光)의 꿈을 안고 ······ 75
몽골을 밝힌 사랑의 빛 ······ 76
사각모에 깃든 울란바타르의 사랑 ······ 77
바양고비(BAYAN GOBI)에서 ······ 78
테렐지공원 가는 길에 ······ 79
전승 기념탑에서 ······ 80
하늘에서 본 고비 ······ 81
사할린 하늘아래 ······ 82
필리핀의 정(情), 팍상한 ······ 84
베트남 통일 연정 ······ 85
닌빈의 탐꼽에서 ······ 86
섬들이 춤을 추는 하룽베이 ······ 87
내 손에서 하나 ······ 88
참 자유안에 사는 자 ······ 89
자유인의 축복 ······ 90
세계의 빛 ······ 92

第5部 통일로 가는 평양 길, 평화의 길

1 평양에서 본 북한사회 ········· 175
2 북한 방문을 통해서 본 통일선교 환경 ········· 199
3 개성의 하늘과 땅 ········· 219
4 미주통일선교대학과 북한선교의 비전 ········· 226
-휴스턴과 LA 통일선교대학 강의를 마치고-
5 중국 내몽골에 핀 사랑과 빛 ········· 230
6 몽골 선교여정 ········· 241
7 베트남 통일 선교여정 ········· 254
8 하늘이 연 백령도 길, 통일의 길 ········· 264
9 북방선교의 전략과 방향 ········· 268
10 중국연변과학기술대학 방문 ········· 288
11 상해, 장가계, 서안 여정 ········· 299
12 러시아에서 본 북방선교, 북한선교 ········· 306

第6部 민족을 살리는 사랑의 기도

내가 새 일을 행하리니 ········· 329
일어나서 빛을 발하라 ········· 332
전쟁과평화, 화해의 복음 ········· 334
봉수교회여! 진리의 빛을 ········· 335
한 알 밀의 신비 ········· 337
종려주일(부활주일 전주일) ········· 339
이것을 네가 이기었노라 ········· 341
그 어버이와 그 자녀 ········· 343
전쟁의 경륜적 속성 ········· 345
처음 사랑의 회복 ········· 347
저 안식일에 들어가기를 힘쓰라 ········· 349
베푸신 큰일을 본 사람 ········· 351
오직 내 안에 그리스도 ········· 354
이 선지자의 고민 ········· 357

자기 기념비의 운명 359
범사에 감사하라 361
말씀에 붙잡혀 사는 사람 363
위로를 기다리는 자 365
오직 은혜 367
교사헌신의 밤 기도 369
청년회 수련회 기도 371
소망교회 갈렙부 개강예배 기도 373
소망교회 성가대 수련회 375
북방선교부 기도 377
민족통일과 민족 일을 위한 기도 379
평화통일과 남북한 선교협력 위한 기도 381
기독신우회 기도 383
북한동포와 탈북자, 외국인 노동자를 위하여 385
서울강남노회 제직연합수련회 기도 387
서울강남노회 신년예배 대표기도 390
서울강남노회 정기회 대표기도 393
중국연변과기대 주일예배 기도 395
러시아 사할린 신세대교회 주일예배 대표기도 397

제 7 부 북녘하늘, 평화로 하나

북녘하늘 400
평화로 하나 402

제1부

평양 하늘을 울리는 사랑의 노래

평양의 아침/대동강아 말해다오
서울에서 평양까지/백두산 가는 길에
북녘하늘아래 솟아난 백두산
삼지연에서 백두산까지
평양하늘을 울리는 사랑의 노래
남북이 잡은 손/양각도의 사랑
평양 2005/묘향산 가는 길
묘향산 비선폭포에서/남포로 가는 길
개성으로 부는 바람/대성산을 울린 통일의 노래
능라도에서/만경대 소년학생궁전
보통강변을 거닐며/봉수교회에서
칠골교회의 사랑/낙랑의 가정교회
휴전선 넘어 금강산 가는 길
삼일포에 피어난 눈꽃
금강산에서 두손을 모은 남북
해금강의 연정/북녘하늘
북한학 교수의 하루
통일은 결코 금을 지우는 것이 아니다
통일의 꽃나무/통일의 노래
개성에서 잡은 손

평양의 아침

푸른 하늘 아래
대동강은 말이 없고
평양의 아침
뿌연 안개로 젖어있다.

저 동편에선
태양 빛 찬연히 솟는데
평양의 아침은
아직도 깊은 밤이다.

규격화된 도시
빛 바랜 아파트
불빛은 없고
짜여진 낡은 사회주의만을 알린다.

평양의 남북을 잇는
대동강에 뜬 충성의 다리, 옥류교
건너는 사람, 달리는 차도 없다.
서울로 가는 통일 거리도 한산하다.

이제 이데올로기의 깊은 잠에서 깨어
통일의 새 아침을 열자
사랑으로 평화로 하나로 뛰자

*시작(詩作)노트

필자는 2003년 8월 14일부터 17일까지 평양에서 열린 평화와 통일을 위한 8.15민족대회에 관동대 북한학과 교수로서 학자대표로 참여하여 민족의 평화통일을 염원하며 지은 시임

*월간문학 통일시선 작품임

대동강아 말해다오

뜨거운 가슴으로 기다렸던 길
가깝고도 머~언 평양 길
"대동강아 말해다오"
통일의 그날을.

반만년 엉켜 온 진한 피
끊어진 허리 잡고
우리는 함께 울어야 했다.

이제 그렇게도 애타게 기다렸던 마음들
타오르는 사랑으로 만났다.
미끄러지며, 넘어지며 달려왔다.

사랑, 평화, 민주, 자유, 복지, 통일
통일조국이 지녀야할 가치
우리는 하나로 가꾸어가자.
웃음으로 통일의 염원 밝히자.

대동강에 우뚝 솟은 두 개의 분수
평양 하늘로 치솟는다.
주체사상탑과 경쟁한다.
대동강아 말해다오.
통일의 그날을……

서울에서 평양까지

광복 56년
7천만이 잡은 손
서울에서 평양까지
아시아나 직항로로
민족화합의 소리 창공에서 드높다.

기다렸던 길,
통일의 길
이제 분단의 아픔을 씻자.
통일의 여명 밝히자.

짙은 안개 속
통일의 빛은 밝아오고
뭉게구름은 평화를 싣고 달린다.
서울에서 평양까지

백두산 가는 길에

평양에서 백두산
하늘이 준 선물
감사와 기쁨으로 찬 시간이었다.

고려항공 JS7409
좌석번호 19B
항공통행검사소의 검인으로 북녘하늘 길을 날았다.

"건강하십니까" 노래에 맞추어
"민족통일 대축전에 오신 동포여러분
열렬히 환영합니다."
사랑이 담긴 민족의 언어였다.

같은 하늘, 같은 산하이건만
달라진 이데올로기
다락 밭, 민둥산
이제 우리는 통일을 위해 날아야 한다.

북녘하늘아래 솟아난 백두산

7천만의 얼이 깃든 산
희고 높다하여 백두산,
그것은 진정 하늘이 창조한 산이었다.

김일성을 말하는 장군봉
김정일을 그리는 향로봉,
혁명의 산으로 둔갑해 버린 산
민족의 가슴을 찔렀다.

이제 우리는 이 산을
평화의 산으로 가꾸자
이데올로기의 산을 허물자
통일의 산으로 재창조하자
백두산 만세, 통일 만세.

삼지연에서 백두산까지

하늘이 창조한 산 백두산
민족의 꿈,
통일을 실은 차는
백두고원을 달린다.

김정일 화, 김일성 초상화
양강도 삼지연에 솟고
우리는 하늘을 향해 두손을 모은다.

벚나무, 이깔나무는 사랑을 노래하고
노오란 야생화는 평화를 노래한다.
아스팔트로 다진 외통길
통일의 길로 트인다.
민족의 산으로 백두산을 잇는다.

*시작(詩作)노트

필자는 2001년 8월 14일부터 22일까지 북한학 교수 대표로 평양과 북한의 여러지역을 방문하는 동안 고려항공편으로 평양 순안공항에서 양강도 혜산시 삼지연공항에 도착, 백두산 천지와 삼지연을 돌아보며 쓴 시임.

평양하늘을 울리는 사랑의 노래

파아란 하늘아래 뜨거운 사랑 일어
눈물과 웃음 얽힌 겨레함성 드높아
평화와 통일의 꽃 기쁨으로 피어 났네

7천만의 가슴들은 믿음으로 부르네
한강에서 대동강, 능라도에서 여의도
서울과 평양의 손, 힘차게 붙들 었네.

조국을 사랑하는 마음들이 모여서
아름다운 금수강산 우리 함께 가꾸며
평화로 하나로 세계로 달려가자.

사랑도 하나, 마음도 하나,
온 겨레 믿음으로 노래 부르자
서울과 평양하늘 평화로 하나 됐네.

*시작(詩作)노트

2003년 8월 14일부터 17일까지 평양에서 열린 평화와 통일을 위한 8.15민족대회에 한국의 학자대표로 참여하여 민족의 평화통일을 염원하며 지은 시임. "평화로 하나"노래로 불리어 지고 있음(작사 : 박완신, 작곡 : 김기웅)

남북이 잡은 손

평양에서
남북이 잡은 손
7천만 겨레의
뜨거운 손이어라.

한(恨)의 노래로
갈라진 55년,
2000년 6월에
민족의 찢어진 가슴을
하나로 묶어라.

한반도 단일기는
서울과 평양 하늘에서 푸르고
피는 이데올로기를 넘어
민족의 가슴 가슴을 울려라.

6.15 공동선언
서울에서 평양으로
여의도에서 능라도로
백두산에서 한라산까지
설악산에서 금강산까지
우리는 하나
평화로 하나
통일의 노래로 울려라.

*시작(詩作)노트

2000년 6월 13일부터 15일까지 평양에서 열린 남북 정상회담 후 필자가 서울과 평양, 금강산, 백두산 등지에서 열린 6.15공동선언 실천을 위한 남북사회 각계 대표들의 모임에 북한학자 대표로 참여하면서 민족의 평화통일을 기원하며 쓴 시임.

양각도의 사랑

천리마 거리에서는
말이 천리를 달려
바빴던 사회주의를 알리고
여자 교통보안원은
30도의 더위에서 운다.

평양 역 앞 사람들
바쁜 걸음으로 지쳐 있고
고려호텔 앞 식당거리
음침한 골짜기로 어둡다.

깊은 민족애 안고 양각다리 건너
남북의 형제들은
뜨거운 사랑으로
양각도 호텔을 불태웠다.
피는 이데올로기보다 진하다는
민족의 진리
사랑의 함성으로 솟구쳤다.

8.15의 이름으로 모인 남북
뜨거운 가슴으로
짙은 이데올로기의 벽을 깨자
평화와 통일의 노래로 대동강을 울리자.

평 양 2005

한민족의 얼
중국대륙에 심고
장수왕은 평양을 수도로
고구려의 위용을 떨쳤다.

1500년의 역사속에 자란 평양
이제 낡은 사회주의를 대변하고
금수산 기념궁전에서는
신권정치를 알린다.

미루나무 가로수길
순안공항에서 평양으로
9.9절 거리, 천리마 거리
사람은 없고 여름바람만 차다.

105층 류경 호텔
앙상한 강성대국을 알리고
영생탑에서는 영원한 주석을 노래한다.
주체사상탑에서는
낡은 이데올로기를 대동강에 뿌린다.

묘향산 가는 길

평양에서 신의주로
철길 따라
고속도로는 뻗어있는데
달리는 차는 없다.

옥수수, 콩, 벼는 "무더기" 비를 만나
간신히 여물어 가고
청천강에서 금천강으로
시골 아이들의 한이 솟구친다.

이제 우리는 손에 손을 잡고
통일 조국의 소망을 이루자.

묘향산 비선폭포에서

묘향산!
한폭의 동양화로 솟고
하늘의 병풍으로 덮었습니다.

“묘향산은
가파릅니다
그러나 폭포가 많아
재미있습니다”
김정일위원장의 말! 말!

우리는
“주 하나님 지으신 모든 세계”
그 속에 마음을 담갔습니다
하늘이 만든 비선폭포에
우리의 발을 담갔습니다.

저 비로봉 꼭대기에
통일의 깃발 꽂고
복음의 빛 비추어
구원의 길, 생명의 길 열었습니다.

*시작(詩作)노트

2005년 8월 29일부터 9월 3일까지 평양과 남포, 묘향산 등 북한의 여러지역을 방문하는 동안 묘향산 비선폭포에 올라 지은 시임.

남포로 가는 길

청년영웅 도로
하얀 중앙선의 십차선 길
사랑실은 십자가의 길로
평화실은 통일의 길로 뻗어라.

옥수수, 벼 이삭은
여름을 재촉하고
문화주택, 아파트는
사회주의를 재촉한다.

8km의 서해갑문
대동강과 황해를 잇고
남과 북을 하나로 묶는다.
세계로 미래로 달린다.

*시작(詩作)노트

2005년 8월 29일부터 9월 3일까지 평양과 남포, 묘향산 등 북한의 여러 지역을 방문하는 동안 평양에서 남포로 가는 고속도로와 서해갑문을 보며 지은 시임.

개성으로 부는 바람

송악산, 진봉산 골
새로운 개성시가 떠 오르고
선죽교는 옛 고려의
흔적으로 남았다.

군사분계선은
남북의 한(恨)을 안고
산새들은
자유롭게 남북의 하늘을 날고 있다.

기정동 마을엔 인공기,
대성동 마을엔 태극기,
그 두 개의 깃발은
분단의 눈물로 펄럭인다.

사천강에 분단의 아픔을 묻자
임진강에 통일의 기쁨을 열자
개성으로 부는 바람,
평화의 바람, 통일의 바람으로 불어라.

*시작(詩作)노트

필자는 북한학을 가르치는 교수로서 생각나는 대로 통일로를 달려 도라산 전망대에 가서 민족분단의 아픔을 생각하며 평화통일을 기원한다. 250km의 군사분계선, 저 북녁엔 세계에서 제일 높다고 하는 160m의 인공기(대성동마을 태극기는 120m의 높이임)가 펄럭이고 20m높이의 김일성 동상이 인구 40만의 개성시가지를 호령하고 있는 듯하다.

대성산을 울린 통일의 노래

고구려의 향기서린
대성산성 남문
남북이 손에 손을 잡고
뜨거운 통일의 노래 부른다.

고구려의 수도 평양
대성산성의 20개문이 지켰고
2003 평양의 8.15민족대회
한반도의 평화와 통일을 노래한다.

아리랑, 통일아리랑
양산도, 봄이 왔네
7천만이 부르는 노래
민족의 함성으로 대성산을 울린다.

3.1절, 8.15광복, 6.15공동선언
한민족의 독립, 평화와 통일을 외치는 소리
자유, 평화, 민주, 복지가 있는
21세기 새 통일조국의 비전을 심자.

능라도에서

6.15선언
평양에서 솟고
화해, 믿음, 사랑
능라도에서 빛난다.

평화 통일
함께 외쳐온 소리
민족의 꿈
능라도에서 여의도로
서울에서 평양으로
무지개 다리를 놓는다.

한반도 단일기
통일바람 일으키며
능라도에서 펄럭이고
남과 북, 해외 동포
평양에서 가슴을 열었다.

가자!
평화의 길로
7천만이여
하나로 뜨거운 손을 잡자.

*시작(詩作)노트

2003년 8월 14일부터 17일까지 평양에서 열린 평화 통일을 위한 8.15 민족대회에 한국의 학자대표로 참여하여 민족의 평화통일을 염원하며 지은 시임.

만경대 소년학생궁전

소년 소녀들의 함성
광복거리에서 드높다.
1989년 "어머니의 자애로운 품"을 말하며
솟아난 만경대 소년학생궁전
진정 어머니의 사랑으로 솟아라

"우리 어린이들은 우리나라의 보배들입니다.
앞날의 조선은 우리 어린이들의 것입니다.
1989. 4. 19. 김일성"
벽에 새겨진 글발대로
진정 어린이의 천국으로 우뚝 서라

웃으며 가야금 치는 네 쌍둥이
서예로 "조국통일"을 익히는 소년
어른 닮은 "까투리사냥"을 외치는 소녀
진정 순수한 어린이로 키가 자라고 지혜가 자라라

북의 어린이
남의 어른들
통일, 통일 외치는 소리
민족의 노래되어 북녘하늘을 울린다.

보통강변을 거닐며

사랑의 강, 보통강
대동강으로
한강으로
통일을 향해 달린다.

기차소리, 자동차 소리
메미 울음소리
평화의 오케스트라가 되어
남북의 뜨거운 가슴을 연다.

보통강의 밤길
캄캄한 길
그 속에서
민족의 구원을 보며
하늘의 사랑을 불 태운다.

*시작(詩作)노트

2005년 8월 29일부터 9월 3일까지 평양과 남포, 묘향산 등 북한의 여러 지역을 방문하는 동안 보통강려관(호텔)에 묵으면서 보통강의 밤길을 거닐며 지은 시임.

봉수교회에서

평양하늘 아래
봉수교회 솟아
1988년,
북한정권의 신앙을 알렸다.

"민중의 아편"
공산주의 종교관이
교회를 지하로
하늘을 향한 눈물의 기도
북녘하늘을 진동했다.

봉수교회 !
이데올로기의 벽을 헐고
동양의 예루살렘을 찾자
"예수앞에 나오면" "주께 두손 모아 비나니"
여성중창단의 찬양
진리의 노래로 울려라.

*시작(詩作)노트

2005년 8월 29일부터 9월 3일까지 평양과 남포, 묘향산 등 북한의 여러 지역을 방문하는 동안 1988년 평양에 처음 세워진 봉수교회를 방문하여 북한성도들과 함께 예배드리며 기도하는 가운데 지은 시임.

칠골교회의 사랑

강반석 권사
그 신앙 기려
1992년,
칠골의 십자가로 떴다.

그러나 아직도
주체의 늪에서
서성이고
사회주의 종교를 대변한다.

한복입은 여성찬양대
"죄짐맡은 우리구주"
그리스도를 눈물로 노래했다.

다시 만나요,
손에 손을 잡은 남북
뜨거운 민족의 가슴을 열었다.
그리스도의 사랑으로 통일을 노래했다.

*시작(詩作)노트

2005년 8월 29일부터 9월 3일까지 평양과 남포, 묘향산 등 북한의 여러 지역을 방문하는 동안 1992년 평양에 두 번째로 세워진 칠골교회를 8월 31일(수)방문하여 북한성도들과 함께 찬양하며 기도하는 가운데 지은 시임.

낙랑의 가정교회

낙랑구역
11, 12 인민반
아파트 3층
하늘의 노래 울렸다.

여성의 손풍금 반주
"사랑하는 주님앞에"
남북이 하나로 찬송 불러
진리의 노래로 뜨거웠다.

1992년, 처음도 12명
지금도 12명
이데올로기가 막고 섰다.
어둠에서 빛으로 다시 서라
하늘이 세상을 사랑하고
사람을 사랑함을 믿고
진리안에서 통일의 길 열자.

*시작(詩作)노트

2005년 8월 29일부터 9월 3일까지 평양과 남포, 묘향산 등 북한의 여러 지역을 방문하는 동안 9월2일에는 520여개가 있다는 가정교회중 한곳을 방문하고 북한성도들과 함께 찬양하며 김지철 소망교회 담임목사님의 요한복음 3장16절에 근거한 설교 말씀을 들으며 기도하는 가운데 지은 시임.

휴전선 넘어 금강산 가는 길

2003년 9월, 가을의 문턱에서
금강산 육로 관광길 열려
통일의 열매 맺으려 하나로 달린다.

동해의 푸른바다
태양 빛에 더 푸르고
평화의 꿈으로 더 빛난다,
1299개의 녹슨 철판을 녹인다.

양양에서 원산까지
철길은 이어지는데
아직 달리는 열차는 없다.
동해선을 7천만의 가슴이 기다린다.

통일전망대, 민통선
분단의 회환, 통일의 소망으로 뜨고
구선봉따라 흐른 바위산
헐벗은 사회주의를 말한다.
푸르른 내일의 하나된 조국을 부른다.

*시작(詩作)노트

휴전선 넘어 금강산 가는 길, 삼일포에 피어난 눈꽃, 금강산에서 두 손을 모은 남북, 주제의 시는 2005년 3월 22일부터 24일까지 대한예수교장로회총회와 북한의 조선그리스도교연맹이 광복 60주년 및 부활절 기념예배에 참석하여 지은 시임.

삼일포에 피어난 눈꽃

하늘로 솟은 소나무
눈꽃으로 단장하고
신랑을 기다리듯 남녘의 형제들을 반긴다.

봉화소학교에선 총대소리
삼일포에선 "김정숙 영생불멸"의 글발
이념의 늪을 이루는데
누운 소를 닮은 와우섬
네 선녀가 놀았다는 사선정은
물오리들의 노래 소리에 민속춤을 춘다.

임금이 삼일동안 쉬어간 삼일포
양사언이 자연의 시를 노래한 봉래대
8키로의 호수둘레와 13미터의 수심에서
민족의 소리 들리는데
나는 통일조국을 그리며 두손을 모았다.

금강산에서 두손을 모은 남북

가슴에 깊이 담고 싶은 산
입술로 다 말할 수 없는 산
내금강 외금강 해금강이 어우러져
만물의 숨소리 더 크게 한다

하늘이 창조한 금강산
선교120년, 광복60년
십자가고난, 부활의 기쁨을 보며
남북교회가 하나로 모여
분단의 아픔과 통일의 소망을 노래한다.

의와 화평이 서로 입맞추고(시편 85 : 10)
세상이 주는 평화를 넘어
하늘이 주는 평화에 젖어
남북의 교회가 뜨겁게 두손을 모았다.

*시작(詩作)노트

휴전선 넘어 금강산 가는 길, 삼일포에 피어난 눈꽃, 금강산에서 두 손을 모은 남북, 주제의 시는 2005년 3월 22일부터 24일까지 대한예수교장로회총회와 북한의 조선그리스도교연맹이 광복 60주년 및 부활절 기념예배에 참석하여 남북기독교대표가 함께 기도하며 남북한선교협력을 생각한 가운데 지은 시임.

해금강의 연정

바다의 금강산, 해금강
중생대의 풍화작용으로 떠서
관동 8경을 자랑한다.

푸른 바다위에서
춤을 추는 해 만물상
햇빛, 파도, 비바람과 어우러져
삼위일체의 조화를 알린다.

총석정의 사선암은
바다의 기둥이 되어 하늘로 솟고
고양이바위, 쥐바위는 쫓고 쫓기우고
촛대바위, 동자바위, 서적바위는
책을 보는 아이의 졸음을 달랜다.

잉어가 금방이라도 뛸 것 같은 잉어바위
남편과 아내가 헤어지지 말자고 약속하는
부부바위
인동초, 소나무, 대나무가 어우러져
해금강의 연정, 그 향기를 드높인다.

*시작(詩作)노트

이 시는 필자가 1999년 6월 16일 "남북통일 금강산 대성회"에 참석하여 "우리의 소원은 기도로 통일" 제하의 강연을 마치고 해금강을 돌아보며 쓴 시임.

북녘하늘

사랑의 메아리는 남북을 오가는데
분단의 아픔속에 세월만 흘러 흘러
소망의 돛을 달고 힘차게 저어가자
통일로 가는 길이 우리를 부른다.

자유의 종소리는 온 누리에 퍼지는데
빛 잃은 북녘하늘 먹 구름 덮여
사랑의 돛을 달고 힘차게 저어가자
통일로 가는 길이 우리를 부른다.

잊혀진 북녘하늘 구원의 빛 넘치니
온 세상이 축복으로 주 이름 찬양하네
복음의 일꾼되어 말씀의 증인되자
진리의 주 음성이 우리를 부른다.

자유로 평화심고 평화로 자유 심어
믿음과 사랑으로 잡은 손 뜨거워져
우리는 언제나 함께가는 겨레고자
통일로 복음심어 우리를 부른다.

*시작(詩作)노트

이 시(詩)는 필자가 1997년 10월 6일 세종문화회관에서 교계지도자와 대선후보, 국회의원 등 5백여명이 참석한 가운데 "평화통일과 북한복음화" 책 출판기념회 겸 통일강연회를 마치고 피로와 배 통증이 겹쳐 갑자기 병원으로 옮겨 치료받으며 뜨거운 기도와 함께 지은 시로 소망교회 갈렙부 부장으로 재임당시 함께 봉사했던 작곡가 김기웅 장로가 작곡하여 가브리엘중창단의 중창 및 합창으로 불리어짐. 특히 이 시는 "통일의 꽃나무", "북한학교수의 하루", "통일은 결코 금을 지우는 것이 아니다", "피와 눈물은 언제나 하나"와 함께 저자가 시 문단에 등단한 작품임.

북한학 교수의 하루

무한한 꿈이다
터지는 함성이다
목마른 채 달려가는 샘터다.

보따리처럼 펼쳐 놓는
낡은 가방 하나 가득
오늘의 수업시간은 만족하다.

아내가 정성껏 만들어 준 반찬 냄새
콩자반 멸치볶음 나물무침
넘치고 흔들려 젖어버린 강의노트

오늘의 북한학과가 없는
북한학을 가르치는 북한학교수의
젖은 글썽임의 함성

먼 하늘 엮어가는 교정 가득한 눈동자들
그러나 내일은 밝다.

동물처럼 기르거나
동물을 실험하듯 북녘을
유리관 속에 넣어두지 않도록
하늘에 비추이는 우리의 모습만큼
예쁘고 넉넉하고 자유롭기를 소원한다.

바람처럼 그렇게 불어야 한다
관동대 청송 숲 속 가득한 이 바람
남풍으로 그렇게 불어야 한다
우리 모두의 소중한 바람이다.

*시작(詩作)노트

이 시(詩)는 필자가 1998년 관동대학교 북한학과 교수로 재임하면서 교수연구실에서 기도하며 쓴 시로 "통일의 꽃나무", "북녘하늘", "통일은 결코 금을 지우는 것이 아니다", "피와 눈물은 언제나 하나"와 함께 저자가 시 문단에 등단한 작품임.

통일은 결코 금을 지우는 것이 아니다

정말로 사랑이 필요한 때입니다

나무에게 물을 주듯
주는 자도 복이 있고
받는 자도 복이 넘칩니다.

철책이 굽이치는
그 너머엔 우리의 혈육이 있습니다

길이 끊어진 이웃을 보았습니까

남북의 사이에는 승부의 벼랑과
등진 원한이 가득하여 차마 무서웠습니다.

전차와 폭격기와 총과 무기들로
우는 아이의 울음을 그치게 할 수는 없습니다.

그 아이는 곧 돌을 집어
던질지도 모릅니다
배고픈 아이가 끝내 먹을 걸 훔치듯
영원히 평안한 얼굴에 웃음을 되찾아 주는
어른이 필요한 때입니다.

사랑을 주는 이들이 많이 필요합니다.

나무들이 마르고 환자들이 늘어나고
핍박받는 이들과
내일을 밝혀 줄 등불이 한없이
그리운 때입니다.

통일은 결코 금을 지우는 것이 아닙니다
겨레의 사랑이 절실한 때입니다.

통일의 꽃나무

누가 서성대고 있는가
문을 열어 보라
바깥 세상을 보라.

꽃으로 활짝 피어나는
담도 벽도 무너져 버린
꽃밭이구나.

씨뿌려 심고 가꾸어 온
꽃나무들
우리의 가슴마다에서 자란다
항상 하나로 자란다.

까치소리 머금고
하늘구름 거느리고
총성과 녹슨 철조망과
국방색 그 지뢰밭 화약 냄새 속에서도
지치거나 쓰러지지 않은
꽃 나무
월남, 예멘, 독일

우리에겐 더 긴 오랜
기다림 만큼
더 아프고 더 사무치는 약속

하늘과 땅
백두와 한라가 어우러져
덩실 덩실 춤판을 벌일
꽃나무에서 꽃이 피어나고 있다
통일의 꽃이 피어나고 있다.

*시작(詩作)노트

이 시는 "통일의 꽃나무", "북녘하늘", "통일은 금을 지우는 것이 아니다", "북한학교수의 하루", "피와 눈물은 언제나 하나"와 함께 1998년 6월 월간 "한맥문학"에 게재된 시로서 저자가 시 문단에 등단한 작품임.

통일의 노래

영혼이 담긴
뜨거운 가슴으로
통일의 노래되어
30년 !

쓰러지며 일어서며
눈물로 웃음으로
통일의 노래되어
하늘의 노래로……

*시작(詩作)노트

이 시는 2005년 8월 29일부터 9월 3일까지 평양과 북한의 여러 지역을 방문한 가운데 북한학으로 박사학위를 받고 통일과 북한선교사역을 담당하게 하신 하나님께 감사드리며 나의 통일선교사역 30년을 회상하며 통일의 비젼을 갖고 지은 시임.
원래 시적인식은 과학적 진리나 지식으로 알게 되는 일상적 인식의 세계를 부정하고 항상 새로운 세계로 지향하는 것이다. 이러한 시적 인식의 속성에 따라 "통일의 노래"에 대한 일상적 인식을 필자의 세계관으로 바꾸어 나의 내재적이고 잠재적인 인식으로 새로운 의미를 창출해 낸 시적 표현이라 할 수 있음.

개성에서 잡은 손

휴전선에선
남북의 군 찝차가 손을 잡고
남북의 형제들이 손을 잡았다
하늘과 땅이 손을 잡았다.

개성공단에선
납북의 연기가 손을 잡고
은행의 남남북녀가 손을 잡았다
북쪽의 여성, 남쪽의 상품, 미국의 달러
하나의 훼미리마트를 열었다.

개성시내에선
옛 고려의 음성 들리고
오늘의 빛바랜 냄새 진동한다
그래도 남북의 가슴들은 손에 손을 잡았다
평화를 위해, 통일을 위해, 사랑을 위해............

*시작(詩作)노트

이 시는 필자가 소망교회 북방선교부장으로서 2006년 3월 10일 북한농촌 지원 차 개성을 방문하여 북한 민족경제협력련합회 대표들과 회담을 마치고 개성공단과 역사의 고도 개성시내를 돌아보며 지은 시임.

제2부
세계로, 평화로

세계로 평화로/시카고 하늘아래
트리니티를 밝힌 통일의 빛
LA, 휴스턴에 피어난 통일 선교의 꽃
캐나다에 메아리 친 통일의 노래
헵시바, 그 기쁨과 평화/단풍으로 물든 캐나다
샤논폭포(shannon falls) 가는 길에
흰눈으로 옷 입은 에드몬톤
미주대륙을 수놓은 로키산맥
언거패이(恩格貝)의 사랑/별빛 찬란한 중국하늘
애심양광(愛心陽光)의 꿈을 안고
몽골을 밝힌 사랑의 빛
사각모에 깃든 울란바타르의 사랑
바양고비(BAYAN GOBI)에서
테렐지공원 가는 길에
전승 기념탑에서/하늘에서 본 고비
필리핀의 정(情), 팍상한/베트남 통일 연정
닌빈의 탐꼽에서/섬들이 춤을 추는 하룡베이
내 손에서 하나/참 자유안에 사는 자
자유인의 축복/세계의 빛

세계로 평화로

어린양의 피
온 인류에게
구원을, 생명을
평화를 심었다.

구도자의 피
한 민족에게
복음을, 진리를
소망을 열었다.

평화군의 피
7천만에게
사랑을, 기쁨을
자유를 맺었다.

……하여
한반도에
세계로, 미래로
평화의 빛 찬연하다.

*시작(詩作)노트

2005년 10월 24일 타워호텔에서 열린 유엔의 날, 한국기독교총연합회 주관 교계지도자들이 모인 자리에서 한국교회 감사예배를 드리며 선교 120주년, 광복 60주년, 유엔창설 60주년을 상기하며 진리와, 자유, 평화의 빛을 세계로 미래로 발할 수 있도록 기도하는 가운데 은혜 받고 지은 시임.

시카고 하늘아래

8.15광복 50돌
평화의 꽃, 통일의 꽃
시카고 하늘아래 피어났다.

사랑 때문에 잃어버린 강의가방
그래도 마음을 웃음으로 밝혀
감사의 영으로 불태웠다.

변하는 세계, 하늘나라
자유, 평화, 통일
믿음, 소망, 사랑
하늘의 진리로 일깨웠다.
천국 문을 바라보며……

*시작(詩作)노트

이 시는 필자가 광복 50주년을 맞아 1995년 8월 3일부터 6일까지 미국 시카고 한인교회에서 부흥성회 및 8월 31일까지 트리니티신학대학, 감리교교역자 대상, 통일강연회 강사로 초청 받았을 때 뉴욕 죤 F. 케네디공항에서 강의노트가 든 가방을 모두 잃고도 감사한 마음으로 하나님께 기도하며 성령께서 인도하신대로 하나님 은혜가운데 집회를 마치고 지은 시임.

트리니티를 밝힌 통일의 빛

진리의 빛으로 밝아온
트리니티 신학대학
통일 선교의 함성으로 드높다.

통일로 가는 길
복음의 빛으로 밝아
그리스도 안에서 남북을
하나로 묶어라

가슴으로 하나
머리로 하나
북한복음화의 꿈
하늘나라 비젼을 보며
트리니티를 불태워라.

*시작(詩作)노트

이 시는 필자가 1995년 8월, 광복 50주년을 맞아 트리니티 신학대학에서 평화통일과 북한선교에 관한 강연을 하나님 은혜가운데 마치고 지은 시임. 이 집회 후에 북한선교에 관한 논문으로 박사학위를 받은 신학대학원생도 있음.

LA, 휴스턴에 피어난 통일 선교의 꽃

통일 선교의 꽃
LA, 휴스턴
디아스폴라의 가슴에 파도친다.

갈라진 민족의 마음
동강난 조국의 허리
그 아픔을 보며
통일의 꽃으로 피어난다.

하늘나라의 꿈으로
자유와 평화로 우뚝 선
통일선교대학
저 북방 얼음산을
진리의 빛으로 녹이라.

*시작(詩作)노트

이 시는 2004년 3월 29일부터 4월 2일 까지 미국 LA와 휴스턴에서 열린 한기총 통일선교대학에서 "최근 평양에서 본 북한실상과 평화통일", "북한의 종교정책과 통일 선교" 제하의 강의를 마치고 지은 시임.

캐나다에 메아리 친 통일의 노래

캐나다에 메아리 친
통일의 노래
북방으로, 세계로 뜨거워.

하늘을 향한 영감 있는 외침
평양에서 본 검증된 진리
새롭게 닥아오는 북녘의 하늘과 땅
남북이 함께, 동서가 함께

하늘이 기뻐한 여인 헵시바(이사야 62 : 4)
"북녘하늘"
"평화로 하나"
통일의 노래로 뜨거워
캐나다를 울렸다.

*시작(詩作)노트

이 시는 2005년 2월 12일부터 21일 까지 캐나다 벤쿠버, 에드몬톤, 캘거리에서 한인회원, 민주평통자문위원, 교회성도들을 대상으로 평화통일과 북한선교에 관한 강연을 하나님 은혜가운데 마치고 지은 시임.

헵시바, 그 기쁨과 평화

하늘이 기뻐한 여인
헵시바(이사야 62 : 4)
서울에서 벤쿠버로
에드몬톤에서 캘거리로
영혼의 노래 부른다.

진리의 영, 사랑의영
자원하는 영혼이 하나로
두 손을 모으고
그리스도안에서 하나를 외치며(엡 1 : 10)
뜨거운 가슴으로 통일의 비젼을 연다.

이데올로기를 넘어
사랑으로 껴안은 북의 어린이
남북을 하나로
세계를 평화로 가꾸자.

*시작(詩作)노트

이 시는 2005년 2월 12일부터 21일 까지 캐나다 벤쿠버, 에드몬톤, 캘거리에서 한인회 간부, 민주평통자문위원, 교회성도들을 대상으로 "평화통일과 북한선교"에 관한 강연과 함께 헵시바찬양단(단장 홍경순권사, 지휘 김계숙권사, 반주 오순희 권사)의 북한어린이 돕기 위한 자선음악회를 하나님 은혜가운데 마치고 지은 시임.

단풍으로 물든 캐나다

은빛 노을진 바다
햇빛 찬란한 하늘
단풍으로 물들었다.

메이플 리프(maple leap)
국화로
국기로

대서양과 태평양 사이에서
진리의 잎, 평화의 잎
그 향기 짙고
세계를 진동한다.

샤논폭포(shannon falls) 가는 길에

벤쿠버에서 위슬러로
바다에서 하늘까지(Sea to Sky)
천혜의 벤쿠버를 노래한다.

전나무에 피어난 눈 꽃송이
하늘이 내린 선물이 되어
성탄츄리로 자라
하늘과 땅을 하나로 묶는다.

샤논폭포의 물소리
스텐리 공원(Stanley park)의 적막을 깨고
헵시바가 부른 “주 하나님 지으신 모든 세계”
빛의 소리로, 진리의 노래로 맑다.
북방으로 세계로 메아리 친다.

흰눈으로 옷 입은 에드몬톤

푸른 하늘
하얀 눈밭
에드몬톤은 하늘과 손잡아
태양 빛 더욱 드높다.

들소들이 뛰고
노루 사슴 노는
언덕 위의 집
동화의 나라를 본다

호수는 눈 속에서 겨울잠을 자고
외딴섬만 홀로 노래하며
에드몬톤의 향내 풍긴다.

미주대륙을 수놓은 로키산맥

하늘에 닿은 로키산
만년설로 차고
태양 빛 쉬고 있다.

북극해에서 알라스카
캘거리에서 콜로라도
멕시코까지 5천 5백 Km
세계의 소리로 울린다.

미주대륙의 허리
동, 서를 묶는 대동맥
동, 서의 화해
남, 북의 평화
하늘의 음성으로 높다.

*시작(詩作)노트

이 5편의 시는 필자가 소망교회 헵시바 찬양단과 함께 2005년 2월 12일부터 21일까지 캐나다의 벤쿠버, 에드몬톤, 캘거리를 방문하여 캐나다교포들을 대상으로 한 필자의 "최근 평양에서 본 북한실상과 통일선교"의 주제강연과 헵시바 찬양단의 북한어린이 돕기 위한 자선음악회를 통해 교민들과 함께 민족의 평화 통일과 북한선교의 비젼을 재다짐하면서 지은 시임.

백두의 심장

자작나무 이깔나무 숲을 가르며
하늘을 향해 두 손을 모으고
눈길 헤쳐 오른 백두산
주하나님 지으신 모든 세계
소망의 오케스트라를 연다.

안개로 옷 입은 백두의 심장
얼음밭 이루어
태양 빛에 빛나고
믿음 소망 사랑으로 밝다.

북녘의 백두산에서는
장군봉이 높고
중국의 장백산에서는
통일의 노래로 메아리 친다.

두만강 발원지엔
인민군들이 한을 달래고
조선-중국 국경선에서는
민족의 애환을 본다

혁명을 구상했다는 김일성 낚시터
메마른 땅으로 달린다
통일을 위해 달려라
하늘을 향해 뛰어라.

연변에 솟은 진리의 기둥

연변에 솟은 진리의 기둥
연변과학기술대학
소망의 빛으로 중국을 밝혔다.

하늘에서는 단비 내려
과학의 샘물로
사랑의 노래로 메아리 친다.
"귀인이 오면 비가온다"는
중국속담을 넘어............

도문으로 가는 길
두만강, 북강에 민족의 정 뿌리고
진달래, 북녘의 산을 붉게 수놓아
왕제산 기념탑, 아오지 탄광
그 붉은 깃발을 삼킨다.
소망의 노래로 두손을 모았다.

*시작(詩作)노트

"백두의 심장", "연변에 솟은 진리의 기둥" 이 두 편의 시(詩)는 2006년 5월 4일부터 8일까지 소망교회 북방선교부(부장 박완신 장로) 주관으로 소망교회에서 후원하고 있는 중국 연변과학기술대학을 소망교회 김지철 담임목사님과 북방선교부 임원 및 소망통일선교대학 수료생들과 함께 방문하고 백두산, 도문, 훈춘, 방천과 두만강을 따라 중국, 북한 국경지역을 돌아보며 기도한 가운데 지은 시임.

언거패이(恩格貝)의 사랑

포우토우(包頭)하늘엔
내몽골의 심장이 뛰고
얼도스로 가는 길엔
사회주의 깃발이 날린다.

그래도 언거패이에서는
자유의 깃발, 사랑의 숨결이 솟아
사막이 옥토로, 푸른 초원으로
중국의 위대한 힘을 일군다.

애심양광(愛心陽光), 평안길상(平安吉祥)
사랑으로 평화를 만든다
하늘의 빛을 발한다.

*시작(詩作)노트

"언거패이의 사랑, 별 찬란한 중국 하늘, 애심양광의 꿈을 안고" 등 3편의 시는 2005년 7월 25일부터 28일까지 중국의 당·정 간부들을 대상으로한 애심양광 교육프로그램을 진행하기 위해 소망교회 김지철 담임목사님과 북방선교부 임원들을 대동하고 중국 내몽골지역을 방문하여 대표단장의 책임을 맡아 봉사하면서 기도하며 은혜가운데 지은 시임.

별빛 찬란한 중국하늘

별들이 사랑을 노래한다.
은하수와 춤을 춘다
중국의 밤하늘을 밝히며……

북두칠성은 손에 손을 잡고
얼도스의 밤을 연다
언거패이(恩格貝)의 사막혁명으로……

중국하늘을 수놓은 별들
찬란한 보석으로 반짝이고
하늘의 소망으로 세계를 밝힌다.

애심양광(愛心陽光)의 꿈을 안고

두 손을 모았다
지혜의 깊이로
지식의 넓이로
애심양광의 꿈을 안고

의술로, 이미용으로, 식수로,
문화사역으로, 영상으로
소망의 노래, 하나로 울렸다.
사랑과 빛으로 영원하라

"겔"에서는 몽골의 연기
하늘로, 하늘로 솟는다
사막에는 푸른 호수가 뜨고
낙타는 열을 지어 지친 걸음 달래는데
나는 사막 썰매 타고 급경사를 달렸다
나의 방패이신 하늘만 바라보며

몽골을 밝힌 사랑의 빛

사막의 땅, 초원의 땅
한손엔 진리, 한손엔 의술
이태준 그 이름
사랑의 빛을 밝혔다.

일제의 전흔이 깃든 곳
도산의 청년학우회
독립운동
그 모두가 조국을 위한 사랑이었다.

이제 고국을 넘어선 사랑
몽골에 "동의제국" 열어
청나라가 남기고 간 화류병을 고치고
몽골 황제 버그트의 주치의가 되어
사랑의 빛을 발했다.

사각모에 깃든 울란바타르의 사랑

해발고도 1,700m에
우뚝솟은 붉은 영웅
5층, 10층의 아파트들
낡은 사회주의를 알린다.

이데올로기가 종교를 먹고
문화를 먹고
자유의 숨결이 겔을 넘어
현대판 징기스칸을 보았다.

톨강의 물줄기
말없이 미래로 흘러
푸른 울란바타르 대학을 낳고
믿음, 소망, 사랑을 교훈으로 하여
생명의 나래를 편다.

하늘이 창조한 생명들
지식위에 지혜를 더해
이제 사각모 쓰고
세상으로 나가
몽골에서, 세계에서 진리의 빛으로 타라.

바양고비(BAYAN GOBI)에서

수정 같은 모래밭
끝없는 푸른 초원
구름 꽃 어우러져
고비사막을 노래한다.

앗토칭(말꾼)의 인도 따라
양도 뛰고 염소도 뛰고
나도 뛴다,
말 고삐 휘두르며……
징기스칸의 숨소리 들으며……

낮에는 초원에서
밤에는 겔에서
자연 속, 그 행복
겔 가족의 삶을 위해
소망의 가족들이 두 손을 모았다.

*시작(詩作)노트

"사각모에 깃든 울란바타르의 사랑, 바양고비에서" 등 이 시는 필자(박완신 교수)가 2005년 5월 27일부터 6월 1일까지 몽골 울란바타르 대학교 졸업식장에서 장학금 기증을 위해 몽골을 방문하고 쓴시임.

테렐지 공원 가는 길에

희고 노오란 야생화
염소에 쫓긴 양
강한 삶의 터를 넓히고
추우! 추우! 에 장단 맞추어
말들의 합창소리 진동한다.

나는 그 말을 타고
하늘을 보고
징기스칸을 보았다
넓은 초원의 나라를 보았다.

진흙으로 다진 바위산
거북바위가 되고
미녀바위, 사랑바위로 솟고
기도하는 바위로 두 손을 모았다.

겔에선 몽골의 향기
돌밭의 푸른 천에선 무속의 냄새
테렐지 강가에선 소망의 노래로
하늘을 진동한다.

전승 기념탑에서

버그트산 중턱
자일승 전승 기념탑
몽골의 하늘을 향해 솟는다.

몽골, 소련연합군에
일장기는 밟히고
나치기는 찢기고
2차 세계대전의 모습을 본다.

사회주의, 자유민주주의 두 날개아래
톨강은 말없이 서쪽으로 흐르고
지는 해는 붉은 노을 이루며
다시 솟아날 내일을 준비한다.

*시작(詩作)노트

이 시는 필자(박완신 교수)가 2005년 5월 27일부터 6월일까지 몽골 울란바타르대학교 졸업식장에서 장학금 기증을 위해 몽골을 방문하고 전승기념탑을 보며 쓴시임.

하늘에서 본 고비

게르와 아파트
전통과 현대가 손잡은
붉은 영웅 울란바타르
그 위에 뜬 몽골항공
하늘을 향해 솟는다.

푸른 초원이 손을 흔들고
넓은 사막이 고개를 든다
그 위에 비행기는 서고
흰 구름은 뛴다.
우주를 본다. 푸른 하늘을 본다.

고비사막엔 구름그림자 덮여
검은 연못 가꾸고
공룡의 발자취
자연의 역사 알린다.

하늘의 창조역사를 본다.

*시작(詩作)노트

이 시는 필자(박완신 교수)가 2005년 5월 27일부터 6월일까지 몽골 울란바타르대학교 졸업식장에서 장학금 기증을 위해 몽골을 방문하고 몽골을 떠나면서 비행기내에서 쓴시임.

사할린 하늘 아래

바다에서 태어난 물고기
러시아 원동(극동)의 섬
17세기에 빛으로 떴다.

길게 뻗은 유주노 사할린스크
20만이 주도(州都)를 지키고
2만 3천의 고려인은 하늘의 빛으로 밝다.

사할린 하늘아래
백향목 향기 짙고
낡은 아파트
사회주의 냄새로 진동 한다
페레스트로이카, 글라스노스트
자유의 깃발로 휘날린다.

산, 바다, 강이 손에 손을 잡은
피르쏘보
푸르름이 끝없이 펼쳐진 요호쯔크
긴.....모래사장
짧은 파도
비키니 여성
고기 낚는 낚시꾼
하늘이 준 큰 선물이다

연어 떼 들
바다에서 강으로
알을 품고 달려와
사람에게 모든 것 다 내어주고
새로 태어난 새끼들은
다시 바다로
다시 강으로
고향 길 기쁨으로 찾는다.
우리는 저 푸른 천국 본향을 본다.

＊시작(詩作)노트

필자는 소망교회 북방선교부장으로서 2006년 7월 28일부터 31일까지 러시아 사할린 지역을 방문하고 요호쯔크호 해변을 거닐며 지은 시임.

필리핀의 정(情), 팍상한

팍상한의 푸른물
야자수 그늘에서 뛰며 춤춘다
남국의 정(情)을 깨운다.

산죽(山竹)의 옷을 입고
필리핀의 물결 튀는 카누
사랑의 파도를 연다.

필리핀의 한(恨), 팍상한
강한 폭포수 되어
자연을 때린다
인간을 때린다
하늘의 세계를 노래한다.

*시작(詩作)노트

필자가 서울 강남노회 장로회 회장으로 봉사하면서 2001년 2월 14일부터 17일까지 필리핀에서 열린 장로회 수련회를 마치고 마닐라 근교 팍상한 폭포를 관광하며 쓴 시임.

베트남 통일 연정

분단, 전쟁, 통일,
통제의 사슬
암흑의 땅 일구어
복음의 빛을 잃었다.

바딩 광장
죽어 있는 산 호지민
또 하나의 신을 연출한다.

어두움에서 빛으로
베트남 연정
도이모이
베트남의 자유
세상 빛으로 환하다
진리의 빛으로 밝아라.

*시작(詩作)노트

필자가 서울 강남노회 임원(회계 · 부노회장)으로 봉사하면서 2004년 6월 27일부터 7월 2일까지 베트남의 하노이, 닌빈의 탐콥, 하룡베이 등을 방문하여 통일베트남의 달라진 모습을 보며 쓴 시임.

닌빈의 탐꼽에서

사랑실은 뭉게구름
닌빈에서 꽃으로 피고
베트남의 바위산에서 쉰다

긴 물줄기 따라 탐꼽
1130M의 항카 동굴로 뻗어
고드름 석순으로 아름답다
우리의 마음을 연다.

논 숲에서는 벼 이삭 피고
개구리, 메미들의 합창소리
오리떼의 헤엄치는 소리
남국의 물향기로 솟는다.

호숫가에 핀 연꽃, 야자수와 어우러져
베트남의 바람 일으킨다
빛의 소리, 하늘의 진리로 서라.

섬들이 춤을 추는 하룡베이

하늘이 창조한 3천의 섬들
하룡베이의 푸른 바다에서
손에 손을 잡고 춤을 춘다.

석회암으로 빚은 섬
물꽃으로 피어나
세계인을 부른다.
베트남의 창을 연다.

해가 지기도 전에
동편에선 달이 다투어 뜨고
섬, 바다, 땅이 어우러져
베트남의 자연유산으로 밝다.

파도 없는 섬 바다의 유람선
하늘의 궁전을 말하는 천궁동굴
선녀와 지겟꾼, 견우와 직녀, 천사의 날게
아가페, 에로스의 사랑, 하늘의 사랑

내 손에서 하나

남 유다, 북 이스라엘
두 막대기
"내 손에서 하나되리라"(에스겔 37 : 19)
이 진리 붙들고
남, 북을 하나의 띠로 묶자.

우리에겐
두 개로 있어야 할 이유가 없다
지역이 둘이 되서도 안 된다
세대가 갈라져서도 안 된다
이념의 대립이 있어도 안 된다
하늘아래 하나일 뿐이다.

우리 모두는
삼한시대, 삼국시대의 틀을 벗자
갈라진 남북이
"평안의 매는 줄로 하나" 되자(엡 4 : 3)

이제 우리는
닥아올 통일을 위해
통일을 연습하자
사울의 분리형 리더쉽을 버리고
다윗의 통합형 리더쉽을 안고(사무엘하 4 : 5-12)
민족이 하늘의 손에서 하나되는 길을 열자.

참 자유안에 사는 자

참 자유안에 사는 자는
속박속에서도 자유하고
해방가운데서
자유가 더 빛난다.

참 자유안에 사는 자는
애급의 삶에서 벗어나
광야가운데서
자유가 더 자란다.

참 자유를 모르는 자는
노예에서는 해방 되었고
노예성에서는 아직 노예다.

어제의 종되었던 것을 기억하되
오늘의 해방을 감사하라
진리안에서 참 자유를 찾자.

*시작(詩作)노트

2003년 8월 10일 소망교회에서 8.15광복 58주년 기념예배시 곽선희 목사님께서 "참 자유인의 윤리"(신 24 : 17~22)라는 제하의 말씀을 전하셨는데 그 진리의 말씀에 은혜 받고 지은 시임.

자유인의 축복

억압에서 해방으로
현재에서 영원으로
진리에 순종하며 사는 길
자유인의 축복

애굽에서 가나안으로
바로에서 여호와로
계명에 순종하며 사는 길
영광의 길

애굽으로 돌아가라
과거에 메어 울고
우상으로 돌아가라
죄악에 빠저 울고
무릎꿇고 회개하며
하늘보고 가는 길, 자유인의 길
낮에는 구름기둥 밤에는 불기둥

"초하루에 성막을 세우고"(출 40 : 2)
첫날에 두손을 모으며
"성막에 관유를 바르고"(출 40 : 9)
"기름으로 인치심 받으라"(고후1 : 21-22)
절대적 감사로
고난을 기쁨으로
하늘의 소망을 보며 살리라.

*시작(詩作)노트

2004년 12월 1일 소망교회 새벽기도 시간에 김지철 담임목사님으로부터 출애굽기 40장의 말씀을 듣고 출애굽기 1장에서의 애굽의 종 되었던 이스라엘 민족의 고난과 출애굽기 40장에서의 해방자, 자유인으로서의 축복 받는 이스라엘 민족을 보며 은혜가운데 지은 시임

세계의 빛

세계의 빛
우주의 빛
꺼지지 않는 불
하늘의 불이다.

*시작(詩作)노트

이 시는 2005년 10월 24일, 타워호텔에서 열린 한기총 주관 한국교회 지도자 유엔의 날 60주년 감사예배를 드리며 은혜 받고 나의 과거와 현재, 미래를 조명해 보며 세계로, 우주로 향한 비젼을 갖고 쓴 시임. 원래 시적인식은 과학적 진리나 지식으로 알게 되는 일상적 인식의 세계를 부정하고 항상 새로운 세계로 지향하는 것이다. 이러한 시적인식의 속성에 따라 "세계의 빛"에 대한 일상적 인식을 필자의 세계관으로 바꾸어 나의 내재적이고 잠재적인 인식으로 새로운 의미를 창출해 낸 시적 표현이라 할 수 있음.

제3부
새 세기의 태양처럼

새 세기의 태양처럼/설악산을 다리 놓는 무지개
푸른 초장/가을비에 젖은 관동
하동의 산, 바다 냄새/새만금의 노래
볼링의 窓/골프 길, 인생 길
목포의 정, 가사도 사랑/진도의 향기
아차산에 피어난 진리와 소망의 꽃
사랑의 길, 제부도 바닷 길
용평에서 핀 하늘의 사랑/서해로 하나로
4.19의 위대한 빛/180도C! 꿈의 오케스트라
사랑실은 충주호/안동 하회(河回) 마을에서
백령도의 빛/자유로, 하나로
대관령 터널에 비춘 하늘의 빛/소망 수양관에서
호산나! 하늘의 노래/선하고 아름다운 형제
사랑이 있는 현대 홈타운/강릉에서
남녘 하늘 아래, 은혜/남녘의 바닷길

새 세기의 태양처럼

어두운 침묵을 깨고
동해바다는 술렁인다.
황금빛 금메달을 품은 천지가 노래한다.

추운 아침 동해바다는 붉게 타오르고
뭉게구름은 은빛으로 물들었다.
하늘이 낳은 천지가 진동한다.

겨울파도는 뛰며 춤추며
새 세기의 태양을 맞이하고
온 세계가 하늘의 빛으로 찬연하다.

새 세기의 태양처럼……

*시작(詩作)노트

이 시는 필자가 2000년 1월 21일 아침 7시 40분 소망교회 교수선교회 소속 교수들과 함께 강원도 강릉시 정동진을 찾아 동해에 떠오르는 새천년의 태양을 바라보며 쓴 시임.

설악산을 다리 놓는 무지개

동해의 아침햇살 창조의 빛으로 솟고
설악산을 다리 놓는 무지개
하늘의 언약으로 찬연하다

일곱 빛갈에 주님사랑 더욱 빛나고
하늘을 날으는 케이블카
구름과 함께 설악산에서 뛴다
권금성의 향기 사랑으로 진동한다

가을에 눈으로 옷 입어 봄에 벗는 설악산
오색녹음이 조화를 이룬 여름설악산
세찬 바람으로 춤을 춘다
소망교회 초등부 교사들의 땀을 씻는다

울산바위 죽순바위 병풍바위 메바위
하늘의 노래 합창하고
만물상 저항령 황철봉 세존봉은
사랑의 오케스트라로
하늘의 깊은 음성 들려준다

*시작(詩作)노트

이 시는 필자가 소망교회 초등부 부장으로 봉사하면서 1999년 7월 24일 초등부 교사들이 여름성경학교를 마치고 강릉과 설악산을 찾았을 때 아침의 아름다운 무지개를 보며 쓴 시임.

푸른 초장

하늘이 창조한 관동
푸른 초장, 쉴만한 물가
소망의 노래되어 진동한다.

정철의 관동별곡이 빛난 곳
강릉 경포대에서 정동진으로
무릉계곡으로
소망의 나래를 편다.

바다위에 우뚝 선 정동진
서울에서 동으로 동으로
열차의 기적 소리는
사랑의 메아리로 울린다.

학소대, 두타산, 용추폭포
금강산 구룡연을 닮아
물과 돌이 부등켜서 잉태한 무릉계곡
양사언의 시가 되어
무릉반석에서 역사의 빛을 발한다.

영원한 하늘나라
말씀이 있는 영의 세계
육신의 축복도 함께한 세상
푸른초장, 쉴만한 물가
천국의 하늘, 땅을 본다.

*시작(詩作)노트

2003년 4월 26일 소망교회 제직회 친교부 야외예배시 필자가 말씀(푸른초장, 시 23편)을 전하고 정동진, 무릉계곡을 돌아보며 조선조 선조 때의 시인들의 작품과 하나님이 창조하신 아름다운 자연을 보며 노래한 시임.

가을비에 젖은 관동

가을밤 비에 젖고
달빛 웃음 하늘을 연다
경포의 파도를 읽는다.

동산에 뜬 선쿠르즈
노아의 방주,
자연과 인간을
화해의 장으로 모은다.

짙은 안개 비
아침바다를 꽃피우고
관동의 달리는 관광열차
땅의 커텐을 걷는다
바다를 연다
인간의 가슴을 튼다.

하늘의 사랑
그 창조의 능력
소망의 무한한 기쁨……

*시작(詩作)노트

2002년 10월 26일~27일 소망교회 교회학교 소망부 수련회시 필자가 교육위원장으로 봉사하면서 강릉경포대, 정동진, 삼척환선동굴, 동해 무릉계곡을 돌아보며 쓴 시임.

하동의 산, 바다 냄새

하동의 흙 냄새
남해의 바다 냄새
새미 골 도요 냄새
한국의 진한 향기로 진동한다.

푸르른 초장
잔잔한 들녘
송아지 울음소리
하늘의 사랑으로 맑다.

노량대첩
이순신 장군의 위용
남해대교를 가르는 바닷길
거북선은 임진왜란을 말한다.

7월의 산과 바다
푸르름은 하늘로 뜨고
소망 교수들의 가슴을 연다.

*시작(詩作)노트

2002년 7월 19일~20일 경남 하동에서 열린 소망교회 교수선교회 수련회에 참여하여 필자가 시편 23편을 읽고 "푸른초장"이란 제하의 말씀을 전한 후에 지은 시임.

새만금의 노래

하늘이 창조한 바다
서해의 노을은 타고
인간과 자연은 푸른 물결로 노래하네.

바다에 돌을 던져
새만금 방조제로 뜨고
땅, 바다가 부둥켜안아
무한한 육지를 만들었네

홍해 앞에 선 이스라엘
서해 앞에 선 소망가족
바꾸어진 지도 앞에
미래로 세계로 하늘의 나래를 편다

"너희 발바닥으로 밟는 곳을 주리라"
"어디로 가든지 형통하리니"(여호수아 1 : 3-8)
이 진리 앞에
소망의 장로들은 두 손을 모았다

*시작(詩作)노트

2003년 소망교회 장로들이 1억2천만평의 육지가 조성되는 새만금 방조제(성보건설, 권오석장로 수축)현장을 돌아보며 곽선희 목사님의 말씀(여호수아 1 : 3~8)을 듣고 은혜가운데 쓴 시임

볼링의 창(窓)

뜨거운 가슴으로 사랑을 열고
온몸과 마음을 여는 볼링의 창(窓)
그것은 하늘이 준 한편의 오케스트라이다.

16세기 마틴 루터가 던진 공
가족 레크레이션에서 대중운동으로
나인핀에서 텐핀 볼링으로
유럽에서 세계로 한국으로
무한한 사랑의 오케스트라를 연다.

스트라이크, 퍼펙트
창조적 힘이 담긴 언어들
그 멋진 연기(演技)
열두번의 퍼펙트 예술을 창출했다.

인간 삶의 여정에서 빛나야할
3C(Confidence, Concentration, Courage)
볼링에서 더욱 빛나고
자기우상화, 경쟁심리 버리고
겸손, 기쁨, 행복을 모아
"나를 본 받으라"(빌 3 : 17)는 사도바울의 음성을 듣자
믿음, 소망, 사랑의 오케스트라를 열자.

*시작(詩作)노트

2003년 4월 14일 K.Phis(KWAK Paster Health Increace Sponser) 모임에서 소망교회 곽선희 목사님의 볼링 12번째 퍼펙트 기록을 축하하고 목사님께서 영육간에 강건하여 훌륭한 목회를 하실 수 있도록 기원하며 지은 시임.

골프 길, 인생 길

하늘이 창조한 산과 들
인간이 만든 골프의 장
서로 손잡고 한편의 인간드라마를 연출한다.

그린 피, 코스, 캐디
드라이버 우드, 아이연, 피칭
홀인원, 알바트로스, 이글, 버디,
파, 보기, 더블보기, 더블파
골프에서 쓰는 언어들
9홀, 18홀, 36홀, 코스에서 빛난다.

골프공이 하늘을 날고
펼쳐진 잔디길, 가파른 산, 연못, 웅덩이, 모래밭
인간의 행복과 고통, 평화와 긴장
인생여정의 희로애락(喜怒哀樂)을 본다.

골프 길, 인생 길
믿음을 담고 자연을 날려
소망의 노래로 사랑을 연다
하늘이 창조한 자연 앞에 두 손을 모은다.

*시작(詩作)노트

2003년 8월 15일 필자가 평양 양각도호텔 골프장에서 골프 길, 인생 길을 보고, 2003년 9월 16일 소망교회 경조골프회 회원들과 함께 Gold Country Club에서 골프를 치며 지은 시임.

목포의 정, 가사도 사랑

삼학도에 아침 햇살 짙고
유달산엔 한낮 정기 솟는다
선창가엔 목포의 눈물이 흐른다.

페리호는 귀향길 자동차를 싣고
해남, 진도 뱃길 따라
남해의 세찬 물살을 가른다.

남해의 섬들은
해상공원에서 춤추고
광대섬은 호랑이가 되어
고향을 지키고
양덕도, 주지도는 고향의 정을 깨운다.

돈대봉, 당앞산은 푸르른데
그속에 고향의 회한이 깃들어
가사교회에서는
믿음, 소망, 사랑으로
고향의 푸르른 내일을 열어라.

*시작(詩作)노트

2002년 2월 13일~16일 음력설을 맞아 고향의 가사도교회에서 간증집회가 있었는데 필자는 낮, 저녁집회에서 말씀을 전하고 김영미 전도사님(2005년 10월 20일 목사 안수 받음)은 새벽기도회에 말씀을 전했다. 그리고 아내 홍경순 권사는 찬양을 인도했고 큰딸 정란이는 반주를 했다. 고향 땅에 교회를 설립하게 하시고 복음을 전하는데 크게 기여하도록 하신 우리 주님께 감사한 마음 금할 길 없다. 그리고 이번 집회를 통해 고향이 진리의 말씀의 깊은 뿌리 안에 더욱 굳건히 설 수 있도록 역사하신 하나님께 감사 드린다.

진도의 향기

크고 작은 섬들이
바다에서 뛰어 노는 진도
보배로운 섬
해상공원으로 자란다.

점점이 떠 있는 수평선 너머
손가락 섬, 발가락 섬
오색낙조의 빛
세방 해안도로에서 가슴을 뜨겁게 한다.

진도 아리랑, 진도 개
운림산방, 남진미술관
국악, 미술, 서예
향토문화가 춤을 추며
예향으로 세계에 빛을 발한다.

삼별초군의 본거지
용장산성, 남도석성
이충무공의 전첩비
나라와 민족을 향한 애환이 솟고

모세의 기적
갈라진 바닷길

하늘이 준 자유와 평화
소망의 섬으로 빛난다.

*시작(詩作)노트

2004년 11월 1일 필자가 고향을 그리며 지은 시임

*참고자료 : 국민일보, 2004년 10월 29일 35면
(진도군청문화관광과, 061) 544-0151)

아차산에 피어난 진리와 소망의 꽃

평양에서 서울로
아차산 에 피어난 진리의 꽃
선지동산
선교백년의 빛으로
새 세기를 열었다.

하늘나라
목자와 양
복음과 진리
하늘이 내린 교훈으로 달린다

오색단풍의 물결
해 맑은 하늘
소망고등부 가족
축복의 잔치로 행복을 노래한다.

손에 손을 잡고
찬양하며, 기도하며
뛰며, 걸으며
믿음으로 웃고
사랑으로 가슴을 열어
소망의 꽃을 피웠다.

사랑의 길, 제부도 바닷 길

평택에서 화성으로
제부도 바닷길 열려
자연과 인간
평화와 사랑의 함성으로 드높다.

성간도, 판도, 대부도
서해를 수놓아
제부도의 향내 높이고
자유와 행복의 나래를 편다.

전곡 항 고깃 배
서로 다투어 뜨고
갈매기 떼의 호위를 받는다

하얀 파도를 안은 갯벌
조개잡이 아낙내로 외롭지 않다
굴, 조개의 참맛을 알린다.

메바위 4형제
사랑의 속삭임
갈라진 바닷길
홍해의 이적을 본다.

송교교회의 십자가
제부도에 소망의 빛 밝히고
소망교회 친교부
절대적 기쁨과 감사로 하늘의 뜻 알린다.

*시작(詩作)노트

2004년 10월 30일 소망교회 제직회 친교부 야외예배에서 필자가 "절대적 기쁨과 감사의 삶"이란 주제의 말씀(갈 5 : 16~18)을 전하고 송교교회 목사님의 안내를 받으며 지은 시임.

용평에서 핀 하늘의 사랑

초 가을의 차가운 바람
용평의 밤을 녹이고
하늘이 창조한 산과 들
소망 고등부 가족
그리스도의 사랑으로 하나 되었습니다.

주님 베푸신 축복의 잔치
기도하며 찬양하며 춤추며
뜨거운 가슴으로 노래했습니다.

구름도 쉬어 넘는 불왕산
케이블카에서 핀 웃음꽃
주의 뜻만을 따르는 고등부
하늘을 향해 힘차게 달렸습니다

아가페 에로스를 넘어선
그 사랑!
마음의 고향을 열어
영원한 본향을 향해
꿈과 소망을 심었습니다.

*시작(詩作)노트

작자 박완신 장로가 소망교회 교회학교 고등부 부장으로 봉사하면서 2004년 9월 3일~4일 소망교회 고등부 교사격려 및 친교모임을 하나님 은혜가운데 마치고 지은 시임.

서해로 하나로

서해의 제부도
바닷길 열려
홍해의 이적을 보고
메바위는 3형제 되어
아가페의 사랑을 가꾼다.

서해의 짙은 향기
갈메기 소리 머금고
바지락, 굴, 조개들이 갯벌에서 춤춘다.

밀물에서 썰물로
고난과 행복의 강
십자가와 부활
자연과 인간
하늘의 음성으로 찼다.

뜨거운 가슴으로
하나로
소망가족들은
서해를 불태웠다.

두레마을 성막에서 송교교회로
"참 아름다워라 주님의 세계는"
하늘의 찬양으로 두손을 모았다.

4.19 의 위대한 빛

4월의 봄을 여는
북한산 기슭에
민주의 함성 솟아

맨주먹으로 총칼을 막은
수 만의 넋
피묻은 정의의 소리로 영글었다.

진달레, 벚꽃, 목련화
185위의 한(恨)으로 활짝 피어
민주의 위대한 빛을 밝힌다.

접동새, 까치소리
민족의 기쁨을 노래하고
4.19의 피로
우리는 민주, 복지를 보았다.

이제 민족의 가슴에 안긴 넋
통일의 염원 밝힌다
평화의 빛을 발한다.

*시작(詩作)노트

2002년 4월 3일 필자는 통일교육원에서 종교지도자반 통일교육 강의를 마치고 필자가 직접 참여했던 4.19혁명을 회상하며 4.19 국립묘지를 찾아 지은시임.

180도C! 꿈의 오케스트라

그리스도를 향한 열정
하나님께로의 속박
그 축복의 잔치
꿈의 오케스트라를 열었습니다.

땅도 산도 녹여버린 폭염
하늘로 솟은 땀과 정열
여호와로 인하여 기뻐함으로(느 8 : 10)
소망가족을 은혜의 띠로 묶었습니다.

두손을 모은 기도
하늘을 울리는 찬양
복음으로 빛나는 창조적 변화
감사와 영광을 주께로 돌립니다.

성막데이트, 그를 향한 러브레터
그녀의 특별한 이야기
P. K와 함께, 달밤의 작은 천국
뜨거운 가슴으로 아가페의 사랑을 열어
큰 천국에서 깊은 행복을 보았습니다.

*시작(詩作)노트

2004년 7월 29일~8월 1일 소망교회 중고등부연합 여름수련회를 마치고 소망교회 고등부 부장으로서 하나님께 영광 돌리며 지은 시임

사랑실은 충주호

박달제, 월악산, 금수산
제천십경으로 솟고
삼선암, 죽순봉, 구단봉
단양팔경으로 빛난다
소백, 차령산맥을 노래하며……

하늘과 산, 호수
하늘이 그린 오색병풍
인간이 만든 도화마을
사랑실은 충주호에 메아리 친다.

태양빛에 젖은 은빛 물결
청풍호반을 태우고
죽순과 옥으로 솟은 봉우리
거북이를 닮은 바위
천혜의 깃발로 휘날린다
퇴계의 숨결을 뿌리며……

하늘을 아는 주의 종
청풍명월에서 손에 손을 잡고
금강산을 닮은 금월봉에서 머리를 숙여
진리의 빛 사랑의 영으로 하나되었다.

*시작(詩作)노트

2004년 11월 16일 필자가 청풍명월, 단양팔경에서 서울강남노회 임원(부노회장, 회계로 봉사) 야외예배 및 친교모임을 갖고 그리스도안에서 함께 사랑을 나누며 지은 시임.

안동 하회(河回) 마을에서

민족의 숨결
전통의 물결
하회마을에서
마음의 고향을 연다.

낙동강이 돌아 흘러
감싸안은 마을
양진당, 충효당, 겸암정사, 옥연정사
서애와 풍산류씨의 역사를 알린다.

기와집, 초가집
양반, 상인의 숨소리
立春大吉, 建陽多慶, 積善之家
조선조의 문화를 본다.

6백년의 느티나무
눈에눌린 만기송(萬技松)
6십4미터 부용대
선유줄 불놀이, 별신굿 탈놀이
민속의 향기 드높다.

엘레자베스 여왕, 필립공
한국의 맛 듬뿍 안고
동, 서문화의 손을 잡았다
어제와 오늘, 내일의 꽃을 피운다.

*시작(詩作)노트

이 시는 작자가 2004년 8월 20일 서울강남노회 남선교회 회원들과 함께 경북 안동의 하회(河回)마을을 방문하고 퇴계 이황에게서 사사 받은 임진왜란당시 영의정을 지낸 서애 류성룡(1542~1607)의 유적과 풍산 류씨가 6백년간 대대로 살아온 전통문화의 현장을 보며 쓴 시임.

백령도의 빛

서해의 푸른초장
소청도, 대청도, 백령도
북녘의 장산곶, 몽금포
사랑, 효도, 화해의 음성 들린다.

첫사랑의 빛을 밝힌 백령도
소래 교회에서 중화동 교회로
서울로, 평양으로
소망의 무지게, 행복의 다리를 놓는다.

인당수 깊은 물엔
효심의 물결이 일고
연봉바위 위엔
심청각이 내일의 효(孝)를 알린다.

새색씨 속살처럼
희고 깨끗하여 백령도
콩돌해안, 사곶 비행장
백령도의 물범소리 장산곶의 닭우는 소리
평화와 통일의 소리로 울린다.

두무진(頭武津)에선
장군들이 승전을 노래하고
선대바위, 사자바위, 코끼리 바위
손에 손을 잡고 서해의 해금 강을 노래한다.

갈메기 떼는 유람선을 호위하며 춤추고
통일기원 비, 통일기원 탑
동서를 잇고 남북을 하나로 묶는다.

사랑, 효도의 빛
평화, 통일의 빛
한반도에서 산동반도로
동북아에서 세계로
하늘의 진리를 밝힌다.

*시작(詩作)노트

필자는 소망교회 교육위원장으로 봉사할 당시인 2003년 7월 3일~4일 소망교회 교육부에서 교육교역자 부장, 부감단 수련회(8월 25일~27일)준비 위한 답사 차 우리나라 최 서북단에 위치한 백령도, 최초로 복음의 빛을 밝힌 백령도를 방문하여 쓴 시임.

자유로, 하나로

철벽을 넘어
강을 건너
자유로, 하나로
트인 길 열고

꿈과 용기
삶의 기쁨
평화로 젖어
내일의 하나됨을 본다.

자유로의 훈련
하나로의 연습
이데올로기의 늪에서 벗어난 자유인
우리는 사랑을 주어야 한다
행복을 심도록 해야 한다
빛나는 통일조국을 열기 위해

*시작(詩作)노트

작자는 한기총 통일선교정책연구원장으로서 남북위 임원들과 함께 2004년 12월 7일 하나원을 방문하여 원생들을 위문하며 지은 시임.

대관령 터널에 비춘 하늘의 빛

대관령 긴－터널
불 빛이 꺼졌다
칠흑같은 어두움으로 찼다.
그러나 터널 끝엔
동해바다가 트인다.
하늘의 빛으로 환하다.

"두려워 말라
내가 너와 함께 함이라
내가 너를 굳세게 하리라
참으로 너를 도와 주리라
나의 의로운 오른손으로
너를 붙들리라"(이사야 41 : 10)
이 진리가
긴－터널에서 나의 힘이 되었다

"주는
나의 힘
나의 반석
나의 요새
나의 피할 바위
나의 방패
나의 구원의 뿔
나의 산성"(시 18 : 1～2)
하늘을 향한 다윗의 시

나의 시로
나를 불태웠다.

"주께서 내게 복에 복을 더 하사
나의 지경을 넓히시고
주의 손으로 나를 도우사
나로 환난을 벗어나
근심이 없게 하소서"(역대상 4 : 10)
야베스의 기도가
나의 기도가 되어
하늘의 소망으로 빛났다.

*시작(詩作)노트

이 시는 2004년 3월 31일, 20여년의 공직생활, 북한학 교수생활, 그리고 사회에서의 삶의 현장을 돌아보며 나의 과거와 현재, 미래를 설계한 가운데 기도 중 은혜받고 쓴 시임.
원래 시적인식은 과학적 진리나 지식으로 알게 되는 일상적 인식의 세계를 부정하고 항상 새로운 세계로 지향하는 것이다. 이러한 시적인식의 속성에 따라 "대관령 터널에 비춘 하늘의 빛"에 대한 일상적 인식을 필자의 세계관으로 바꾸어 나의 내재적이고 잠재적인 인식으로 새로운 의미를 창출해 낸 시적 표현이라 할 수 있음.

소망 수양관에서

하늘이 창조한 푸른 동산
꽃, 나무, 숲, 풀은 손에 손을 잡고
새소리, 벌레소리 어우러져
하늘의 오케스트라를 연다.

십자가 밑에선 예수님이 기도하시고
십자가 앞에선 소망의 새싹들이
진리의 노래 부르며 춤을 춘다.

미니올림픽, 클릭취미또래
징글벨퀴즈, 캠프파이어
"예수소망"을 노래한다.

"항상 주와 함께 있으라"(살전4 : 18)
참 안식을 담은 진리의 기둥
앵자봉에서 하늘로
영원한 생명의 빛을 발한다.

*시작(詩作)노트

2000년 7월 27일~29일 필자가 소망교회 초등부 부장으로 봉사하면서 여름성경학교에 참석하여 하나님 은혜가운데 지은 시임.

호산나! 하늘의 노래

하늘이 창조한 산과 들
호산나! 호산나!
사랑의 노래로 하나 되었습니다.

주가 베푸신 잔치
기도하며 찬양하며
뛰며 걸으며
뜨거운 가슴으로 하늘의 음성을 들었습니다.

구름도 쉬어가는 앵자 봉
단풍을 기다리는 새소리, 물소리
사랑의 오케스트라를 열었습니다.

삶과 죽음을 넘어선
소망동산, 영원한 본향
내일의 천국을 노래합니다.

*시작(詩作)노트

2005년 10월 9일, 90년~91년 필자가 대장으로 봉사했던 소망교회 호산나 성가대 야외 예배시 소망 수양관에서 하나님께서 창조하신 산과 들을 보며 은혜 받고 쓴 시임.

선하고 아름다운 형제

소망동산 밤나무 길
낙엽!
황혼의 노래로 탄다.

그래도
푸른 소나무가 있어
내일의 소망으로 웃는다.

흙에서 흙으로 가신
어머니!
일주기를 추모하며
부활이요 생명이신
주의 빛을 본다.

"형제가 연합하여 동거함이
어찌 그리 선하고 아름다운 고"(시 133 : 1)
이 다윗의 노래 속에
"만복의 근원"을 담아
우리 형제들은 두 손을 모았다.

*시작(詩作)노트

2004년 11월 22일(음 10월 29일) 소망수양관에서 우리 삼형제 부부가 함께 어머니 1주기 추도예배를 드리며 지은 시임.

사랑이 있는 현대 홈타운

사랑이 있는 현대 홈타운
진리의 기둥으로 굳게 섰다
하늘이 준 선물로……

인천에서 서울로
용산에서 마포로
강남에서 서초로
저 본향을 향해 달린다.

한강의 굽이 따라
올림픽대로 열리고
압구정에서 방배동으로
사랑이 있는 집을 품었습니다.

현대 홈타운
믿음, 소망, 사랑을 노래하며
기쁨, 감사, 기도로 든든히 서간다
세계로, 평화로, 복지로, 하나로……

*시작(詩作)노트

2004년 12월 서울특별시 서초구 방배본동 2233번지 현대홈타운 302동 502호에 이사온후 방배본동 735-30에 세계경영컨설팅연구원을 개설하고 하나님 은혜에 감사하며 지은 시임.

강릉에서

해와 달 함께 사는
해송(海松) 그늘로
지붕을 엮어

정(情)이랑
사랑이랑
한방울도 새지 않는
우리집

담아오려 마음 다지면
바다에 인정에 젖은 채
떠날 수 없어
단풍이 되고
설악이 되고
여긴가
저긴가
내 살 곳 어딘가
분간할 수 없어
거닐어 보는
해변에서

나는 그토록
글썽였을까.

남녘 하늘 아래, 은혜

남녘 하늘 아래
산과 들, 바다
흰 옷으로 갈아입어
하늘의 은혜로 더 빛난다.

남녘의 나무, 나무엔
하얀 눈 꽃송이
하나로 피었다
하늘은 하나임을 본다.

하늘이 세운 야긴과 보아스
강남에서 남녘으로
북녘으로 세계로
곧고 튼튼하고 움직이지 않는
기둥이 되어(왕상 7 : 21 ~ 22)
그리스도안에서 하나로 섰다.

*시작(詩作)노트

"남녘 하늘아래, 은혜"와 "남녘의 바닷길", 이 시는 2005년 11월 8일 정기노회에서 서울강남노회 부노회장으로 선출된 후 12월 6일~7일, 서울강남노회 임원수련회 때 눈꽃송이 만발한 진주에서 목포까지 남해안 바닷길을 자동차로 달리면서 하나님은혜 가운데 기도하며 지은 시임(이 시 제목의 의미를 담은 南恩은 이 시를 쓴 박완신 교수의 호임).

남녘의 바닷길

진주성!
논개의 애국혼
남강에서 빛난다.

사천에서 남해로
창선 삼천포 대교
섬을 잇는 연육교로
서로 다른 얼굴로 떴다.

남해대교!
하동과 남해를 잇고
영, 호남을 하나로 묶는다.
광양 제철소에선
세계로 가는 연기 솟고
순천 갈대밭에선
떠도는 철새를 본다
흔들리는 인간을 본다
진리안에 굳건한 반석으로의 삶을 기리며……

고흥반도!
나로도엔 우주의 빛 솟고
갯벌 해수욕장은
떠오르는 태양빛으로 붉다
미래로 세계로……

예향 목포!
다도해상국립공원
손에 손을 잡고 춤을 춘다.
하늘의 창조섭리를 노래하며……
노령산맥 끝자락, 유달산
노적봉에 솟은 이순신장군 위용
목포의 눈물에 담긴 이난영의 애환
삼학도를 울린다.
민족의 아픔을 본다.
나라를 향한 하늘의 음성을 들으며……

제4부
저 높은 곳을 향해

저 높은 곳을 향해/엘리야의 기도
호산나! 호산나!/부활의 아침
하늘의 뜻/자기사랑, 이웃사랑
사랑의 신비/목자와 양
밤 하늘의 별/사랑하는 아내에게
사랑하는 내 딸들아/사랑하는 내 아들아
손주 김은(金恩) 사랑/교사헌신의 기도
절대적 기쁨과 감사로 사는 자의 복
수능시험을 위한 기도 시
양의 문/영의 원리
십계명(十戒命)/꺼지지 않는 불
성탄의 의미/생명의 꽃! 소망의 빛
엄마마음 아프게 달려와/빨간 편지
행 복/당신이 계시는 기쁨
피와 눈물은 언제나 하나

저 높은 곳을 향해

하늘의 뜻
먼저 알고
땅의 일을 하자.

저 높은 곳으로 올라가
낮은 곳을 보자
위를 보며 큰 것을 보자.

열정
시간
관계
그 속에서
푸른 인생을 가꾸자.

자기 십자가 지고
자신을 죽여
비판과 미움을 버리고
먼저 화해하라
하늘의 높은 꿈을 열자.

*시작(詩作)노트

필자는 소망교회 시무장로로 봉직하면서 2003년 2월 2일, 9일, 16일, 3주간에 걸쳐 소망교회 곽선희 목사님께서 성공의 비결로서 "먼저 할 일 먼저 하라"(마 6 : 25~34, 마 5 : 21~26, 마 7 : 1~5)는 말씀에 은혜를 받고 지은 시임.

엘리야의 기도

창조주 하나님!
약속의 하나님!
하늘의 응답이 있는
엘리야의 기도였습니다.

주 여호와는 나의 하나님
나는 주의 종(열왕기상18:36-37)
엘리야의 고백
하늘의 응답이 있는 기도였습니다.

율법을 듣지 않는 기도(잠언28:9)
죄악을 품은 정욕에 찬 기도(시편66:18)
죄를 회개하지 않는 기도(마가복음)
하늘의 응답을 받지 못한 기도입니다.

나는 엘리야의 기도를 따라
하늘의 응답을 기다리며
두손을 모았습니다.

*시작(詩作)노트

이 시는 필자가 2005년 10월 24일 새벽기도시간에 소망교회에서 김지철 담임목사님의 열왕기상 18장의 말씀을 들으며 기도하는 가운데 지은 시임

호산나! 호산나!

예고된 십자가 고난길을
자원적으로 걸으신 주님!
그 위대한 계시적 사건을
우리는 지금 봅니다.

종려나무 흔들며
호산나! 호산나!
그 위대한 함성,
지금 인류구원의 소리
영원으로 울립니다.

나귀새끼 타시고
예루살렘에 입성하신 주님!
우리는 지금
그 겸손의 모습을 보고
참 승리를 알았습니다
호산나!

*시작(詩作)노트

1999년 3월 28일 종려주일, 필자는 소망교회 4부예배 대표기도를 드린 후 곽선희 목사님의 진리의 말씀에 은혜를 받고 지은 시임.

부활의 아침

십자가 고난 후
부활의 아침은
좌절에서 승리로 밝았다.

"이 잔을 내게서 지나가게 하소서
그러나 아버지의 뜻대로 하소서"
그 피 끓는 간구
부활의 아침으로 밝았다.

부활의 아침은
우리 인간에게
구속사적 능력으로 밝았다.

부활은
자유로운 생명의 시작이다
영원한 생명
참 생명의 빛이다.

부활생명은
가장 위대한 능력이다
사랑과 겸손의 능력
기쁨과 소망의 능력

*시작(詩作)노트

필자는 소망교회 장로로서 2000년 4월 23일 부활주일, 소망교회 2부 예배시에 대표기도를 드린 후 곽선희 목사님의 예수님 부활에 관한 은혜로운 말씀을 듣고 지은 시임.

하늘의 뜻

"항상 기뻐하라
쉬지말고 기도하라
범사에 감사하라"
하늘의 뜻이기에 실천하자.

기쁨!
그것은 남을 살리고 나를 살리는 가치
슬픔 속에서도 기뻐하고
기쁨 속에서도 기뻐하자
순종하며 기뻐하여 세상에 빛을 밝히자.

기도!
인생의 시작도 끝도
기도로 살자
기도외는 다른 류 없다
기도않는 큰 죄를 짓지 말자.

감사!
조건과 환경을 초월한
감사의 영으로 살자
실패했을 때도, 성공했을 때도
하늘에 절대적 감사를 하자.

*시작(詩作)노트

이 시는 필자가 2003년 6월 29일, 7월 6일, 13일 3주에 걸쳐 소망교회 곽선희 목사님께서 "우리를 향하신 하나님의 뜻"(살전5 : 16)이라는 말씀에 은혜를 받고 쓴 시임

자기사랑, 이웃사랑

하늘에서 준 생명
마음대로 버릴 수 없다.
영으로 살아야 한다.

자신은 사랑해야할 가치
진리로 키우고
사랑으로 가꾸자.

"마음의 즐거움은 양약
심령의 근심은 뼈를 말린다" (잠 17 : 22)
시기, 질투, 미움은 마음을 썩게 한다.

.....하여
자신을 사랑하고 이웃을 사랑하자
사랑은 생명이다
천하를 얻고도
사랑을 잃으면
이웃도, 재산도, 명예도, 생명도 다 잃는다.

*시작(詩作)노트

이 시는 필자가 2003년 8월 3일 소망교회 곽선희 목사님의 "자기 사랑의 비결" (마16 : 21～28)이란 제하의 말씀을 듣고 은혜를 받아 쓴 시임.

사랑의 신비

사랑은 행복
행복한 시간은 천년이 하루
불행한 시간은 하루가 천년
행복한 시간 속에는
사랑이 숨 쉬고 있기 때문이다.

사랑은 능력
사랑하는 마음에서 지혜가
사랑하는 행동에서 용기가
사랑속에서 세상의 모든 것을 할 수 있다.

사랑은 진리
사랑의 뿌리는 하늘에 있어
절대적 진리이기에
세상은 변해도 사랑은 변치 않는다
십자가의 사랑 속에
구원이 있고 기쁨이 있고 힘이 있다.

*시작(詩作)노트

필자는 소망교회 장로로서 2003년 9월 7일 주일예배시 소망교회 곽선희 목사님의 "그 사랑의 승리" (요일 4 : 16~21)라는 제하의 말씀에 은혜를 받고 쓴 시임.

목자와 양

개미년 양의 해
목자와 양의 뜨거운 가슴
마지막 날의 꿈으로 열자.

여호와는 나의 목자
나는 그의 어린양
그가 끄는 데로 따르는
단순한 삶의 꽃을 피우자.

여호와는 나를
푸른 초장으로
쉴만한 물가로 인도해
자유와 평화의 보금자리를 편다.

양과 운명을 함께하는
선한 목자
내가 사망의 음침한 골짜기로 다닐찌라도
목자를 향한
두려워 하지 않는 믿음을 갖자.

나는 어린 양으로
염소와 같은 마음을 버리고
목자만을 의지하고
영원한 세계를 향해 달려가자.

*시작(詩作)노트

필자는 양의해인 2003년 1월 12일 주일 예배시 소망교회에서 곽선희 목사님의 "부족함이 없으리로다"(시 23 : 1~6)라는 제하의 말씀을 듣고 은혜를 받아 쓴 시임.

밤 하늘의 별

캄캄한 밤에
너는 더 밝은 빛을 발했다
세계로 우주로
하늘의 빛 쏟아내야 한다.

*시작(詩作)노트

이 시는 2005년 10월 24일 유엔의 날, 소망교회 새벽기도회 후에 기도 중 은혜 받고 나의 과거와 현재, 미래를 조명해 보며 세계로, 우주로 향한 비젼을 갖고 쓴 시임.

원래 시적인식은 과학적 진리나 지식으로 알게 되는 일상적 인식의 세계를 부정하고 항상 새로운 세계로 지향하는 것이다. 이러한 시적 인식의 속성에 따라 "밤하늘의 별"에 대한 일상적 인식을 필자의 세계관으로 바꾸어 나의 내재적이고 잠재적인 인식으로 새로운 의미를 창출해 낸 시적 표현이라 할 수 있음.

사랑하는 아내에게

십자가의 사랑으로
뜨겁게 두 손을 모았고
나의 미래를
몸으로, 마음으로, 영으로
밝힌 아내!

비 오는 날에는
내게 우산을 받쳐주었고
눈 오는 날에는
내게 털옷을 사서 입혔고
지쳐 있을때 뜨거운 가슴으로
안아 준 아내!

소망의 장로로
국가의 공직자로
대학의 교수로
민족의 통일선교 역군으로
나의 오늘을 있게 한 아내

모든 나의 나됨은
하늘의 은혜였고
아내의 깊은 사랑이었다.
이제 우리 부부는
그의 나라와 의를 구하며
진리의 빛을 발하리라
사랑의 영을 전하리라.

사랑하는 내 딸들아

봄, 여름, 가을, 겨울,
푸르른 난초 처럼
내 딸들은 곧고(貞)
아름답게(美) 피어났다.

엄마 아빠 품을 떠나
진리안에 굳게 선
내 딸들
하나님의 사랑으로 곱게 자랐다

아빠의 뒤를 따라
북한학 박사학위를 한 큰딸
한아이 엄마가 되어
기쁨과 행복을 준 둘째딸
나의 모든 것 다 주어도
아깝지 않은 내 딸들이다.

사랑하는 내 딸들아
하늘에 비젼을 두고
뜨거운 열정으로
진리의 향기 피워
행복의 나래 활짝 열어라.

사랑하는 내 아들아

빛을 보며
태어난 너는
하늘이 준 선물이었다.

요셉을 닮아
진실과 형통함을 안고
진형(眞亨)이가 된 너
너는 기도로 진리로 이 땅에 왔다.

이제 지혜와 키가 자라
대학에서, 군에서, 직장에서, 사업장에서
쏟아내는 정렬
온유 겸손한 모습
하늘의 약속이 너에게 있음을 믿는다.

먼저 하늘의 영광을 보며
기쁨과 감사로 생을 채워
진리 안에 진실하고
주 안에서 형통함을 열라.

손주 김은(金恩) 사랑

김 은!
너는 은혜이다
너는 사랑이다
너는 행복이다.

2001년 10월 22일
하늘의 축복으로 이 땅에 온 너
너는 주의 은혜로
밝은 빛을 보았다.

흰 눈 보다 더 빛난 심령
티도 없고 꾀도 없는
그 맑고 환한 얼굴
너에게서 천사의 마음을 본다.

김 은!
뒤집고, 앉고, 서고, 걷고, 자라
네가 부른 엄마, 아빠
하버지(할아버지), 함머나(할머니)
일(1), 치(7), 파(8), 에이(A), 비(B), 시(C)
그것은 사랑이 담긴 말이고
지능으로 끓는 언어이다.

우리는 너에게서 하늘의 은혜를 보았고
아가페의 사랑을 가슴으로 느꼈다
내일의 푸르른 행복을 보았다.

김 은!
주의 은혜만을 바라보며
키가 자라고
지혜가 자라
절대적 감사와 기쁨으로 두 손을 모아
하늘에 비젼을 두고 소망의 빛을 발하라.

*시작(詩作)노트

2001년 10월 22일 오후 4시 43분 하나님의 축복 속에 탄생한 손자 김 은(金恩)(父 : 김영준, 母 : 박미란), 은혜와 사랑으로, 행복으로 이세상에 온 김 은(金恩), 기도 중에 그 이름을 짓고 사랑하는 마음으로 2003년 8월 15일 할아버지(박완신)가 쓴 시임.

교사헌신의 기도

하늘에 계신 영광의 하나님!
저희들을 선택하셔서
진리 위에 우뚝 선 소망교회 교사,
천사도 흠모하는 교사의 특권 주심을 감사 드립니다.

우리가 이 영광 된 교사의 자리에서
천국이 얼마나 아름다운가를 먼저 보고
하늘나라의 가치를 깨달아 알게 하소서.

겟세마네 동산에서
베드로, 야고보, 요한을 데리고 기도하신 주님!
나에게 배우는 어린 영혼들이
곧 나의 작은 학교임을 깨닫고,
뜨거운 기도를 드리게 하소서.

오 주님!
우리가 바른 교사가 되기 위해
먼저 경건의 모습을 갖게 하시고,
예배 없는 교사가 되지 않게 하소서.
말씀의 깊은 뿌리 안에 굳게 서서,
주님만을 기쁨으로 찬양하는 교사가 되게 하소서.

나사렛 회당에 들어가셔서
진리의 말씀을 가르치신 주님!
우리가 교실에 들어갈 때에
지식 이상의 지혜를 더하셔서

그리스도를 아는 지식이 가장 고상함을 깨닫고,
오직 예수그리스도만을 전하게 하소서.
급변하는 교육 환경에도 창조적으로 대응하되,
변하지 않는 절대적 복음만은 끝까지 지키게 하소서.

아흔 아홉마리 양보다 잃은 한 마리의 양을 찾으신 주님!
우리가 주의 선한 목자의 교사상을 갖고,
고독한 영혼의 마음을 읽게 하소서.
거칠고 무분별한 학생들도
용광로와 같은 사랑으로 녹여 주시고,
뜨거운 가슴으로 기쁨과 감동을 창조하는 교사되게 하소서.

낮고 천한 몸으로 이 땅에 오신 주님!
내가 먼저 낮아짐으로
오만해진 영혼들이 겸손함을 얻게 하시고,
나를 불태워 헌신하므로
나 중심의 학생들이
남을 위한 희생을 배우게 하소서.
우리가 가르치는 학생들이
그리스도의 형상으로까지 자라게 하여,
하늘의 소망과 비젼을 갖고
공의의 빛을 이 땅위에 발하게 하소서.

우리의 위대한 스승이 되시는 주님!
우리가 하늘 나라에 소망을 두고,
진리의 말씀 안에 굳게 서서,
사랑과 헌신으로 가르칠 때
주님 보시기에 잘했다 칭찬 받는
좋은 교사가 된다는 것을 깨달아 알게 하소서.

예수님 이름으로 기도합니다. 아멘.

*시작(詩作)노트

2003년 1월 10일(19 : 00～21 : 00) 소망교회 교사헌신의 밤에 소망교회 교회학교 교역자 및 부장, 부감과 8백여 교사들이 참석한 자리에서 작자(박완신 장로)가 교육위원장으로서 낭송한 시임.

절대적 기쁨과 감사로 사는 자의 복

기쁨과 감사
행복의 노래되어
평화의 빛으로 밝다.

종속적 기쁨이 아닌
독립적 기쁨
상대적 감사가 아닌
절대적 감사
그 속에서 복에 복을 더한다.

웃음과 칭찬
최고의 구제로
인간세계를 밝히고
기쁨과 감사
하늘의 진리로 참 행복을 창조한다.

"항상 기뻐하라
쉬지 말고 기도하라
범사에 감사하라
이는 그리스도 예수 안에서 너희를 향하신
하나님의 뜻이니라" (살전 5 : 16~18)

기쁨과 감사
하늘의 뜻이기에
지켜야할 가치
두손을 모아 소망의 동산을 가꾸자.

*시작(詩作)노트

2004년 10월 30일 평택과 제부도에서 소망교회 제직회 친교부 야외 예배를 드릴 때 필자가 "절대적 기쁨과 감사로 사는 자의 복"이란 주제로 말씀을 전하고 하나님 은혜가운데 지은 시임

수능시험을 위한 기도 시

전능하신 하나님!
"여호와를 앙망하는 자
새 힘을 얻으리니"(이사야 40 : 31)
먼저 영원하신 하나님께 기도하며
새 능력으로 시험을 치루게 하소서

독수리 날개치며 올라감 같이
달음박질 하여도, 걸어도
피곤치 않도록
시험장에 있는
사랑하는 자녀들을
주의날개 아래 품어 주소서

그들 마음속에서는
주님이 주신
참 평화만이 있게 하시고
지혜와 총명만이 살아 숨쉬게 하사
눈물 흘리며, 발버둥 치며
갈고 닦고 쌓아온 지식을 마음껏 쏟아놓게 하소서
결과는 주님께 맡기고
절대적 감사로 내일을 준비하게 하소서

"두려워 말라
물 가운데서도 함께할 것이요.
불 가운데서도 타지도 아니할 것이요"
(이사야 43 : 1~2)

주여!
이 진리의 말씀 붙들고
하늘의 영광을 위해
나라와 민족을 위해 안 평생 살아가게 하소서

*시작(詩作)노트

2004년 11월 17일 소망교회 대학수능시험을 위한 기도회에 고등부 선생님들과 함께 참여하고 필자가 고등부부장으로서 간절히 기도한 가운데 하나님께서 주신 지혜로 지은 시임.

양의 문

하늘을 노래하는 사람들
성막에서 교회로
지성소에서, 성소에서
제단에 향을 놓고,
두손을 모으고……

언약궤에서 진리의 말씀으로
믿음의 정열을 불태운다.

성막 뜰엔 진리 빛 비추고
성막의 문, 양의 문
생명으로 가는 길
구원으로 가는 길
영원으로 가는 길

"나는 양의 문이라
나로 말미암아 들어가면
구원을 얻고
들어가며 나오며
꼴을 얻으리라" (요 10 : 7～9)
이 하늘 문을 향해
오늘도 내일도 달려가리라.

영의 원리

인간 사랑
인간에 대한 계획
하늘의 높은 뜻
절대적 진리로 빛을 발한다.

죄에 빠진 인간
그 높은 사랑과 계획을 잃고
그것을 체험할 수도 없이
하늘로 부터 멀리 떠나 버렸다.

하늘과 인간을 잇는 다리
예수 그리스도
그는 인간의 죄를 해결하는
하나님이요 인간이다
구원에 이르는 유일한 길이다.

그리스도를 나의 구주
나의 하나님으로 영접한자
하늘의 사랑과 계획을 알고
그것을 체험하게 된다
영원한 하늘나라 시민으로……

십계명(十戒命)

하늘이 내린
열가지 계명(十戒命)
그것은 족쇄가 아니라
인간 자유의 선언이다
율법의 완성이다.

“너는 나 외에
다른 신들을 네게 있게 말찌니라”
하늘의 유일성, 포용성으로 빛난다.

권력, 명예, 재산, 건강
세상의 모든 것, 다
하늘 위에 둘 수 없는 것
“너를 위하여 새긴
우상을 만들지 말라”

“여호와의 이름을
망령되이 일컫지 말라
안식일을 지키라”
하늘을 보며 영적 휴식으로 살자.

"네 부모를 공경하라
살인하지 말지니라
도적질하지 말지니라
네 이웃에 대하여 거짓 증거하지 말지니라
네 이웃의 집을 탐내지 말지니라"
하나님과 인간의 관계를 위에 두고
인간과 인간의 수평적 관계를 사랑으로 열자
십자가의 진리로 살자.

*시작(詩作)노트

이 시는 필자가 2003년 10월 11일부터 2004년 10월 9일까지 사이에 소망교회 교수선교회에서 김지철 담임목사님께서 십계명에 대한 말씀을 전하실 때에 은혜 받고 기도하며 지은 시임.

꺼지지 않는 불

꺼지지 않는 불
믿음의 불
소망의 불
사랑의 불

꺼지지 않는 불
기도의 불
찬송의 불
예배의 불

꺼지지 않는 불
번제의 불
소제의 불
화목제의 불
속죄제의 불
속건제의 불
하늘의 산제사로 탄다.

*시작(詩作)노트

2004년 12월 10일 소망교회 새벽기도회 시간에 김지철 담임목사님으로부터 레위기 말씀을 듣고 필자가 기도하는 가운데 지은 시임.

성탄의 의미

사랑으로
소망으로
이 땅에 오신 주여 !
주는 생명이십니다.

말구유로
메시아로
인류에게 오신 주여 !
주는 구원이십니다.

빛으로
진리로
세계에 오신 주여 !
주는 평화이십니다.

이 깊은
성탄의 의미를
몸으로
마음으로
영으로
온전히 받아드립니다.

***시작(詩作)노트**

이 시는 필자가 2001년 12월 23일 성탄주일에 소망교회 곽선희 목사님의 설교말씀(내 백성을 위로 하라, 사 : 40 : 1~8)을 들으며 은혜받고 지은 시임.

생명의 꽃! 소망의 빛

우주의 꽃, 생명의 꽃!
세상을 향한 사랑의 향기로
어둠을 향한 진리의 빛으로 뛴다.

은빛 달, 별빛 속에 더 밝고
불빛 해, 금빛 속에 더 찬연하다.

새 생명으로 솟아난 꽃
하늘의 빛으로 푸르고
세계로, 미래로 소망을 노래한다.

*시작(詩作)노트

2004년 12월 서울특별시 서초구 방배본동 2233번지 현대홈타운 302동 502호로 이사온 후 2005년 10월 8일 내부 인테리어를 마치고 자택 거실에 걸린 선물로 받은 그림을 감상하며 지은 시임

엄마마음 아프게 달려와

엄마 마음 아프게 달려와
어느덧 엄마가 되었어요

상처를 늘 어루만지며
일으켜 세워 주셨지요

오늘 여기
엄마의 자리
이렇게 거센 바람
눈비가
가득한 줄 몰랐어요

제가 서 있어요
외롭지 않아요
주저앉지 않겠어요

나무들이 거느린
하늘 구름
큰 가지 작은 가지
잎사귀들까지
엄마처럼 그렇게 품을 거예요

엄마 같은 여자이기 보다
엄마 같은 엄마가 되고 싶어요
엄마마음 아프게 달려왔지만
엄마마음 예쁘게 가꿀 거구요.

*시작(詩作)노트

"강릉에서", "엄마마음 아프게 달려와", "빨간편지", "행복", "당신이 계시는 기쁨"은 아내(홍경순 권사)가 1998년 8월 시(詩) 문단에 등 단한 작품임.

빨간 편지

너는 그 남자의 여자가 아닌
그 남자의 아내였다

철없이 퉁퉁대고
긁어대며
큰 소리 치기만 한
여자라기 보다
너의 가신 님과 너무도 사랑한

그래 빨간 옷 맘껏 입으렴
꿈에라도 한번
더 보고 싶은 이
그 채취 가득한 빨간 옷 사면
맘껏 입어보렴

맑은 눈동자 가득한 마음
타오르는 그리움
아마도 그 색은
빨강일 꺼야

우리가 서로
가진 게 있다면
그 색도 분명
빨강이겠지
바래기 전에
빨간 옷 맘껏
입어 보렴.

행 복

중년여인에게 찾아드는 기쁨이 있다.

응어리, 한(恨), 모두 다 안개처럼
걷히는 나날이 있다

걸어온 내 길을 걸어오는 사람들이
보이는 마음이 있다.

울고 싶을 때에도 웃을 수 있고
버려진 이들을 안아줄 수 있는
가슴이 있다.

누가 중년 여인에게 매력을 물을까
립스틱 가득한 핸드백 속에
분가루처럼 날리는 사치도 있다

엄마와 아내라는 결코 늙지 않는
눈부신 아름다움 그리고
간절한 기도가 있다.

당신이 계시는 기쁨

눈물 없는 곳을 찾지만
그건 너무 메마르잖아요
아픔도 정녕 싫지 않아요
그리움과 만남이
가득한 날의
설레임

거기 계신다는
소식만으로도
너무 시린데
가슴은 아직도 왜 얼지 않나요

지난날처럼
이겨나갈
앞날을
이토록 기쁨으로
맞이할 자신을 얻은 것도

거기 계시는
당신의 모습을
보았기 때문이에요

피와 눈물은 언제나 하나

북녘에 가면
북의 하늘이 있고
북의 산천이 있다.

남쪽에 가면
남쪽의 사람이 있고
남쪽의 마을이 있다.

그러나
북의 피와
남의 눈물은
언제나 같다.

다만
있음으로 하여 흐르고
없음으로 하여 변하지만
피와 눈물은
언제나 하나다.

*시작(詩作)노트

이 시는 "통일의 꽃나무", "북녘하늘", "통일은 금을 지우는 것이 아니다", "북한학교수의 하루", "피와 눈물은 언제나 하나" 와 함께 1998년 6월 월간 "한맥문학"에 게재된 시로서 저자가 시 문단에 등단한 작품임.

제5부
통일로 가는 평양 길, 평화의 길

01 평양에서 본 북한사회
02 북한 방문을 통해서 본 통일선교 환경
03 개성의 하늘과 땅
04 미주통일선교대학과 북한선교의 비전
-휴스턴과 LA 통일선교대학 강의를 마치고-
05 중국 내몽골에 핀 사랑과 빛
06 몽골 선교여정
07 베트남 통일 선교여정
08 하늘이 연 백령도 길, 통일의 길
09 북방선교의 전략과 방향
10 중국연변과학기술대학 방문
11 상해, 장가계, 서안 여정
12 러시아에서 본 북방선교, 북한선교

1 평양에서 본 북한사회

1. 8.15 민족의 길, 평양 길

2003년 8월 14일 평화와 통일을 위한 8 · 15 민족대회에 참가하기 위해 민족의 길에 평양길에 오르기 전에 나는 먼저 하나님께 기도를 드렸다. "이번 8 · 15민족대회가 진정 하나님이 원하시는 민족의 평화적 통일에 기여하는 계기가 되게 하시고 북한복음화의 큰 역사가 나타나는 대회가 되게 하옵소서." 하는 간절한 기도를 드리고 평양을 방문하여 북녘 동포들을 만나 한반도 평화와 통일을 위해 함께 논의할 수 있는 길을 열어주신 하나님께 감사 드렸다.

기도를 마치고 급히 인천국제공항으로 달려갔다. 탑승수속대 D에 모인 3백여 명의 방북단 일행은 함께 모여 출발성명을 발표했다. "평화와 통일을 위한 8 · 15 민족대회가 6 · 15 남북공동선언을 실천하고 이번 북한 여정이 평화통일로 이어지는 계기가 되기를 기원합니다."라고 하는 추진본부대표단의 짤막한 출발 성명문 낭독이 있은 후, 대한항공 KE8 · 15편에 탑승했다. 그리고 좌석에 앉자마자 먼저 하나님께 기도 드렸다.

"민족이 하나되기를 원하시는 하나님!

평화와 통일을 위한 8 · 15 민족대회가 평양에서 열리게 하시고 우리 남측 대표단이 참석할 수 있도록 허락해 주신 은혜에 감사드립니다. 이번 8 · 15 민족통일 대회가 이데올로기를 넘어 민족의 평화적 통일로 가는 길이 되게 하시고 그리스도 안에서 복음으로 통일을 이루게 하옵소서. 예수님 이름으로 기도하옵나이다. 아멘."

오전 9시 30분, 대한항공은 인천국제공항을 이륙하여 평양으로 달리기 시작했다. 평화와 통일을 싣고 하늘로 치솟은 비행기는 하얀 솜털구름의 축복을 받으며 북녘 하늘로 달렸다.

평화와 통일로 가는, 솟구치는 마음을 억제할 수 없었다.

대한항공은 서서히 북녘 하늘을 향해 달리고 있었다. 정리된 농지와 푸르른 산하를 보며 남녘과 똑같은 하늘 아래 산하이건만, 여기에 인간이 만든 이데올로기가 무엇이기에 이렇게 남북을 갈라놓고 전혀 다른 사회로 만들어 가고 있는지, 생각하면 가슴 아픈 일이 아닐 수 없다.

10시 45분, 우리 방북단 일행이 탄 비행기는 평양순안공항에 착륙했다. "하나님 감사합니다. 무사히 평양에 도착하여 민족의 평화와 통일을 위해 기여할 수 있도록 축복해 주신 은혜에 감사드립니다. 이번 평양 여정이 민족의 통일과 북한 복음화에 기여할 수 있는 계기가 되게 하옵소서." 기도를 마치고 평양공항에 내렸다. 공항에는 3시간 전부터 나왔다고 하는 3백여 명의 평양시민들이 붉은 꽃과 파란 꽃을 들고 30℃의 뜨거운 뙤약볕에서 "민족자주"와 "평화통일" 구호를 외치며 환영하는 모습을 보면서 남측대표단은 한반도 단일기를 흔들며 화답한 가운데 뜨거운 민족애를 평양순안공항에서 일깨웠다. 여자들은 대부분 붉은색의 한복을 입고 있었고 파랗거나 노란 한복을 입은 여자와 양복차림의 남자들이 군데군데 서서 우리측 대표단을 환영하고 있었다.

"2003평화와 통일을 위한 8 · 15민족대회에 평양에 오신 남녘 대표들을 열렬히 환영한다."는 플래카드가, 같은 혈육의 정과 뜨거운 동포의 사랑을 더욱 실감하게 했다.

"평화와 통일을 위한 8 · 15민족대회에 북녘 동포들의 뜨거운 동포애에 감사하며 하루속히 통일의 길이 열리길 기원한다."는 백도웅 목사의 도착 성명이 있은 후, 방북단일행은 평양순안공항을 돌아보았다.

전광판에는 베이징 · 우라지보스톡 · 심양 · 청진 등 4개 노선의 전광판만 표시되어 있는 것을 보고, 사회주의의 폐쇄성을 다시 한 번 실감했다.

나는 방북단일행과 함께 비행장에 대기하고 있는 버스를 타고 인민보안원 차량의 안내를 받으며 평양순안비행장을 뒤로 하고 평양시내로 향했다.

순안구역을 지나 9.9절거리, 김일성종합대학과 80m의 영생탑, 금수산기념궁전, 금릉동굴 등을 지나서 평양시내 중심가로 들어섰다. 평양시민들은 손을 흔들며 열렬히 환영하는 모습을 보였다.

미루나무 · 벗나무 · 소나무 · 플라티너스가 어우러진 가로수는 따가운 여름바람에 휘날리고, 4층 · 6층 · 8층 · 10층 등으로 짜여진 아파트들은 도색도 되지 않은 채 사회주의의 낡은 모습을 대변하고 있었다.

건물 뼈대만 앙상한 105층 류경호텔은 아직도 완성되지 못한 채 하늘로 솟고 있었다. 2001년에 평양으로 왔을 때는 강성대국이 완성되면 이 호텔도 완성될 겁니다."라고 했는데, 이번에는 "돈이 없어 완성을 못했으니 남조선에서 투자해서 백공오(105)층 이 호텔을 완성되도록 도와주십시오."라고 하는 것이었다. 강성대국은 김정일 국방위원장이 제기한 것으로, 총대 · 사상 · 과학기술 등 3대 기둥이 강해야함을 강조한 이론이라 할 수 있다.[1)]

평양시내 곳곳에 인공기가 걸려 있고, 무궁화꽃이 가끔 눈에 띈 것이 이채로웠다. 조선 옷점 · 가정용품 상점 · 물고기 상점 · 리발관 · 식료품 상점 · 남새 상점 등이 보였고 특히 종전에 볼 수 없었던 노점상들이 군데군데 자리잡고 있었으며, 사람들도 종전보다는 훨씬 더 많이 움직이고 있는 모습을 볼 수 있었다.

"위대한 어버이 수령은 우리와 함께 영원히 살아계신다." "백두산의 아들 김정일 장군" 등의 글발이 빌딩, 아파트 등 여러 군데에 돌로 새겨져 있기도 하고 플래카드로 걸려 있기도 한 것을 보고, 북한은 김일성과 김정일 중심의 지나친 우상신권 사회임을 실감할 수 있었다.

---

1) 김재오, 김정일 강성대국 전략(평양출판사, 200), pp.16～37.

개선문, 천리마동상, 인민문화궁전, 조선혁명 박물관, 평양교예극장, 평양대극장, 로동신문사를 거쳐 고려호텔 앞 식당거리를 지나서 대동강 변에 우뚝선 양각도호텔에 도착했다. 양의 뿔과 같다고 하여 '양각도'라 명명한 양각도에 자릴 잡은 이 호텔은, 고려호텔과 함께 특급호텔로 1995년에 완공된 47층 높이에 1,001개의 객실을 가지고 있다고 한다.

나는 30층 6호에 여장을 풀었다. 양각도호텔의 방 내부에는 침대 2개 · 옷장 1개 · TV 1대 · 전화기 1대 · 책상 1개 · 의자 3개 · 냉장고가 있었고, 냉장고 안에는 룡성맥주 2병 · 신덕 샘물 2병 · 사과 2개 · 과자류 한 접시가 들어 있었다. 이 냉장고 안의 다과나 음료는 마음대로 들어도 된다고 여자접대원이 말했다.

평양여정을 하나님께서 인도해 달라고 기도하며, 보온병 옆에 놓인 개성인삼차 한 잔을 들었다. 전력난이 심각한데도 냉방시설이 잘된 걸 보니, 이번 남한에서 온 8 · 15 민족대회 방북단을 무척 예우하는 것 같았다.

양각도호텔 내의 서점 · 기념품 매대 · 차점 · 화면반주 음악실 · 볼링장 · 수영장 · 9홀의 골프장 등을 돌아보며, 북한의 채취를 느낄수 있었다. 점심식사를 위해 2층 식당으로 갔다. 한식 뷔페로 차려져 있었다.

농어조림, 소 불고기, 소 위조림, 오징어무침, 야채류, 과일류등 비교적 음식맛이 단백하고 좋았다. 식당 양쪽 벽에는 백두산의 정일봉과 금강산의 그림이 걸려 있었다.

2001년 8 · 15 행사 때는 7박 8일 일정이어서 북한의 고려항공을 타고 삼지연공항에 내려 백두산을 가볼 수 있었는데, 그 때 백두산 밀영의 정일봉을 보았던 생각이 되살아났다.

그 때 '이 백두산 밀영은 김일성이 항일빨치산 투쟁을 했던 항일유격대 사령부 근거지'라고, 항일 빨치산복을 입은 여자안내원은 열심히 설명했던 것이 기억난다.

“백두산 무루에 정일봉 솟아 있고
소백수 푸른물은 종이쳐 흐른다.
광명성 탄생 어느덧 쉰돌인가
우렁찬 환호소리 하늘땅을 뒤흔든다.

1992. 2. 16. 김 정 일

백두산 밀영 산봉오리에 「정일봉」이라고 크게 바윗글이 새겨져 있었다. 글짜 하나하나 바위의 무게가 1백 톤에 달한다고 한다.

지도자 한 개인을 우상화하기 위해 이처럼 많은 돈과 노력을 들였다는 것을 생각하니, 북한주민들이 불쌍한 생각마저 들었다. 정일봉을 찬양하는 글이 바위 위에 새겨져 있기도 했다.

아마 김정일 50회 생일을 맞아 쓴 것으로 생각되는데, 지나치게 김정일을 찬양하는 글이 안타까울 뿐이다.

김정일이 태어났다는 백두산 밀영 귀틀집을 안내원의 안내로 돌아보았었다.

2001년 8 · 15 행사 때는 조국통일3대헌장탑행사 사건으로 국내외가 떠들썩했는데, 이번에는 비교적 순조롭게 행사가 진행되게 된 것을 하나님께 감사 드렸다.

2001년 8 · 15 행사 당시, 나는 조국통일 3대헌장탑 개막식장에 안 가겠다고 하면서 안 간 이유를 다음과 같이 설명했던 것이 기억난다. “북측에서는 우리 남측의 통일방안을 흡수통일방안이라고 하면서 받아들이지 않고 있지 않습니까? 마찬가지로 우리도 북측의 고려연방제 통일방안은 그 선결조건에 나타난 대로 한반도를 공산화하겠다는 것이기 때문에 안 가는 것입니다. 남북정상이 6 · 15 남북공동선언에서 합의한 남북연합제와 낮은 단계 연방제는 유사성이 있으므로 함께 통일로 지향하자고 했지만, 고려연방제 통일방안은 6 · 15 남북공동선언에도 어긋납니다. 우리가 이번에 온 것은 6·15 남북공동선언 실천을 위해 온 것입니다. 그러므로 고려연방제, 전 민족 대단결 10대강령, 조국통일 3대원칙을 상징한 조국통일 3대헌장탑에서 열린 개막식에는 참석하지 않겠습니다."하며 이유를 설명했더니, 그리 좋은 표정은 아니었다.

2001년 8월 14일 준공된 북한의 조국통일 3대헌장탑은 평양의 통일거리 남쪽 입구에 세워진 10여만m^2에 달하는 부지에 30m 높이의 아치형 조형물로 되어 있다. 윗부분에는 3대헌장이란 글과 한반도 지도, 그리고 모란꽃을 부각(모란꽃은 북한의 국화라고 함)하고 있다.

북한의 「로동신문」에서는 "녀인들의 세차게 날리는 머리칼과 우아하게 뻗어 내린 치마폭의 선들은 새세기를 맞이하여 조국통일을 끝없이 갈망하며 통일의 한길로 힘차게 매달리는 우리 민족의 숭엄하고 억센기상을 생동하고 진실하게 보여주고 있다."고 선전하고 있다.

또한, 북한의 「민주조선」에서는 "탑신의 량쪽기단에는 조국통일 3대원칙편, 고려민주련방공화국 창립방안편, 전민족 대단결 10대강령편, 그리고 통일조선만세편으로 된 부주제 군상들이 동으로 특색있게 형상되여 기념탑의 사상 주체적 내용을 폭 넓게 부각시키고 있다."고 선전하고 있다.[2)]

이번 방북 시에는 8월 16일 동명왕릉 가는 길에 버스 안에서 통일 3대헌장탑을 보면서 2001년 8·15행사 당시의 복잡했던 일들을 기억나게 했을 뿐이다.

방북단 일행은 오후에 만경대 소년학생궁전으로 향했다. 이곳은 1989년에 건립된 곳으로 '어린이 천국'이라고 북한 안내원은 자랑했다. 그리고 건물형태가 자애로운 어머니의 팔과 가슴을 상징한다고 했다. 건물 안으로 들어서니 벽에 김일성이 썼다는 큰 글씨가 눈에 띄었다.

2) 북한의 최고인민회의 상임위원회 및 내각기고나지 「민주조선」(2001. 8. 15), 1pp

"우리어린이들은 우리나라의 보배들입니다, 앞날의 조선은 우리 어린이들의 것입니다. 김일성. 1989, 4, 15."

2층에는 소학교 어린 소녀들이 웃으면서 손풍금을 연주하는 모습이 아름다웠다. 수예 · 미술 · 음악 · 서예 등 다양한 예능을 익히고 있는 학생 소녀, 소년들의 모습이 인상적이었다.

2001년 방북 시에는 서예실에서 광명성중학교 4학년 주준호라는 학생이 나에게 「조국통일」이라는 글씨를 선물로 즉석에서 써 주었는데, 그 때 생각이 떠올랐다. 북한에서는 최근 인민학교를 소학교로, 그리고 고등중학교를 중학교로 그 명칭을 바꾸었다고 한다.

공연장에서는 북한의 소학교 또는 중학교학생들로 구성된 소년소녀들의 열띤 공연이 시작되었다.

흔들북춤, 가야금연주 '내나라 제일 좋아', '조선13도가 아름다운 내나라', '우리 것이 제일이야', '통일아리랑', '구름 넘어 그리운 장군 별님께', '김치 깍두기 참 좋시다.' 등 공연이 있었는데, 2001년에는 "반갑습니다, 내나라 참 좋아, 김일성 대원수님 고맙습니다, 장군님이 보내주신 컴퓨터는 내 동무, 김치 깍두기 참 좋시다." 등의 공연이 있었다.

어린이답지 않게 너무 어른처럼 노래를 부르는 모습들을 보며, 어린이 정서를 헤치지 않나 하는 생각도 들었다.

이 어린이들을 보면서 우리남쪽의 어린이들을 보는 것 같았고 "통일의 날 다시 만나요"하며, 노래를 부를 때는 통일을 향한 뜨거운 민족애가 북받쳐 올랐다.

만경대소년학생궁전을 나와 청춘거리와 광복거리를 지나, 충성의 다리를 건너, 저녁 만찬장인 평양단고기집으로 자리를 옮겼다. 통일거리에 위치한 평양단고기집에 들어서니 노래반주기가 놓여 있었고, 조그마한 무대에는 '우리나라 제일 좋아'라는 글씨가 쓰여 있었다.

평양단고기집에는 간 · 곱창 · 골 · 신 · 껍질 · 등뼈 · 갈비 · 통다리무침 등 70여 가지의 코스 요리가 있는데, 오늘은 단고기등뼈찜 · 합성내장볶음・갈비찜・뒷다리토막찜・보신탕 등 5가지 코스 요리와 미나리물김치 및 탕에 넣는 양념 등이 공기밥과 함께 나왔다.

식사를 마치고 나올 때는 우리민요 진도아리랑이 구성지게 흘러나왔다.

양각도호텔로 돌아와서 같이 동행했던 민주평통자문위원들과 함께 차를 나누며 평화와 통일에 관한 현안문제들을 논의했다.

이 호텔에서 커피 한 잔 값은 북한화로 361원(2.3유로, 2.7달라, 한국화 3,240원)이었는데, 고려호텔 차점의 450원보다는 싼 편이었다. 2001년도 방북 시에는 고려호텔 차점 커피가 북한화로 5원(한국화 3,000원)이었는데, 약 90배의 명목상의 물가가 뛴 셈이다. 그러나 2001년 7월 1일 북한의 경제관리 개선조치에 따른 환율변동 때문이지, 실질적인 물가변동은 없다고 하겠다. 임금도 당시 교수들의 월급여가 약 150원 정도였는데, 지금은 5,000원에서 10,000원 선이라고 한다.

북한에서는 북한 원화 외에 여행객들에게는 유로화를 주로 사용하도록 했고, 달러화나 중국화 및 일본화도 함께 사용할 수 있도록 하고 있었다.

2. 능라도를 불태운 평화통일의 열정

2003년 8월 15일 10시에 능라도공원에서 열리는 평화와 통일을 위한 8・15민족대회에 참석하기 위해 나는 방북단 일행과 함께 양각도호텔을 나와 대동강변의 능라도에 도착했다.

북한대표단은 이미 행사장에 도착하여 남측대표단을 열렬히 환영했다. 북측의 조선사회민당, 천도교청우당, 조선종교인협의회, 조선민주여성동맹, 조선그리스도교연맹, 조선민주법률가협회 등 2천여 명이 참여했다고 북측사회자가 설명했다.

아리랑이 울려 퍼지는 가운데 한반도 단일기를 들고 남북의 여성들이 행사장으로 들어와서 게양했다. 푸르른 나무와 잔디가 대동강물과 어우러져 춤추고 있는 능라도, 평화와 통일을 향한 열정이 끓어오르는 자리였다.

먼저 북한 홍성남 내각총리의 축하연설이 시작되었다.

"유서 깊은 평양에서 열린 평화와 통일을 위한 8 · 15민족대회를 열렬히 축하합니다. 북남관계를 발전시키고 온 민족이 단합된 힘으로 전쟁을 막고 조국의 통일을 위해 노력합시다.

6 · 15 공동선언에 따라 북남대화와 교류를 발전시켜 나갑시다.

6 · 15 공동선언은 자주선언, 평화선언, 조국통일선언입니다.

우리 모두는 6 · 15 공동선언의 담당자요 책임자입니다.

핏줄도 하나, 언어도 하나, 문화도 하나, 역사도 하나인 우리민족은 먼저 민족공조가 있어야 통일을 할 수가 있습니다.

우리는 민족공조의 대행진에 한 사람같이 합류하여 조국의 평화와 통일을 이룩합시다.

반전평화운동은 우리가 연합하여 민족의 안전을 도모하자는 것입니다.

반전평화운동을 범민족적운동으로 확대해 나가야 합니다.

온 겨레의 축복 속에 진행된 평화와 통일을 위한 8 · 15 민족대회가 새로운 장을 기록하게 되기를 기원합니다. 감사합니다."

홍성남 내각총리의 축하연설이 있은 후, 남북 해외동포 대표들의 평화통일에 관한 열띤 연설이 있은 다음, 함께 점심식사를 나누며 각 부문별 회의가 진행되었다.

나는 교수대표단으로 8 · 15민족대회에 참가했기 때문에, 학술분과에 참여하게 되었다. 북측에서는 허종호(사회과학원 원사, 역사학회장)등 10여명이 참석했고, 한국측 역시 10명의 교수들이 참석했다. 6 · 15 공동선언 실천을 위한 학술세미나를 개최하자는 데 의견을 모으고 학술회의를 끝냈다. 오후에는 이 자리에서 남북이 함께 어우러져서 체육경기와 오락경기를 갖게 되었다.

2002년의 부산아시안게임에 왔던 취주악단의 "반갑습니다", "우리는 하나", "우리의 소원은 통일" 등의 노래 연주는 여기 모인 우리 모두에게 평화와 통일을 향한 열정을 더욱 일깨워 주었다.

그 후 "뜀줄넘어 달리기대회", "통일지도 붙이기", "종합구기경기" 등은 남북동포들의 마음을 하나로 묶어 놓았다.

남북이 어우러진 체육 경기와 오락경기를 마치고 방북단 일행은 평양지하철을 탔다. 부흥역에서 영광역까지 가는 지하철인데, 깊이가 100미터나 되어 에스컬레이터를 타고 내려가는 데에 만 5분 정도 걸렸다. 역구내에는 옥돌장식 · 조각품 · 미술작품들이 보였고, 열차 내에는 김일성과 김정일 사진이 걸려 있었다. 지하철을 타고 내리는 평양시민들이 바쁜 걸음을 재촉하고 있었다.

저녁 7시에는 북한의 민화협의장이자 사회민주당당수인 김영대가 베푸는 만찬에 참석하기 위해 고려호텔로 갔다.

고려호텔은 지난 2001년의 방북 시에 묵었던 호텔이어서 낯설지 않았다. 북측 김영대 의장의 "6 · 15 공동선언 실천 위해 노력합시다. 8 · 15 민족대회 성과를 축하합니다. 축배를 듭시다."라고 하는 짤막한 만찬사가 있은 후에 만찬이 시작되었다.

차림표에 적힌 대로 약쉬움떡, 칠색나물, 소라깨즙냉채, 버섯소생선튀기, 소꼬리장즙, 청포찬탕, 완두콩밥, 감자장국, 단음식, 인삼차, 수박 등이 나왔다. 여기에서도 진도아리랑이 흥을 돋우어 준 가운데, 남북의 동포들은 평화와 통일을 위한 열정을 불태웠다.

2001년 8 · 15대회 시에는 최고인민회의상임위원장인 김영남 국가수반이 만수대예술극장에서 만찬을 베풀어 주었다. 만찬과 함께 만수대예술단의 공연이 있었던 것도, 이번 만찬과는 차이가 있었다.

북한의 권력서열 제2인자인 김영남이 주최한 만찬이었기에 성대한 자리였다. 차림표(메뉴)에는 바닷가재 · 꿩백숙 · 칠면조향료 찜 · 튀김 등 최고급 요리들이 나왔다. 20대 남자접대원들의 설명이 맛을 더 돋우었었다. 그 때 김영남 위원장의 만찬사는, 2003년의 김영대 의장보다는 훨씬 길었다.

"2001년 민족통일 대축전에 참가하신 남녁동포와 해외동포에게 깊은 사의를 표합니다. 통일을 지향하는 오늘의 통일축전은 통일의 재도약을 위한 축전입니다. 함께 통일의지를 굳힌 것은 통일조국을 향해 진군해 나가는 역사적인 행사입니다.

오늘 민족통일의 새로운 리정표를 열어 나가는 데 힘을 모읍시다. 조선민족이 자주적으로 통일을 이룩하도록 합시다. 조국통일을 위한 자주성은 강성대국 앞날을 담보합니다.

6 · 15 공동선언 기치 밑에 통일성업을 위해 노력합시다. 이번 민족통일대축전을 7천만 민족의 통일의지를 다짐하는 계기로 만듭시다. 체류기간 명승지들에 대한 참관도 하면서 의의 있는 날이 되길 기원합니다.

대표 여러분의 건강 위해 건배합시다."

김영남 국가수반의 만찬사가 있은 후, 나는 김영남 위원장과 김용순 노동당대남사업 담당비서와 불바다 발언을 한 안병수 조평통 서기국장을 만나 "반갑습니다."하고 인사를 나누었더니, "우리 함께 통일을 위해 노력합시다."라고 약속이나 한 듯이 같은 말을 했었다. 이 자리에는 강능수 문화상(우리의 문화관광부장관격)도 왔었고 리학봉 만수대문화예술단장도 자리를 같이했었다. 식사가 이어지는 동안, 만수대예술단의 공연이 시작되었다. 여성 4중창의 "통일아리랑", 여성 2중창의 "고향의 봄", 여성독창의 "통일아, 통일아", 남성민요독창의 "우리민족 제일이야" 등을 감상했다. 밤 1시가 되어서 만찬이 끝났었다.

3. 대성산에 울려 퍼진 남북의 노래

2003년 8월 16일 오후 3시 30분에 있을 8 · 15 민족대회 폐막식에 앞서 동명왕릉과 조선컴퓨터센타를 참관하고 옥류관에서 점심식사를 했다.

오전 9시에 버스를 타고 대동강 '충성의 다리'를 지나자마자 '통일거리'를 지나게 되었다. '충성의 다리' 첫 입구에서 남녁 동포들을 맞이하는 도로라 하여, '통일거리'라는 이름을 붙였다고 한다. 통일거리 입구에는 조국통일 3대헌장탑이 아취형으로 우뚝 세워져 있었다. 이 3대 헌장탑을 지나 평양－개성 고속도로로 들어섰다. 편도 2차선 도로로, 차가 가끔 지나고 있는 것이 2001년에 왔을 때와는 달랐다. 개성으로 가는 이 길이 빨리 남쪽과 북쪽을 연결하는 도로가 되어, 남북동포들이 자유로이 다닐 수 있는 통일의 길이 되었으면 하는 마음 간절했다.

평양에서 개성쪽으로 가다가 다시 원산쪽으로 약 30분쯤 달려서 「동명왕릉」에 도착했다. 이 곳은 흙을 가마에 쪄서 땅에 발랐기 때문에 개미 한 마리도 없다고, 안내원은 설명했다. 그리고 동명왕릉은 고구려 시조로 우리나라 첫 봉건 왕국인 고구려의 고주몽의 능이라고 말했다. 또한, "동명왕은 22세에 고구려를 세우고 19년을 통치하면서 주변나라들을 통합시켜 동방의 강국이 되었다."고 설명했다. 동명왕릉 앞에는 「정릉사」가 깨끗이 단장되어 있었다. 「동명왕릉」을 뒤로 하고 우리 방북단 일행은 다시 평양으로 향했다. 벼와 옥수수가 파릇파릇 자라고 있는 농촌의 모습, 군데군데 문화주택 마을들이 하나의 협동농장을 이루고 있음을 볼 수 있었다.

11시경에 평양으로 다시 돌아와서 조선컴퓨터센타를 참관했다.

"21세기의 태양 김정일 장군 만세"라는 글이 건물내부에 부착되어 있었다. 그리고 "현 시대는 과학과 기술의 시대입니다, 김정일"이란 글이 쓰여 있었고, 김일성과 김정일 사진이 있어서 사진을 찍었더니 "영상이 짤리면 안 됩니다."라고 하는 것이었다.

만경·청보·밀영 정보센타 등 여러 곳이 있었고, 이 곳에서는 각종의 프로그램을 개발하고 있다고 하는데 특히 평양미술대학 산업미술학부 상업미술학과를 나왔다는 한 여성이 열심히 디자인개발을 하고 있는 것을 볼 수 있었다. 그 외에도 '은성 장기', '바둑 프로그램'을 개발하고 있었고, 실시간 외국어로 번역되는 프로그램도 개발하고 있다고 한다.

북한 내에서는 인터넷이나 전자메일 등이 사용되고 있지만, 국제인터넷

망은 준비 중이라고 한다.

1990년 10월 24일에 설립된 이 컴퓨터센타는 주로 소프트웨어 개발을 하고 있고, 하드웨어 부분은 북한 내 아침판다회사와 일본 등지에서 구입해 온다는 것이다.

방북단 일행은 조선컴퓨터회사를 뒤로 하고 옥류관으로 이동했다.

대동강가에 앉아 녹말가루와 메밀가루로 만들었다는 옥류관 냉면은 먹을 때는 정말 진한 민족의 맛을 느낄 수 있었다. 옥류관에서 바라본 주체사상탑은 북한사회의 이데올로기를 대변하고 있었다.

2001년 방북 시에는 주체사상탑을 가 보았는데, 그 때 안내원이 설명했던 주체사상탑의 내용을 보면 아래와 같다. 높이가 총 1백 70m(탑 150m, 봉화 20m)의 대동강변에 우뚝 솟은 주체사상탑은 한 마디로 북한사회가 주체 이데올로기로 얼룩진 사회임을 알 수 있었다.

'김일성 탄생 70돌'을 기념하여 1982년 4월 15일에 건립되었다는 표시로 70개 계단으로 구성되었고, 세계 각국에서 보낸 2만5천50개 화강석으로 쌓아 올렸다고 안내원은 설명했다.

주체사상탑에는 주체사상을 찬양하는 시가 새겨져 있었다.

"누리에 빛나라 주체사상이여
만민의 염원이 하나로 모여
여기 탑으로 솟아오르고
인류가 맞이한 새 시대를 밝히며
주체의 홰불은 온누리에 타오른다.
천구백팔십이년 사월 십오일"

당시 방북단 일행은 안내원의 안내에 따라 15인승 엘리베이터를 타고 8층에 내려 옥탑에 오르니 평양시내가 한눈에 들어왔다.

대동강이 말없이 유유히 흐르고 5.1 경기장 · 중앙 TV 방송탑 · 양각도 호텔 · 미완성된 류경호텔 등이 가까이 보였다. 대동강을 사이에 두고 본평양과 동평양으로 나누어지는데 본평양에 주요건물들이 많이 있다고 한다.

잠든 것과 같은 저 조용한 도시, 저기 함께 살아가고 있는 평양시민들, 주체사상만을 우러러 생각하고 행동해야 하는 북한 동포들이 불쌍할 뿐이다.

북한동포들이 주체사상보다 참된 진리를 믿고 사는 북한사회가 되기를 간절히 기원했다. 원래 주체사상은 "인민이 모든 것의 주인이고 모든 것을 결정한다."고 하는 철학적 기초에서 수령론에 와서는 "수령이 모든 정치 사회적 중심"이라고 하면서 수령을 하나님의 위치까지 올려놓았다. 이를 황장엽 씨는 수령절대론이라고 말하는 것을 들었다.

이 수령론이 "인민이 죽으면 조국이 영원히 산다. 개인의 육신이 죽으면 그 혼령이 영원히 산다."라고 하는 영생론으로까지 부각되어 북한사회를 지배하고 있다.

이 영생론은 김일성 사후에 김일성 시신을 금수산기념궁전(김일성 생전에 집무한 곳)에 놓고 "위대한 어버이 수령은 우리와 함께 영원히 살아 계신다."고 하면서 1998년 헌법서문에 김일성을 "영원한 주석"으로 규정해 놓고 있다.

이번에도 평양을 비롯해서 북한의 여러 지역을 돌아보니 "위대한 어버이 수령은 우리와 함께 영원히 살아 계신다."는 글발이 빌딩 곳곳에 돌로 새겨져 있기도 하고, 산에도 하얀 글씨로 새겨져 있고, 각지역마다 프래카드로 걸려 있기도 한 것을 보았다. 이로써 주체사상 · 수령론 · 영생론이 북한사회를 지배하고 있구나 하는 것을 실감했다.

이러한 주체사상은 사상에서의 주체, 정치에서의 자주, 경제에서의 자립, 국방에서의 자위 등 4대 구성요소로 되어 있다. 그런데 북한주민들에게 그 실천을 강요하고 있는 것이 오늘의 북한사회의 현실이다.[3)]

---

3) 박완신, 신북한학(서울 : 프레스, 2000), pp.99～112.

방북단 일행은 옥류관을 나와서 대성산의 8・15 민족대회 폐막식장으로 이동했다. 지하철 낙원역이 눈에 띄었다.

"대성산은 산 전체가 고구려의 유적지이고 옛부터 산세가 수려하여 경치 좋은 곳으로 알려져 있다."고 북측 안내원이 설명했다. 또한 "고구려의 성벽인 대성산성이 옛모습 그대로 보존되어 있다."라고 부언했다.

대성산성으로 들어서니 놀이터・유원지・동물원・식물원 등이 있고, 주작봉마루에 소위 혁명열사릉이 있다고 하는데 여기에는 김정숙이나 김책 등 1백여 능이 있다고 안내원은 힘주어 말했다.

폐막식 행사장인 대성산성 남문 앞에 남북한 대표단 및 해외동포들이 입장했다. 남문은 고구려 427년 평양으로 수도를 옮긴 시기를 전후하여 건립한 것으로 고구려의 27개성문 중 하나라고 한다. 이 남문은 '평양시 인민위원회가 주체 67년(1978년) 9월 28일에 복원하였다.'라고 남문앞 비문에 적혀 있었다.

폐막식에 앞서 남북 예술단의 공연이 있었는데, 먼저 남측에서 우리 민요인 '아리랑'과 '남누리 북누리' 등 30분 간의 공연이 있었고, 북측의 '통일아리랑', '봄이왔네', '묘향산 좋을시구', '군밤타령' 등 30분 간의 공연이 있었다. 북측에서는 주창혁과 박복희 등 인민배우와 공훈배우들이 나와서 열띤 공연을 했다. 남북의 공연이 있은 다음, 남과 북 및 해외동포대표단의 폐막연설이 이어졌다.

북측 민화협의장인 김영대의 폐막연설 내용은 다음과 같다.

"내외의 커다란 기대와 관심 속에 열린 이번 8・15 민족대회는 막을 내리게 되었습니다. 이 땅에서 전쟁의 불구름을 몰아내고 평화와 통일을 위해 함께 노력합시다. 민족대표들이 민족의 평화선언이며 통일선언인 6・15 공동선언 실천에 앞장섭시다.

이번 8・15 민족대회는 조국통일운동사에 자랑스런 한 페이지를 남겼다고 생각합니다. 년초부터 준비해온 8・15대회를 폐막하고 우리는 헤어지지만, 앞으로 통일을 위해 더욱 노력합시다. 이 자리에는 항일투쟁과 통일을 위해 애를 쓴 애국선열들이 우리를 굽어보고 있습니다. 우리는 공조하고 또 공조해 나갑시다. 우리평화운동가들은 반전평화운동에 함께 노력합시다.

평화를 함께 수호합시다. 전쟁 억지력이 있기에 우리는 굳건히 서 있습니다. 우리민족끼리 힘을 합쳐 평화통일운동에 함께 나아갑시다. 평화와 통일을 위한 우리민족 만세! 6・15 공동선언 실천 위한 우리민족 만세!

북측의 민화협부의장인 허혁필의 "평화와 통일을 위한 8・15 민족대회의 폐막을 선언합니다."라고 하는 폐막선언에 이어, 아리랑이 울려 퍼지는 가운데 한반도기의 하강식이 있은 후, 8・15 민족대회의 공식행사를 마치게 되었다.

폐막식을 마치고 양각도호텔로 돌아와서는 환송연회가 시작되었다. 밥조개랭채, 숭어보양찜, 고기합성, 칠색송어은지구이, 뱀장어구이, 소갈비고추장즙찜, 녹두지짐, 밥, 북청사과, 과일군사과, 배, 복숭아, 포도 등의 다양한 음식차림이었다.

환송연회를 마치고 교수대표단 일행은 양각도호텔 47층 스카이라운지로 올라가서 평양시의 밤 풍경을 보며 차를 함께 나누었다. 돌아가는 스카이라운지에서 평양시내를 골고루 볼 수 있었지만, 군데군데 불이 켜져 있을 뿐, 너무나도 어두운 밤이었다.

4. 봉수교회여! 진리의 빛을……

2003년 8월 17일 주일아침 5시에 일어나서 먼저 하나님께 기도를 드렸다.

"인류역사를 섭리하시는 하나님!

우리민족을 사랑하셔서 복음의 빛 비추시고 진리 안에 참 자유와 평화를 누리며 살 수 있는 특권을 주신 은혜에 감사드립니다.

주여!

그러나 저희들의 시기, 질투, 미움, 분렬의 잘못된 마음은 조국분단이라는 엄청난 비극을 자초하고 말았습니다.

참회하오니 용서하여 주옵소서.

동양의 예루살렘이라 불렀던 평양성, 이제 십자가는 간데 없고 주체사상탑만 우뚝 서 있습니다. 아직도 어두운 밤, 잠을 깨지 못한 채로 서성대고 있습니다. 캄캄한 밤입니다.

자비하신 주여!

어서 속히 평양하늘에 먹구름을 거두어 주시고 진리의 빛으로 가득한 새 아침을 주옵소서. 세계가 지금 밝은 아침을 향해 달려가고 있지만, 북녘땅은 아직도 뿌연 안개 속에 가려져 있습니다.

전능하신 하나님!

북녘의 짙은 안개를 거두어 주시고 진리의 밝은 빛이 비추어지게 하옵소서. 대동강변에 우뚝 선 주체사상탑이 교회의 종탑으로 바꾸어지게 하시고, 진리의 빛과 십자가로 변하게 하여 주시옵기를 간절히 기도하옵나이다.

북녘땅 가는 곳마다 교회가 세워짐으로써 이 어두운 밤에 진리의 빛이 빛나게 하옵소서.

진리의 빛이 되신 주님!

그래도 주님께서 북녘동포를 사랑하셔서 이 북녘 땅을 선교의 옥토로 가꾸어 가고 계심을 믿고 감사드립니다. 그 동안 주님께서는 선교의 장애요인이 되는 협소한 민족주의 미신을 없애 버렸습니다. 편견은 아직도 남아 있습니다만, 교만과 권위주의는 점차 없어져 가고 있습니다.

"가난한 자에게 복음이 전파된다."라고 하신, 주님의 말씀대로 이 땅에 복음이 자유롭게 전파되게 하옵소서. 그래서 우리 7천만 민족이 복음으로 하나되게 하옵소서

"하늘에 있는 것이나 땅에 있는 것이 다 그리스도 안에서 통일되게 하려 하심이라"(엡 1 : 10)라고 하신 말씀대로 남북이 그리스도 안에서

통일되게 하여 주시옵기를 간절히 기도하옵나이다. 그래서 우리 7천만 민족이 세계 속에 진리의 빛을 발하는 민족되게 하옵소서. 우리나라가 동북아로 유라시아로 뻗어나가 세계 속에 평화의 빛과 진리의 빛을 발하는 나라 되게 하옵소서.

이 모든 말씀을 인류를 구원하신 우리 주 예수그리스도 이름으로 기도하옵나이다. －아멘－"

북녘 동포들을 위한 기도를 마치고 8월 15일자 북한의 노동신문을 보니, 1면 큰 제목이 "위대한 수령 김일성 동지의 조국광복 업적은 영원불멸할 것이다"라고 씌어 있었다. TV를 보니 이러한 노동신문 내용 소개와 함께 남북이 함께 한 8·15 민족대회 소식이 주로 보도되고 있었다. 특히 조선중앙 TV에서는 남북이 함께 했던 평양노래자랑이 방송되고 있었다.

북한의 주요 TV는 조선중앙 TV·평양 TV·만수대 TV·과학교육 TV가 있는데, 평일에는 오후 5시 10분부터 밤 10시 30분까지이고 휴일에는 오전 9시부터(만수대 TV : 10시, 과학교육 TV : 12시)부터 밤10시 30분까지 방송이 된다고 한다.

북한의 조선중앙 TV 방송의 평일 방송순서를 보면 다음과 같다.

17 : 10 보도
17 : 20 오늘의 중앙TV
17 : 30 아동 프로
17 : 55 노인 율동체조
18 : 28 소개 편집물
18 : 53 외국인이 지은 시
19 : 00 수기
19 : 17 주요 소식
20 : 00 보도
20 : 30 김정일 동지 부문사업

22 : 30 오늘의 보도 중에서

아침 기도와 함께 북한 언론매체를 통한 북한소식을 접한 다음, 아침 8시 30분에 봉수교회로 이동했다.

조선그리스도교연맹 선교부장인 이춘구 목사가 나를 보더니 반가워하며 "박완신 장로님 만나 뵙게 되어서 영광입니다."하고 인사를 건넸다.

평양역을 지날 때에 사람들이 붐비자, "주일날은 휘발유 쓰는 자동차를 외국인을 위해 많이 운행하고 있어 시민들이 대중교통수단인 지하철, 궤도전차, 버스, 2층 버스 등을 이용하느라고 붐빈다."라는 것이었다. 지나가는 2층 버스를 보니, "내나라 제일 좋아"라고 하는 글이 쓰여 있었다.

우리 방북단 일행은 봉수교회에 도착했다. 먼저 봉수교회 담임목사인 손효순 목사의 다음과 같은 인사말이 있었다.

"평화통일의 염원을 안고 8 · 15 민족대회에 참석하신 통일운동가 여러분 열렬히 환영합니다. 우리 봉수교회 모든 성도들과 북녘의 기독교인들이 뜨거운 동포애를 전합니다.

통일을 위해 열정을 바치신 여러분들을 한시도 잊은 적이 없습니다. 조국의 통일 위해 '의의 길', '믿음의 길'에 서서 여러분들과 발걸음을 같이할 것입니다.

평화를 가꾸고 지키는 것은 하나님의 뜻입니다. 민족의 평화를 지키기 위해 십자가를 지고 반전평화운동에 앞장섭시다. 6 · 15 공동선언 실천을 위해 함께 노력합시다. 안팎의 반통일세력에 도전하여 통일운동을 위해 노력한다면 통일운동사에 영원히 기록될 것입니다. 그리고 우리민족사와 더불어 영생할 것입니다. 하나님의 은총이 함께 하시길 기원합니다." 이 인사말이 있은 후, 바로 예배가 시작되었다.

송영이 있은 후, 찬송가 7장을 부르고 한국기독교교회협의회 여성위원인 박수연 목사의 기도에 이어, 사도신경으로 신앙고백을 한 다음, 성경말씀 사무엘상 17 : 48～51절을 봉독한 후, 성가대의 찬양이 있었다. 성가대는 여자가 17명에 남자는 8명이었고, "내 영혼의 깊은데서 맑은 가락이 울려나네"를 불렀는데 화음이 비교적 잘 맞았다.

KNCC 통일위원장의 "다윗으로 하여금 블레셋 군대를 물리치게 하신 하나님을 믿는 한 승리할 수 있다."라고 하는 설교말씀이 있었다.

설교가 끝난 후에 공동기도문 낭독(남측 목사님과 북측 이성숙 전도사)이 있었고, 헌금(찬송 261장 부르며) 순서가 있었다. 그 후에 남측 정인숙 선생의 특송과 북측의 3중창 "사랑은 언제나 오래 참고"를 부를 때는 "할렐루야"로 화답했다. 그리고 KNCC총무인 백도웅 목사의 축도로 예배를 마쳤다.

봉수교회 앞에서 남북의 기독교인들은 함께 사진을 찍고, 새로 건축하는 평양신학교와 토마토를 재배하고 있는 온실(예장 통합측 지원)을 돌아본 다음에 버스를 타고 봉수교회를 나왔다.

2001년도 평양에 왔을 때는 7박 8일 일정이어서 2회에 걸쳐 예배를 드릴 수 있었다. 2001년 8월 16일 남측 기독교 대표단은 봉수교회에 도착했었다. 3백여 명의 북녘 성도들이 예배당을 꽉 메우고 있었다. 교회 십자가 밑에는 "조국통일을 위한 8·15 북남공동예배"라고 크게 써서 붙였다. 1988년에 세워진 이 교회에서 나는 하나님께 간절한 기도를 드렸다. 북녘 땅이 복음이 전파되어 하나님 나라 확장에 기여하도록 기도했다. 당시 봉수교회 담임목사였던 장승복 목사의 사회로 예배가 시작되었다. 북측의 리성숙 전도사와 남측 여자 목사님이 함께 공동기도문을 낭독했다.

"6·15 공동선언이 실천되어 통일로 가는 길을 열게 하소서. 사랑과 믿음을 저희에게 주옵소서. 분단의 아픔을 기쁨과 소망으로 바꾸어 주옵소서. 남북 교회가 하나되어 이민족을 평화통일로 인도하게 하소서. －아멘－"

이 공동기도문 낭독이 있은 후에 리태균(봉수교회 원로목사, 리성봉 목사라고도 함) 목사의 "나라사랑하는 성도가 되자"(눅 19 : 41～42)는 설교가 있었다.

"성도 여러분, 지금은 역사적인 8 · 15 광복 56돌을 맞이하여 남북 기독교인들이 함께 예배드리게 되었습니다. 위대한 장군님께서는 만경대를 떠나 압록강을 건너 조국광복을 위해 20개 성상을 백두산을 중심으로 한 전투에서 일제를 물리치고 조국 광복을 이룩하셨습니다. 솔로몬의 잠언에서 나라 잃은 백성은 보금자리 없는 새와 같다고 하셨습니다. 우리 그리스도인들은 나라의 흥망성쇠를 떠나 어떤 일도 생각할 수 없습니다. 일제 36년간 우리민족은 혹독한 식민통치 하에서 고통을 당했고, 지금은 조국분단으로 고생을 하고 있습니다. 우리 그리스도인들은 온 민족과 더불어 조국통일을 이루어야 합니다. 나라의 통일 문제를 해결하기 위해서는 사대와 외세를 배격하고 자주권을 확립해야 합니다. 역사적인 6 · 15 공동선언에 따라 통일을 이루어야 합니다. 6 · 15 공동선언 실천을 위해 애국충정의 정신으로 나아갑시다. 그리하면 조국통일의 면류관을 얻게 될 것입니다."

조선은 하나다. -할렐루야-

나는 이 설교를 듣고 마음이 아팠었다. 그 순박한 노 목사님이 조국광복을 김일성과 연계시키고 북한 정권이 주장한 외세배격 등을 예기하며 설교한 것이 안타까웠다. 북한체제가 인정한 교회이기 때문에 그럴 수밖에 없다는 것을 이해는 했지만, 남북 기독교인들이 같이 모였을 때만이라도 복음적인 메시지가 전해졌으면 하는 마음 간절했다.

그러나 30여 명의 남녀 성가대원의 찬양(313장, 403장)에서 아주 큰 은혜를 받았다. 더욱이 헌금 후에 특별찬송을 한 봉수교회 차숙희 집사의 찬송은 눈시울을 뜨겁게 했다.

눈물 없이 못 가는 길
골고다의 길이라네
십자가의 고갯길이
제아무리 어려워도

주님 오실 길이오니
누가 어찌 못 가리오

은혜와 감격 및 성령이 충만한 시간이었다.

북한체제가 정치적 선전수단으로 세운 교회라고 하더라도 이처럼 성도들이 모여서 함께 찬송을 부르고 기도하고 성경말씀을 상고하다 보면 복음적인 교회로 변화될 것을 확신했다. 그리고 꼭 그렇게 되기를 기도했다. 마지막 찬송 3장은 일어서서 함께 부르고 조 그리스도교연맹 위원장 강영섭 목사의 축도로 예배를 마쳤다.

예배를 마치고 함께 8 · 15 광복절 예배에 참석한 한국측 방북단의 김동완 목사(KNCC 총무), 강성모 장로(린나이 (주) 회장) · 박완신 장로(소망교회, 관동대 북한학과 교수) · 이성림 권사(소망교회, 한국예술문화총연합회회장) · 김숙희 전 교육부장관 등 한국측 기독교 대표 20여 명과 북한의 조선그리스도교 연맹 대표 10여 명과 함께 봉수교회 앞에서 사진을 찍고, 다음 행사장인 봉화예술극장으로 가서 북한의 문화예술을 감상하기도 했었다.

2001년 방북 시에는 8월 19일 주일 봉수교회에서 두 번째 예배를 드렸었다. 그 날 묘향산 일정이 잡혀 있었지만, 나는 묘향산을 못 가면 못 가도 교회에 먼저 가야 한다고 주장했었다. 그것은 소망교회 장로로서의 주장이기 이전에, 하나님을 믿는 사람으로서 먼저 예배를 우선으로 하자는 것이었다.

더욱이 거대한 우상신권사회로 변질된 북한 땅에서 우리 기독교인들이 함께 예배드리고 뜨겁게 하나님 나라가 확장되도록 기도한다는 것은 너무나 당연한 것이기 때문이다.

아침 8시 예배시간에 맞추어서 우리 방북단 일행은 봉수교회로 향했다. 보통강역을 지나 보통강을 끼고 북쪽으로 올라가니, 언덕에 봉수교회가 아름답게 자리하고 있었다. 바로 옆에는 3층 건물의 조선그리스도교연맹 중앙위원회 건물이 있었고, 3층에는 평양신학생들이 공부하고 있다고 했다.

당시 KNCC 총무인 김동완 목사가 갑자기 "박완신 장로님 기도해 주세요."해서 남북기독교 대표단들이 모인 가운데 하나님께 간절한 기도를 드렸었다.

"인류 역사를 섭리하신 하나님!

오늘 거룩한 성일을 맞아 평양땅 봉수교회에서 예배드릴 수 있도록 축복해 주신 은혜에 감사드립니다. 오늘 드리는 이 예배가 오직 하나님께만 영광돌리는 예배가 되게 하옵소서.

특별히 조선 그리스도교 연맹을 세우셨으니 위원장님과 모든 주의 일꾼들을 축복하셔서 하나님 나라 확장을 위해 크게 쓰임받는 종들이 되게 하옵소서.

그리고 민족의 평화 통일을 위해 기여하는 우리남북 그리스도 인들이 되게 하시고 남북 기독교인들이 서로 협력하여 이 땅에 오직 진리의 말씀이 넘치게 하시며 공의가 하수같이 흐르게 하여 주시옵기를 간절히 기도하옵나이다.

특별히 오늘 저희들을 봉수교회로 초대해 주심을 감사드립니다. 오늘 모인 이 자리가 하나님의 은혜와 사랑으로 넘치는 자리가 되게 하옵소서.

예수님 이름으로 기도하옵나이다. －아멘－"

홍근수 목사의 사사기(1 : 7)와 로마서(10 : 1) 말씀을 인용한 "교회는 소금이 되야 한다."는 설교가 있은 후, 헌금과 봉수교회 김선희 집사의 특별 찬송이 있은 다음, 김동완 목사의 인사와 선물증정 및 강영섭 목사(조선그리스도교연맹위원장)의 축도로 예배를 마쳤다.

"지금은 우리주 예수그리스도의 은혜와 성령의 감화 감동하심이 남녘에서 오신 분들 머리 머리 위에 통일을 갈망하는 우리 민족 위에 영원토록 함께 하시옵기를 축원하옵나이다."

우리 일행은 예배를 마치고 봉수교회 앞에서 함께 사진을 찍은 다음,

묘향산으로 가기 위한 버스에 올랐었다. 2003년에는 일정이 짧아 한 번 예배를 드렸지만 그래도 주일날 북녘의 봉수교회에서 예배를 드림으로써 이번 8 · 15 민족대회를 마치게 하신 하나님께 감사 드렸다.

우리 방북단 일행은 8 · 15 민족대회의 모든 일정을 마치고 평양순안공항으로 나가서 북녘동포들의 뜨거운 환송을 받으며 KAL에 올랐다. 12시 30분, 평양 순안공항을 이륙한 대한항공 KE 8, 15편은 서서히 서울을 향해 날기 시작했다. 북녘 땅에 진리의 빛이 비추어 남북이 그리스도 안에서 통일되기를 간절히 기원했다.

2 북한 방문을 통해서 본 통일 선교환경

1. 가깝고도 머－언 평양 길

필자는 2005년 8월 30일부터 9월 3일까지 조선그리스도교연맹 중앙위원회 초청으로 평양과 남포 및 묘향산 등 북한지역을 돌아보았다. 8월 29일 10시 40분에 방북단 일행(소망교회 김지철 담임목사, 임성빈 목사. 이학주 목사, 박래창 장로, 박완신 장로, 남북나눔운동본부 회장 홍정길 목사, 사무국장 신명철 장로, 간사 김희선 선생, 김행 어노인팅 대표, 황혜숙 인터코스코리아 대표, 공훈희 넥서스투자 대표)은 "이번 방북여정을 통해 하나님께 영광 돌리며 북한선교와 통일을 위해 기여하도록" 간절한 기도를 드리고 KE 851편에 몸을 실었다.

우리일행이 탄 대한항공은 12시 20분(중국시간 11시 20분)에 북경공항에 도착했다. 21세기호텔에 짐을 풀고, 오후에 북경시내와 천안문 광장을 돌아보며 중국이 속히 복음화되어 북한복음화가 이루어지도록 하나님께 간절히 기도 드렸다. 저녁에 호텔에 돌아온 우리 일행은, 북한영사관에서 발급 받은 북한비자를 받아들고 가깝고도 머－언 평양길임을 실감했다.

2000년 4월 3일부터 6일까지 "평화를 위한국제음악제"(성악가 조수미 씨 등 참가)에 참여하기 위해 고려항공 JS152편 10E 비행기 자리표까지 받아놓고 북경공항에서 기다리다 비행기가 북한에서 도착하지 않아 연기되었던 기억이 되살아난다. 그래서 이번 방북여정을 하나님께서 인도해 달라고 간절한 기도를 드리고 잠자리에 들었다.

2005년 8월 30일 아침 7시 30분, 우리 일행은 21세기호텔 1611호에 모여 아침경건회를 가졌다. 찬송 261장(어둔 밤 마음에 잠겨)을 부르고 로마서 12장 14~21절을 봉독한 후, 남북 나눔운동본부 회장 홍정길 목사님의 "악을 선으로 이기고, 모든 사람과 화목하라."라는 말씀이 선포되었다.

"축복하라, 즐거움과 슬픔에 동참하라, 마음을 쫓아가서 만나라, 악을 선으로 이기라, 모든 사람과 화목하라."는 "주님의 명령을 갖고 북으로 가니 성령님 지켜달라."라고 간절한 기도를 드리며 북경공항으로 나가서 평양행 고려항공 타는 곳으로 갔다.

중국시간으로 12시 20분, 우리 일행은 드디어 북경에서 평양으로 가는 고려항공 JS 151편에 몸을 실었다. 나는 22E 자리에 앉아 '이번 방북을 통해 북녘에 진리의 말씀을 전하고 그리스도 안에서 민족의 평화적 통일을 이루는 계기가 되도록' 하나님께 간절한 기도를 드렸다.

1백50석 정도 되는 비행기 안은 냉방시설 가동으로 나오는 습기가 가득했다. "손님 여러분 감사합니다, 이제 우리 비행기는 평양을 향해 출발하겠습니다."라는 여자 승무원의 안내방송과 함께 비행기는 서서히 북녘 하늘을 향해 날았다. 잠시 후에 소시지・빵・오이무침・닭고기를 곁들인 점심식사가 나와서 맛있게 먹었다.

"우리 비행기는 지금 압록강 위를 달리고 있습니다."라고 하는 기내방송이 들려오자, 나는 비행기 창밖으로 눈을 돌렸다. 우리 민족이 기쁨과 슬픔을 함께 하며 살아온 산하를 보며, 하나님의 축복받는 우리의 조국 강산이 되도록 간절히 기도 드렸다.

오후 2시 20분, 비행기는 평양 순안공항에 도착했다. 조선그리스도교연맹 오 경우 서기장을 비롯하여 백봉일 전도사 및 김현철 씨 등이 환영나와 공항귀빈실에서 서로 인사를 나눈 다음, 준비된 차량편으로 평양시내로 향했다.

2. 평양에서 본 북한사회의 변화

나는 방북단 일행과 순안구역을 지나 9.9절거리, 김일성종합대학과 80m의 영생탑, 금수산기념궁전, 금릉동굴 등을 지나 평양시내 중심가로 들어섰다.

미루나무, 벚나무, 소나무, 플라타너스가 어우러진 가로수는 푸르른 자태를 자랑하고 있었다. 도로변 아파트들은 도색이 많이 되어 있는 것이 종전에 왔을 때와는 사뭇 다른 모습이었다. 2001년과 2003년 6 · 15 및 8 · 15 민족공동행사의 북한학교수대표로 왔을 때는 도색도 되지 않은 채 사회주의의 낡은 모습을 대변하고 있었다.

건물 뼈대만 앙상한 105층 류경호텔은 아직도 완성되지 못한 채 하늘로 솟고 있었다, 2001년과 2003년 6 · 15 및 8 · 15 민족공동행사의 북한학 교수 대표로 방북했을 때는 "강성대국이 완성되면 이 호텔도 완성될 겁니다.", "돈이 없어 완성을 못 했으니 남조선에서 투자해서 백공오(105)층 이 호텔을 완성되도록 도와 주십시오."라고 하는 북한 관료들의 말들이 생각났다. 강성대국은 김정일 국방위원장이 제기한 것으로, 총대 · 사상 · 과학기술 등 3대 기둥이 강해야 함을 강조한 이론이라 할 수 있다.

평양시내 곳곳에 인공기가 걸려 있고, 무궁화꽃이 가끔 눈에 띈 것이 이채로웠다. 조선 옷점 · 가정용품 상점 · 물고기 상점 · 리발관 · 식료품 상점 · 남새 상점 등이 보였고, 특히 종전에 볼 수 없었던 노점상들(우리의 포장마차와 같은)이 군데군데 자리를 잡고 있었으며, 사람들도 종전보다는 훨씬 더 많이 움직이고 있었다. "위대한 어버이 수령은 우리와 함께 영원히 계신다."라는 글발은 여전히 빌딩 여러 군데에 돌로 새겨져 있기도 하고 플래카드로 걸려 있기도 한 것을 보고, 북한은 김일성과 김정일 중심의 지나친 우상신권 사회임을 실감할 수 있었다.

개선문. 천리마동상, 인민문화궁전, 조선혁명 박물관, 평양교예극장,

평양대극장, 정주영 체육관 등을 둘러보았다. 그리고 오후 4시, 보통강려관 803호에 여장을 풀었다. 종전에 방북했을 때에 묵었던 고려호텔이나 양각도호텔보다는 못하지만, 그래도 비교적 크고 깨끗한 시설이었다.

호텔 방에서 기도하며 잠시 휴식을 취한 다음, 오후 6시에 안산관에서 있은 조선그리스도교연맹 중앙위원회 강영섭 위원장 초청 만찬에 참석했다.

만찬 시작 전, 강영섭위원장은 먼저 "기도하십시다."하며, 다음과 같은 기도를 드렸다.

"하나님! 그리스도의 사랑으로 우리들이 만날 수 있도록 도와주심을 감사드립니다. 우리들의 이 만남을 통해 북남 그리스도인들이 더 좋은 협력관계를 이루어 가게 하옵소서. 오늘 주신 음식 감사드리며, 예수님 이름으로 기도 드립니다."

기도 후 "남북나눔운동 홍정길 목사님과 후원연합회 대표들, 특히 소망교회 김지철 담임 목사님과 장로님들을 만나뵙게 되어 기쁘다."고 인사말을 했다.

더욱이 나를 보더니 "장로님은 여러번 공화국에 오셨지요. 북한학으로 박사학위를 받으시고 대학에 교수님으로 계시는데, 교양 좀 잘해 주세요."하는 주문까지 했다.

90년대 초부터 지금까지 해외에서 또는 북한에서 매년 한두 차례씩은 만났지만, 오늘처럼 만나자마자 바로 기도부터 하자고 한 것이라든가, 북한학 박사, 즉 "북한"이란 용어를 사용한 것은 이번이 처음이었다.

녹두지짐 · 쟁반국수 등과 함께 나온 한정식이 비교적 단백하고 맛이 있었다. '조선료리', '더운료리', '찬료리' 등 차림표가 있었는데, '김치곱돌장 200원', '만둣국 310원', '육계장 310원', '평양냉면 425원(200g)', '녹두지짐 175원', '쟁반국수 630원' 등의 가격표가 붙어 있었다.

종전에 왔을 때는 달러 및 유로화의 가격이 함께 적혀 있었는데, 이번에는 북한 돈으로만 표기된 것이 특징이었다. 보통강려관 커피숍(은방

울)의 커피 값도 360원이었는데, 역시 북한돈으로만 표기되었다. 미화 1불에 약 130원 정도라니까 커피 한 잔에 약 3불 정도가 된 셈이다.

현재의 한국 돈과 북한 돈의 비율은 약 10대 1이 된 것으로 알려져 있다.

만찬을 마치고 백봉일 전도사의 안내를 받아서 보통강을 거닐며, 나는 시 한 편을 써 내려갔다.

3. 북한교회에 울려 퍼진 사랑의 노래

2005년 8월 31일 아침 7시, 우리 일행은 보통강려관 804호에 모여서 아침경건회를 가졌다. 찬송 495장(내 영혼이 은총 입어)을 부르고 사무엘하 9장 1~8절까지 함께 봉독한 후에 김지철 목사님께서 말씀을 선포하셨다.

"광복 60주년 맞아 북한 땅에 오게 된 것을 감사드립니다. 더욱이 1907년 평양 부흥의 역사가 일어난 해입니다. 하나님의 사랑을 전한 다윗처럼 우리도 이 북녘 땅에 하나님의 사랑을 전합시다. 이 땅이 하나님의 복 받는 땅이 되길 바랍니다. 하나님의 구원 역사가 북한동포에게 임하길 기원합니다."

목사님 말씀 전파 후에 아침 식사를 마치고 만경대로 떠났다. 북한 김일성 주석이 태어났다고 하는 만경대는, 한 마디로 김일성 우상화의 극치였다. 김일성과 그의 조상들이 살았다는 만경대 초가집 3칸을 가리키며 소개하는 안내강사의 설명은, 판에 박은 주문을 외우는 것 같았다.

해발 44m에 있다는 만경봉에 오르니, 대동강이 말없이 흐르고 있었다.

일만 가지 경치를 볼 수 있어서 만경대, 이 만경대에 십자가가 우뚝서길 기원하는 마음 간절하다.

만경대에서 내려온 다음에 그 유명한 옥류관으로 가서 평양냉면을 300g씩이나 먹었다. 메밀과 녹말가루로 만든 냉면국수에 동치미국물을 부어 만든 냉면은, 정말 단백하고 맛이 있었다. 조선그리스도교연맹 서기장 오 경우 목사는, 이곳에 하루 1만 명씩이나 온다고 했다.

옥류관에서 나온 우리 일행은 칠골교회로 갔다. 나와 자주 만났던 칠골교회 담임 황시천 목사님이 반가이 맞이했다. "그리스도의 사랑으로 환영한다"는 황시천 목사가 짤막한 환영인사에 이어, 김지철 목사님께서 "하나님께서 칠골교회를 세워 주시고 하나님 주신 복을 함께 나누게 된 것을 감사드립니다."라고 하는 기도를 드렸다.

칠골교회 여성도들의 특송으로 찬송 487장(죄짐 맡은 우리 구주)과 함께 중창과 합창 등 여러 곡을 부름으로써 함께 은혜를 나누는 시간을 가졌다. 소망교회 목사님과 장로님들도 특별찬송을 했고, 헤어지기 전 손에 손을 잡고 통일의 노래 부르며 아쉬운 작별의 시간을 가졌다.

우리는 그리도 안에서만이 하나될 수 있음을 절감했다. 더욱이 칠골교회 성도들은 소망교회에 와서 3 · 1절 기념예배를 함께 드렸기 때문에 낯설지 않았다. 이 칠골교회는 김일성 어머니인 강반석 권사가 다니던 하리교회가 있는 터였기 때문에 김일성 주석의 특별지시로 건립한 북한 체제수립 후의 두 번째 교회이다.

칠골교회에서 나와 우리 일행은 북한정권이 처음 건립한 봉수교회로 갔다. 봉수교회에 들어서니, 조선그리스도교연맹 위원장 강영섭 목사와 봉수교회 담임 손효순 목사가 반가이 맞이했다. 우리 소망교회에 왔던 이성숙 전도사와 내가, 해외 남북기독교회담 시에 자주 만났던 김혜숙 통역관도 우리를 반가이 맞이했다.

조그련 중앙위원회 사무실과 우리교단 총회가 세운 평양신학교를 비롯해서 온실 등을 돌아본 후, 교회 안으로 들어가서 함께 기도하며 찬양으로 은혜의 시간을 가졌다.

손효순 목사의 "남녘의 그리스도인들을 만나게 되어 반갑습니다."라고 하는 환영인사가 있은 다음, 임성빈 교수의 "그리스도의 사랑으로 남북이 하나되어 통일로 가는 길이 열리도록 하자"는 간절한 기도가 있은 후,

‘예수 앞에 나오면, 주께 두 손 모아 비나니’, ‘주예수 날 지키니 내 마음 평안해’ 등 북녘 성도들의 뜨거운 찬양 속에 우리는 그리스도의 깊은 사랑을 느낄 수 있었다.

봉수교회는 약 3백여 명이 들어갈 수 있는 교회로, 북한정권이 처음 건립한 교회라는 점에서 그 의미가 있다. 물론, 북한의 교회는 북한의 정치적 기능을 수행하고 있지만, 그래도 한국 또는 세계의 기독교인들과 자주 만나 예배를 드리다 보면 진정한 복음적인 교회로 변화될 가능성이 있을 것으로 본다.

지금 북한에는 1만3천여 명의 기독교인이 있다고 한다. 가정교회도 5백20여 곳이 있다는 것이다. 우리가 낙랑구역(11, 12인민반) 아파트 3층에 있는 가정교회를 방문했을 때(2005년 9월 2일)는 성도 10명이 있었는데, 책임자인 조문옥 집사(위생업무)는 다음과 같은 설명을 했다.

즉 “예배는 매주일 오전 10시에 드리며 성도들은 12명이고, 1992년 김일성 수령 생일 80돌 계기로 세워졌는데 지금까지 성도가 늘지 않는다.”고 솔직하게 대답했다.

우리 일행은 가정교회 여자 성도의 아코디온(손풍금이라함) 반주에 맞추어 찬송 278장(북한찬송 390장) “사랑하는 주님 앞에 형제자매 한 자리에”를 부르고, 요한복음 3장 16절을 읽은 다음에 김지철 목사님께서 말씀을 선포하셨다. “하나님께서는 세상을 사랑하시고 사람을 사랑하시므로 이념을 초월하여 남녘과 북녘의 동포들을 사랑하는 것이 약속임을 믿고 그리스도 안에서 평화통일이 되도록 간절히 기도하자.”고 하셨다.

우리 크리스챤들은 제도와 이념을 초월하여 그리스도 안에 남북이 평화통일을 이룩할 수 있도록 기도해야 할 것이다.

4. 산하도 언어도 하나인 남북

2005년 8월 31일 오후 2시 20분, 우리 일행은 버스를 타고 묘향산으로 출발했다.

산과 들, 지나가는 사람들, 우리와 똑같았다. 다만 산에 나무가 적고 사람들이 여위고 도로에 자동차가 없는 것이 우리와 다른 모습이었다. 그래도 종전 방북 때보다 산에 나무도 많아졌고 농사도 더 잘되어 보였다.

산하도 같고, 사람도 같고, 언어도 같고, 문화도 하나인 남북, 이지구상에서 혈연적 유대가 가장 강한 우리민족이 왜 이렇게 세계 유일한 분단국으로 갈라져 있어야 하는지를 생각하면 가슴 아픈 일이 아닐 수 없다.

이제 모두는 통일을 위해 달리자!

우리 일행은 통일을 향한 열정을 안고 청천강을 따라 묘향산으로 달려왔다. 묘향산 만가지 폭포가 있다고 하는 만폭동 등반 길에 올랐다. 서곡폭포와 은선폭포를 따라 비선폭포까지 오르니, 벌써 어두움이 찾아오기 시작했다.

쇠로 만든 밧줄을 잡고 가파른 계단을 올라왔지만, 그래도 비선 폭포까지 왔을 때는 정복자의 기쁨을 느낄 수 있었다. 비록 1,909m의 비로봉은 오르지 못했어도, 비선폭포의 맑은 물에 발을 담그고 "주 하나님 지으신 모든 세계"를 부를 때는, 하나님의 위대한 창조섭리를 더욱 실감할 수 있었다. 그래서 기도하며 한 편의 시를 남겼다.

묘향산, 그 아름다운 산을 뒤로 하고 향산호텔 2층 식당으로 와서 향내로 가득한 산채국에 송어구이를 곁들여서 저녁식사를 하고, 912호에 들어와서 기도 후 잠자리에 들었다.

2005년 9월 1일 아침 7시, 향산호텔 913호에 모여 아침경건회를 가졌다. 찬송 94장(예수님은 누구신가)를 부르고, 로마서 9장 1~3절을 읽고 임성빈 목사님께서 말씀을 선포하셨다.

교회가 가져야 할 가장 큰 근심은 "골육의 친척을 위하여 내 자신이 저주를 받아 그리스도에게서 끊어질지라도 원하는 바로라."라고 한, 사도 바울의 동족을 향한 열정이라고 생각됩니다. 동족을 구원하고 하나된 조국을 꿈꾸는 우리들이 되어야 함을 강조하셨다. 경건회를 마치고 호텔에서 아침식사를 먹은 다음에 국제친선전람관으로 갔다.

많은 청소년과 학생들의 답사행군 모습도 볼 수 있었다. 국제친선전람관에는 김일성이 세계 178개국(2001년에 왔을 때는 167개국으로 밝힘)으로부터 받은 각종의 선물이 전시되었고, 김일성의 밀랍상이 흐르는 삼지연 호수 앞에 서 있었다. 북한사람들은 90도 각도로 절을 했지만, 우리 일행은 김일성 우상화의 모습을 안타까운 심정으로 쳐다보며 서 있었다.

김일성이 아름다운 묘향산에서 쓴 즉흥시라고 하면서 안내강사는 그 시를 우리들에게 읽어 주었다.

묘향산의 아름다운 전경을 바라보며 다시 김정일 전람관으로 갔다. 여기에는 163개국(2001년에 왔을 때는 157개국으로 밝힘)으로 부터 온 선물이 전시되어 있다고 설명했다. 한국관에는 현대나 대우 등에서 보내온 선물이 전시되었고, 김대중 대통령과 김정일 위원장의 정상회담 사진도 걸려 있었다.

우리 일행은 묘향산 보현사를 잠깐 보고 평양으로 향했다.

오후 4시 30분, 평양에 도착한 우리일행은 만경대학생소년궁전을 참관했다. 아코디온 · 수예 · 그림 등 예술활동을 돌아보고, 공연장으로 가서 학생 소년들의 각종공연을 관람했다. 꼭두각시처럼 꾸며진 어린아이들의 노래와 무용공연 모습에서 어린이들의 순수성을 찾아볼 수 없는 것이 안타까웠다.

우리 일행은 저녁 7시경, 보통강려관으로 돌아와서 저녁식사를 함께 나누고, 호텔방으로 돌아와서 기도한 후 잠자리에 들었다.

5. 사랑을 함께 나누어 통일의 길로

2005년 9월 2일 아침 7시, 우리 일행은 804호에 모여서 아침경건회를 가졌다. 찬송 411장(예수 사랑하심은)을 부르고, 갈라디아서 6장 8~10절을 봉독한 다음, 이학주 목사님께서 말씀을 선포하셨다.

"심고 거둠의 법칙"이란 주제로, 성령을 심으면 성령의 열매를 맺고 육신의 것을 심으면 썩을 것을 거둔다는 진리에 따라 우리가 착한일을 하되, 기회가 있는 대로 할 것을 강조했다.

아침식사를 하고 우리일행은 남포로 가기 위해 버스에 몸을 실었다. 우리나라의 경인고속도로가 8차선인데, 남포로 가는 10차선의 쭉 뻗은 도로에는 달리는 차가 별로 없었다. 이 도로를 '청년영웅도로'라고 부른다고 한다. 도로주변에 도시는 형성되어 있지 않았고, 시골 농촌의 모습을 그대로 볼 수 있었다.

옥수수와 벼 등의 농사는 비교적 잘된 것 같았다. 약 1시간쯤 달려서 남포시에 도착했다. 왼쪽엔 승리판매소, 오른쪽엔 상대두공업품상점이 보였다. 아파트와 문화주택들이 있지만, 많이 낡아 보였다. 서해갑문은 잘 건설되어 있었다. 1981년 5월 22일부터 1986년 5월 22일까지 5년만에 완성했다고 하는데, 총 연장길이는 8km라고 한다.

2천 톤, 2만 톤, 5만 톤 급의 배들에 대한 4개의 접안시설이 되어 있다고 한다. 바로 이 갑문을 통해 한국의 구호품들이 북한으로 전달되고 있음을 생각할 때, 민족의 통일과 북한복음화의 갑문이 될 것을 기대해 본다.

남포에서 평양으로 돌아온 후에 안산관에서 단고기로 점심식사를 했다. 갈비찜 등 단고기 맛이 단백했다. 점심을 들고 미술품들이 있는 만수대 창작사를 돌아보고 주체사상탑으로 갔다. 주체사상탑은 20m의 봉화를 포함 1백 70m의 높이라고 한다. 이 탑은 김일성 주체사상을 상징하는 것으로, 북한 주체이데올로기 체제를 대변한 탑이기도 하다.

이 주체사상탑을 뒤로하고 남북 나눔운동본부에서 지원하고 있는 두루섬 온실과 봉수 국수공장 및 평양시 육아원을 참관했다. 두루섬 온실에서는 오이가 한참 자라고 있었고, 봉수 국수공장에서는 밀가루와 감자가루로 반죽한 것을 여인들이 기계에 넣어 국수로 뽑아내고 있었다. 그런데 그 밀가루가 한국의 기독교기관에서 온 것이 표시되어 있었다.

육아원에 가서는 분유와 우유병을 전달하고 어린이들을 안아주며 “이 어린이들이 그리스도의 사랑으로 잘 자라서 통일조국에 큰 일꾼들이 되게 해 달라”고 기도했다.

육아원에서 나온 후에 보통강호텔로 돌아와서 저녁식사를 하고 5·1 경기장으로 갔다. 여기에서는 아리랑 축전이 열리고 있었다. 지난 8월 15일, 광복 60주년 기념을 위해 시작하여 10월 10일 노동당 창당일까지 공연계획이 되어 있다고 한다. 프로그램 내용을 보면 서장 아리랑, 제1장 아리랑 민족, 제2장 선군아리랑, 제3장 행복의 아리랑, 제4장 통일아리랑, 종장 강성부흥 아리랑으로 구성되어 있다.

15만 명이 동원됐다고 하는, 이 아리랑은 세계적 수준의 카드섹션, 무용, 서커스(교예), 음악 등으로 종합예술을 보는 듯했다.

“선군으로 아리랑 민족을 지키시어” 등 카드섹션은 순간순간 바뀌면서 잘 연출하고 있었다.

그러나 한편으로는 이 많은 예산과 인력동원을 주민들의 어려운 생활을 돌보는 데 쓰여졌으면 하는 안타까움도 있었다. 이러한 안타까운 마음을 안고 호텔로 돌아와서 하나님께 기도하며 잠자리에 들었다.

2005년 9월 3일 아침 8시 10분, 북경행 비행기를 타기 위해 평양 순안공항으로 나왔다. 출국수속을 마치고 JS151 고려항공 23E 좌석에 앉아서 무사히 방북일정을 마치게 하신 하나님께 감사의 기도를 드렸다.

“안녕하십니까, 평양에서 북경으로 가는 우리 비행기는 곧 출발하겠습니다.”라고 하는 기내방송이 울리는 가운데, 고려항공은 서서히 평양하늘을 날기 시작했다.

평양이여 아듀! 북녘 동포들이여 안녕!

6. 북한체제의 특징

체제적 접근이론의 틀 속에서 비추어본 자유민주주의체제와 사회주의 체제는 정치발전 속도에 있어서도 큰 차이가 있다.

이러한 개방체제·폐쇄체제의 정치적 기능은, 사회 각 분야에까지 그 영향이 미치게 됨을 보게 된다. 자유민주주의체제 내의 정치기능은 환경으로부터의 투입, 전환, 산출, 환류 등 변수가 상호의존적 관계에서 자유로운 역할을 수행한다.

그러나 사회주의체제하의 사회체제는 정치적 영향을 직접 받기 때문에 자유로이 순수한 자기기능을 수행할 수 없다. 특히 폐쇄적 사회주의체제는, Friedrich와 Brzezinski가 제시한 전체주의 모델에 비추어 볼 때, 다음과 같은 특징들이 있기 때문에 그 폐쇄성은 더욱 가중되고 있다.

그 특징을 보면 ① 관제적 이데올로기 ② 독재자에 의해 영도되는 단일 정당 ③ 폭력적 경찰 통제제도 ④ 매스컴의 독점 ⑤ 일체의 유동무기의 독점 ⑥ 경제의 중앙집권적 통제 등이 그 특징이다.

이와 같은 특징을 갖고 있는 전체주의 체제아래에서는 사회 모든 분야가 오직 관제 이데올로기와 단일정당의 희생물이 되기 쉽다. 한 마디로 사회와 정치의 융합현상 속에서 사회 모든 단위가 명맥을 유지할 수밖에 없다.

이상 기술한 전체주의 체제모형에 비추어 볼 때, 현재 북한체제도 마찬가지 현상이 나타나고 있음을 보게 된다. 즉, 북한은 주체사상을 관제이데올로기화 하여 헌법에 규정하고 있고, 정치·경제·사회·문화·종교·군사 등 모든 분야의 기본 이념이 되고 있다.

1994년 7월의 김일성 사망과 1997년 10월 8일의 김정일 당총비서 추대 및 1998년 9월의 헌법개정에 따른 김정일 국방위원장 취임 이후에

도 북한체제는 주체사상·붉은기사상에 입각한 초법적인 체제를 유지하고 있다.

북한은 최근 "우리식 사회주의" 고수, 김일성과 김정일 부자에 대한 절대적 충성, 격변하는 정세에 주도적으로 대처하기 위한 주체성·자주성·혁명역량 강화 등을 주장한 바 있다.

이러한 내용에서 볼 때, 북한정권은 주체사상·붉은기사상에 입각한 정치이념과 김정일에 대한 동조과잉적 상징조작을 통해 체제를 유지하고 있는 것이다. 현재 북한체제는 이념을 정치화·관제이데올로기화하고 있음을 알 수 있다.

또한, 북한과 같은 폐쇄적 사회주의 체제의 특징은 예외없이 정치적 내용이 충만된 일당행정(一黨行政)이라 할 수 있다. 북한체제는 노동당 일당체제로서 노동당이 행정기관에 대한 감독·통제기능을 수행하고 있기 때문에 관료기능의 정치화(politica-lization of bureaucratic function) 현상은 더욱 심화되고 있다.

따라서 행정은 물론이거니와, 사회·경제·문화·종교·군사 등 모든 분야는, 노동당 방침과 최고 지도층의 정치이념을 구현하고 집행하는 통로로서의 역할을 수행하고 있다.

북한에도 형식상은 사회민주당과 천도교청우당이 있지만, 이들은 노동당의 우당으로서만 그 존재가치가 있기 때문에 자유민주주의체제에서와 같이 야당으로서의 기능은 수행하지 못하고 있다.

북한의 ː의 대의원 구성만 보더라도 686명(2003년 8월 687명이 11기 대의원으로 선출되었으나 문예총위원장 장철 사망)의 대의원 중 사회민주당·천도교청우당·각 종교계대표 등 10여 명을 제외하고는 모두 노동당원이다.

지난 2003년 9월 3일(수), 평양 만수대의사당에서 열린 ː의 제11기 제1차 회의에는 김정일을 비롯한 제11기 대의원 총686명 중 670명이 참석하여 회의가 열렸는데, 의안으로 '김정일 국방위원장 재추대', '지도

기관 선거', 최고인민회의 결정 '조 · 미사이의 핵문제와 관련하여 외무성이 취한 대외적 조치들을 승인함에 대하여'를 채택하였다.

북한은 2003년과 2004년 초부터 현재까지 보도매체를 통해 '선군정치'와 '수뇌부 결사옹위'를 집중 부각시키고 있다. 이는 선군정치를 바탕으로 한 강성대국사회 건설을 더욱 굳건히 다지고자 하는 분위기 조성으로 보여진다.

정하철 당중앙위 비서는 "김정일의 선군영도 따라 사회주의수호전과 강성대국 건설에서 새로운 승리를 이루어 나가야 한다."라고 강조했다.

또한, 북한사회는 이러한 강성대국 사회건설과 함께 거대한 우상신권사회를 이루어 가고 있다. 더욱이 정치가 충만된 북한체제는 신권 정치체제화(神權正治體制化)했고 거대한 우상신권체제로 발전하였다.

파킨슨은 신권정치(神權政治)의 모델을 교조, 신화, 성서, 사제직설치, 탄압으로 묘사하고 있다. 북한도 공산정권을 수립한 후에 김일성 독재체제 유지를 위해 종교를 탄압해 왔다. 그리고 김일성을 교조로 신화를 창조해 놓고 있으며, 주체사상을 성서로 하여 북한주민들을 김일성주의자의 품성으로만 살아가게 하고 있다.

또한, 노동당간부들을 사제로 하여 김일성체제유지를 위한 들러리 역할을 시키고 있다. 이러한 북한체제의 특성에서 볼 때, 북한을 하나의 거대한 종교집단, 우상신권체제로 볼 수 있다.

7. 북한의 종교정책과 기독교 실상

(1) 공산권 및 북한의 종교관

「도스토예프스키」는 "공산주의자는 무신론자가 아니라 무신론을 종교처럼 믿는 무리들"이라고 말한 바 있다.

사실 공산주의자들은 "유신론(有神論)은 완전히 잘못된 것이고 무신론

(無神論)이나 유물론(唯物論)만이 옳은 것"이라고 주장해 왔다.

공산주의자들은 이처럼 무신론을 주장하면서도, 또 하나의 신을 만들어 낸 것이다. 그래서 공산주의 지도자는 하나의 신(神)이 되게 되었는데, 이것은 "인간은 신이다.", "인간학은 신학이다."라고 했던 포이엘바하의 유물론에 근거한 것이다.

북한도 이러한 논리에 근거해서 「김일성 그이는 한울님」이라고 하는 책까지 펴냈다. 그리고 주체사상을 지도이념으로 수령론을 내놓기도 했다. 또한, 종교를 "민중의 아편"으로 규정하면서 종교를 탄압해 왔다.

원래 마르크스.레닌은 "종교는 인민의 신음소리이며 민중의 아편"이라고 했고, "모든 종교와 종교단체는 언제나 부르조아 계급의 착취를 옹호하고 프롤레타리아 계급을 마비시키는 부르조아 반동의 기관이다."라고 했다.

북한의 「철학사전」에도 종교의 개념을 "사람들을 지배하는 자연 및 사회의 힘이 사람들의 머리 속에 적극 조장되고 공고화되었다."라고 종교의 해독성을 설명하고 있다.

필자는 80년대 말부터 최근까지 일년에 두세 차례씩 북한종교인과의 회담을 가진 바 있는데, 그 회담석상에서 이러한 북한의 왜곡된 종교관을 비판했더니 북한종교지도자는 "이제 마르크스, 레닌은 가짜공산주의자가 되었다. 종교가 아편이라는 것은 마르크스와 레닌이 만든 것이다. 그래서 우리는 그들을 좋아하지 않는다. 이북에는 지금 진짜 공산주의자들이 김일성 주석의 방침에 따라 주체사상을 신봉하고 있다."라고 대답하는 것이었다.

이는, 소련과 동구라파의 자유화 이후에 달라진 북한 종교지도자의 정치형태(Political Behavior)라고 할 수 있다.

(2) 북한의 종교정책과 기독교 실상

북한은 정권수립 후의 근 반세기 동안 종교를 탄압해 왔다.

1946년 3월 5일부터 실시된 토지개혁조치 때문에 종교단체가 소유한 토지 1만5천1백95 정보를 무상으로 몰수하였으며, 그 후에 단행된 주요 산업 국유화 정책을 통해서는 종교인 또는 종교단체가 운영하던 재산 일체를 몰수하여 종교인들에 대한 탄압을 본격화하였다.

그뿐만 아니라, 모든 종교단체의 헌금을 금지함으로써 종교단체의 관리재원마저 차단시켜 버렸다.

북한의 종교정책이 갖는 기본 원칙은 종교의 존립기반 그 자체를 청산하는 데 있었으므로 원칙적으로는 종교인들의 제거와 종교단체의 활동금지가 북한정권의 진정한 의도였다고 할 수 있다.

그러나 북한정권 수립초기 각계각층과 연계를 갖고 있는 종교인 세력을 탄압하는 데는 많은 한계가 있었다. 그래서 북한정권은 1945년 해방 이후 1950년 6월 한국전쟁당시까지는 종교를 탄압하면서도 어느 정도의 활동이 음성적으로나마 보장되는 제한정책을 구사했다.

1950년 6 · 25 전쟁이 발발하면서 북한은 "미제와 국군들이 종교재산을 없애버렸다."고 왜곡선전하면서 종교를 탄압하기 시작했다.

이 때부터 북한은 종교의식이 발각되기만 하면 모조리 종교인들을 체포하였고, 수시로 종교인들의 가택을 수색하여 종교관계 서적이 발견되면 이를 불온서적으로 취급하여 연행하는 등 직접적인 종교탄압조치를 감행하였다. 그리고 당시 종교관계 건물들은 구조를 변경하여 탁아소, 유치원, 병원, 사무실, 극장, 창고, 정미소 등으로 사용하였다.

1953년 7월 휴전이 성립된 이후부터 1960년대 말까지는 종교를 완전히 없애려는 말살정책을 구사했다. 1955년 4월에는 "계급교양을 더욱 강화하는 대하여"라는 슬로건하에 종교인들을 공산주의 계급교양 명목으로 말살하였다. 이 때부터 지하 종교활동이 시작된 것이다.

1959년에 북한은 "우리는 왜 종교를 반대해야 하는가"라는 「반종교지침서」를 내놓고 종교를 말살하였다.

이 반종교(反宗敎)활동지침서에는 "악질종교인들이 종교의 간판 밑에서 반혁명적인 행위를 조작하여 종교적 사상을 우리들 속에 부식시키려고 기도하므로 우리는 이것과 철저히 투쟁해야 한다."라고 종교말 살이유를 밝히고 있다.

특히 1958년부터 1960년 초까지 진행된 「중앙당 집중지도사업」에서는 종교인과 그 가족을 "반혁명 계층"으로 분류하여 특수지역에서 거주토록 제한하고 특별감시 대상으로 규정하여 탄압하였다.

또한, 1967년부터 1970년 9월 사이에 있었던 「주민재등록사업」을 통해서는 북한주민을 핵심·동요·적대계층 등 3대계층과 51개 세부계층으로 분류하였으며, 종교인들을 별개의 분류번호까지 부여하여 최하위의 적대계층으로 전락시켜 탄압하였다.

그러다가 1970년대 국제적 긴장완화가 이루어지고 특히 1972년에 남북대화가 이루어지면서 북한은 종교에 대한 역이용정책을 구사하기 시작했다.

1970년대에 들어서면서 북한은 조선기독교도연맹과 조선불교도연맹 및 천도교중앙위원회 등의 활동을 재개했고, 1988년 6월 30일에는 천주교인협의회를 결성한 것을 비롯하여 종교인협의회까지 만들어서 각 종교단체들과의 연계활동을 벌이고 있다.

그리고 봉수교회, 칠골교회, 5백 20여 가정교회, 장충성당, 보현사, 표훈사 등에서 종교의식을 거행하고 있다고 한다. 북한종교의 현실태와 체제적 특징, 최근 평양의 내나라비데오제작소에서 제작한 「신앙의 자유를 누리는 사람들」이란 영화 등을 통해서는 마치 북한에 종교의 자유가 활짝 피어난 것으로 선전하고 있다.

이 영화 서두에 북한사회주의 헌법에 규정된 「공민은 신앙의 자유를 가진다」라고 하는 내용을 소개하면서 북한은 1987년부터 종교활동을 자유롭게 보장하고 있다고 소개하고 있다. 그러면서 북한은 「낙원의 세계, 번영하는 조국과 함께 신앙의 자유가 활짝 피어나고 있다」라고 선전하고 있다. 그리고 불교, 천도교, 기독교, 천주교 순으로 종교활동을 소개하고 있다.

불교는 전국에 수백여 승려와 1만여 신도들이 있다고 선전하면서 금강산 표훈사 등에서 조국통일법회 진행모습을 보여 주었다. 천도교는 천도교창도일을 계기로 신도들이 모여 보국안민(輔國安民)의 정신을 되새기며 천도교 의식을 거행하고 있었다. 기독교는 1만여 명의 신도가 있다고 선전하면서 봉수교회에서의 예배실황을 보여 주었다. 민족분열의 아픔을 절감하며 평화와 조국통일을 위해 예배를 드린다고 강조했다.

필자는 10여 차례 남북 기독자회의에 참석하여 북한 기독자들과 함께 회담을 가진 바 있었는데, 북한의 대표들은 북한 전역에 1만여명의 교인이 있고 520여 곳의 가정교회가 있다고 설명했다. 그리고 「이북에는 종교사업이 어렵다」라고 하면서 지원해 달라고 요청했다.

그런데 2000년 12월 12일부터 15일까지 사이에 일본 후쿠오카 회의에서 북한의 조선그리스도교연맹위원장 강영섭 목사는 북한에 기독교인이 12,343명이라고 그의 강연을 통해 밝힌 바 있다. 2001년 8월과 2003년 8월, 필자가 평양에 가서 봉수교회 예배에 참석했을 때도 똑같은 말을 하고 있었다.

필자는 직접 평양에 가서 종교활동을 보면서 그리고 북한의 선전영화와 각종문헌을 통한 종교활동을 분석하면서 북한의 종교는 정치에 융합된 종교의 정치화 현상이 심화되고 있음을 느낄 수 있었다. 모든 종교의식이 정치적으로 제도화되어 있음을 실감했기 때문이다.

이러한 북한종교의 정치화현상은 북한종교지도자들의 정치적 기능과 활동에서도 드러나고 있다. 지금도 역시 각 종교계 대표들이 최고인민회의 대의원으로 참여, 정치적 기능을 수행하고 있다. 이처럼 북한의 각종교단체들의 활동은 정치와 연계된 활동이 중심이었고, 정책결정과정에서의 투입(投入, Input)기능 수행에 있어서도 요구기능보다 노동당정책에 대한 지지기능수행이 거의 전부를 차지하고 있음을 볼 수 있다.

더욱이 북한의 각종교단체들은 노동당의 통일전선부(6과) 지시하에 통일에 관한 각종의 대남전략전술을 수행하고 있다.

8. 통일 선교의 정책과 방향

(1) 통일 선교의 비전과 열정

통일 선교정책을 효율적으로 추진하기 위해서는 한국교회는 먼저 하나님께 기도하며 꾸준한 노력을 아끼지 말아야 하겠다. 한국교회는 통일과 북한선교는 하나님이 우리에게 주신 지상명령이요 가장 중요한 과제임을 믿고, 통일 선교에 대한 비전과 열정을 가져야 하겠다.

통일과 북한선교에 대한 비전과 열정이 있을 때, 하나님께서는 통일과 북한선교의 길을 열어 주실 것이다.

(2) 건전한 기독교 통일 선교문화 창출

한국 내에서 건전한 기독교 통일선교문화창출을 위해 범교단적인 노력을 함께 펼쳐가야 하겠다. 특히 한국 내에 심화되어있는 지역간 · 계층간 · 세대간 · 정파간 갈등을 해소하는 데 한국교회가 앞장서서 노력해가야할 때이다. 먼저 남남갈등이 해소되지 않고는 남북의 통일을 기대할 수 없기 때문이다.

(3) 범교단적 통합기구 조직

남북한 간에 기독교 교류를 보다 효과적으로 추진하기 위해서는 강력한 범교단적인 통일 및 북한선교 단체가 결성되어 복음이 자유롭게 전파되지 못하고 있는 북한땅에 복음전파의 효율화를 위해 함께 힘을 모아야 하겠다.

(4) 연구교육기능 강화

통일과 북한선교를 위해서는 연구와 교육기능을 강화해야 한다. 특히 북한은 폐쇄성으로 인한 정보가 부족하기 때문에 북한의 정치 · 경제 · 사회 · 문화 · 기독교 등 다양한 분야의 객관적 연구와 교육이 이루어져야 하겠다.

북한에 관한 연구를 위해서는 연구전문위원회를 적극 활용하여야 하겠다. 연구결과를 공유하기 위해서는 분기 1회씩이라도 통일 및 북한선교에 관한 책자를 발간하여 각 교회나 선교기관에 배부해야할 것이다.

통일과 북한선교를 위한 교육을 보다 활성화해야 하겠다.

각 교회나 기독교단체에서 수시로 통일과 북한선교에 관한 집회를 열고, 함께 기도하고 노력하는 열정을 가져야 하겠다. 동·서독통일을 위해 교회가 먼저 모여서 기도하고 노력한 결과, 하나님께서 통일을 주셨음을 상기할 필요가 있다.

(5) 장·단기 통일 선교전략 수립 시행

남북관계변화와 통일환경 발전에 따른 장·단기 통일 선교전략을 수립·시행해야 하겠다. 현 단계에 있어서는 가용 매체를 동원하여 직·간접 방법을 통한 북한선교와 통일을 위해 노력해야 할 것이다. 현 단계에서는 가난에 허덕이는 북한동포를 돕기 위해 많은 노력을 기울여야 할 것이다. 그리고 각 분야의 사회복지시설이나 의료지원활동을 통한 간접 선교방법을 최대한 활용해야 할 것이다.

통일 이후의 장기적인 북한선교사역을 위해서는 북한교회 건립을 위한 선교 전략적·재정적인 사전 준비를 철저히 해야 할 것이다.

3 개성의 하늘과 땅

1. 통일의 관문을 넘어 개성으로

2006년 3월 16일(월) 새벽 5시 이번 개성방문이 민족의 평화통일과 북한선교에 기여하도록 하나님께 기도드리고 아침 6시 15분 승용차편으로 서울을 출발했다.

11명의 우리 일행은 자유로를 달려 아침 7시 15분 통일의 관문에 도착했다.

8시 30분 출경수속을 위해 기다리는 동안 대기실에서 샌드위치로 간단한 아침식사를 들었다.

출입국증명서를 작성하고 통일부에서 발행한 방문증명서에 법무부의 출발검인을 찍은 다음 8시 30분 출경수속을 마치고 휴전선을 넘어 개성으로 달렸다.

같은 땅, 같은 민족끼리 이렇게 꼭 외국에 나가 듯 어려운 수속 절차를 밟아야 하는지 생각하면 가슴 아픈 일이 아닐 수 없다.

그래도 분단 반세기를 넘기면서 이렇게라도 북녘 땅을 밟을 수 있다는 것을 생각하면 통일로 가는 길이 성큼 닥아 오는 것이 아닌가 하는 마음도 들었다.

남방한계선에서 휴전선까지는 국군의 찝차가 휴전선 지나 북방한계선까지는 인민군의 찝차가 우리 일행을 칸보이 해가는 모습에서 다시 한번 분단민족의 아픔을 볼 수 있었다.

파주군 장단면 장단역이보이고 끊어진 철길은 다시 이어지고 있는 모습을 보며 통일을 잇는 철로가 되길 간절히 기도 했다. 개성시 간판이 보이고 인민군 초소가 보였고 군데군데 인민군들이 행진하는 모습이 보였다.

키가 너무 작고 몸이 왜소해서 안타까운 마음 까지 들었다.

북방한계선에서 인민군 찝차는 돌아가고 북한 입경수속을 마친 다음 성경책(쪽 성경은 이름적고 가져갔다가 다시 가지고 나와야 한다고 함), 카메라(디지털카메라는 필름을 검사할 수 있어 괜찮다 함)를 보관하고 북측 민경련(민족경제협력련합회) 간부들의 안내를 받으며 개성공단으로 향했다.

2. 남북화해 경제협력의 현장, 개성공단

개성공단에 들어서니 개성공업지구관리위원회 건물이 보였고 경제협력협의사무소 라는 간판이 붙어 있었다.

남측사무소는 2층에 있었고 북측사무소는 3층에 있었는데 우리일행은 3층 북측사무소로 안내되었다.

소장실, 교육관(탁구대가 있었음), 회의실 등이 있었는데 우리일행은 북측 대표단과 회의를 하기 위해 회의실로 들어갔다. 남측에서는 남북나눔운동 홍정길 목사, 신명철 장로, 소망교회 북방선교부장 박완신 장로 등 11명이 참석했고 북측에서는 우리일행을 초청한 민경련(민족경제협력련합회) 리영호 총사장, 조선은 파산무역주식회사 김명수 총부사장 대신(건강이 나빠 불참) 김명성, 지영철 등이 참석했다.

오전 9시 15분 시작한 회의는 12시에 끝났다. 이 회의에서는 방문목적에 명시된 대로 농촌주거환경개선사업에 대해 협의 했다.

특히 황해도 천덕리 주택 건립, 유치원, 탁아소 건립 준공에 따른 한국측 방문에 대한 협의였다.

5월 중순 이후 75명씩 두 차례에 걸쳐 150명 규모로 심양을 통해 고려항공편으로 북한에 들어가도록 했다.

귀국 시에는 고려항공편으로 북경을 거쳐 귀국하는 것으로 협의했다.

홍정길 목사와 박완신 장로가 직항로 방북을 강하게 요구했으나 이번에는 어려우니 다음번부터 그렇게 하자고 북측이 제안했다.

아마 내부적으로 어려운 사정이 있는 것 같았다.

또한 주택 완공전 판넬식 온돌 시범 시공을 북측에서 요구해와, 가스누수를 고려 몇 채만 시범 시공키로 합의했다

그리고 못자리용 비닐 지원 요청해서 협력단체들이 협의해서 결정키로 했다.

북민협(대북 민간단체지원협의회 회장 홍정길 목사)에 요청한 내용은 2006년 북한의 신년공동사설에서 농업 발전 강조에 따라 비닐 1억m 필요(0.3mm~0.5mm)하다고 했다. 모판에 맞게 접어서 폭 2m, 길이 200m 규격으로 요구했다.

운송수단은 육로보다 인천항에서 남포항으로 수송하도록 협의 했다.

회의를 마치고 사무소 옆에 우리은행이 있었는데 지점장은 한국인이었고 북녘의 여직원(김명옥)이 김일성 배지를 달고 근무하고 있었다. 이 여직원은 개성시 인민위원회 노력알선기업에서 파견했는데 월급은 50불 정도라고 한다.

개성공단 직원은 남측 6백여명, 북측 6천여명이라고 하는데 계약기간 동안 결격사유 없으면 해약을 못한다고 한다.

월급은 중앙개발지도총국에서 수령하여 개인에게 북한돈으로 바꾸어 지급한다고 한다.

간단한 병원시설도 있었는데 1일 약 20여명씩 진료를 받는다고 한다. 북쪽 근로자들은 주로 응급환자들만 치료해 준다고 한다.

주일에는 신원에벤에셀(회장 박성철) 사무실 2층에서 함께 모여 예배를 드리는데 전도만 하지 않으면 북측에서 간섭하지 않는다고 한다. 성경

전달도 북한 근로자들에게 못하게 한다고 한다.

사무소 내에는 훼미리마트가 있었는데 물건은 한국에서 온 것이고 판매는 북한 여성이 하고 있었으며 물품대금은 미국 달러로 받고 있었다. 남북한 미국이 어우러져 한판의 상거래를 하고 있는 듯 했다.

임은실이란 여성은 계산대에서 "세기와 더불어" 라는 김일성 전기집을 읽고 있었다. 혁명의 첫 시기부터 지금까지 김일성업적을 기록한 책이라고 자랑했다.

"숫자계산 힘들지 않느냐"고 물었더니 "재미있다"고 답변했다.

개성공업지구관리위원회 사무소내에 한국전력 개성지사가 있었고 토지공사가 크게 자리하고 있었다.

개성공단은 1백만평 규모로 개발하고 있고 현재 15개 기업이 입주했고 2차로 15개 기업이 들어온다고 한다.

이러한 개성공단의 모습을 보면서 남북이 함께 어우러진 통일 마당, 화해협력의 큰 잔치가 더욱 아름답게 꽃피워 가길 기원하는 마음 간절했다.

3. 역사의 고도 개성, 빛바랜 오늘의 개성

12시 15분경 개성시 봉동리에 자리한 봉동관이라는 식당으로 갔다. 개성시와 개선공단을 　는 또 하나의 파아란 철조망을 보고 안타까운 마음이 들었다.

봉동관에서는 두부와 소간 요리, 푹 삶은 돼지 족발, 도로묵, 녹두 나물과 무 무침, 순대, 묵은 김치, 그리고 평양냉면이 나왔는데 맛이 담백하여 입맛을 돋우었다.

냉면을 먹을 때 겨자를 달라고 했더니 "채서 나옵니다" 하는 것이었다. 이것은 개성 특유의 말로 요리사가 아예 겨자를 넣어서 냉면을 만든다고 민경련 총사장이 답변했다.

식당에서는 노래방(북에서는 화면반주 음악실 이라함)이 설치되어 가

사내용을 보니 "기쁨도 천리요, 노래도 천릴세", "이 행복 누가 주었나, 수령님이 내려 주셨지", 등 김일성 찬양 노래가 주로 나왔다. 북한에서는 김일성, 김정일 찬양노래를 "송가"라고 한다.

그리고 타향살이, 황성옛터, 눈물젖은 두만강 등이 나왔는데 이런 노래들을 "개몽가요"라고 했다.

점심식사를 하고 인민군들이 지키고 서 있는 철조망을 지나 개성시내로 들어섰다. 봉동 문화회관, 봉동초등학교를 지나 개성시내로 들어섰다. 개성시민들은 남루한 회색 옷에 웃음을 잃고 있었다. 자유민주주의 사회처럼 화려한 칼라를 볼 수 없고 모두 어둠침침한 그야말로 어두움의 세계 그대로였다.

유일한 교통수단인 자전거 타는 사람들, 그래도 그들은 개성에서는 그 나름대로 나아 보였다.

짐을 싣고 가는 리어카는 타이어도 없었다.

논밭에서는 한 여인이 삽을 들고 있고 두 여인은 새끼줄을 맨 삽을 잡아당기며 농사를 짓는 모습에서 어렸을 때 부모님들이 농기구 개발이 안 되어 삽으로 땅을 팠던 그 모습이 생각났다.

건물들은 다 낡아 있고 집들은 사람 사는 곳인지 짐승이 사는 곳인지 곧 쓰러 질 것만 같았다.

개성의 하늘은 흐리고 땅은 황폐되어 있었다.

같이 간 일행 중 어떤 분은 한국과는 너무나 딴 세계 온 것 같아 한편의 영화를 본 것 같다고 표현하기도 했다.

정말 같은 민족으로서 가슴이 찢어지는 아픔을 느끼기도 했다. 이러한 주민들의 어려운 삶을 외면한 채 "위대한 어버이수령은 영원히 우리와 함께 계신다"는 글발은 버젓이 나부끼고 있었다. 그리고 자남산에 세워진 김일성의 동상은 개성시민들의 아픔을 아는지 모르는지 의연하게 개성시가를 내려다보고 있었다.

이러한 개성의 아픔을 보며 그래도 고려의 도읍인 개성의 역사를 보고

자 선죽교를 찾았다.

선죽교는 고려 충신 정몽주가 이성개의 정권찬탈을 반대하다가 피살된 곳으로 국보유적 159호로 보존되고 있었다.

길이 8.35m, 너비 3.36m로 처음 선지교로 알려졌는데 정몽주가 피살된 후 그 자리에 참대가 돋았다하여 선죽교(善竹橋)라 부르게 되었다고 한다.

선죽교를 설명하는 안내강사는 정몽주어머니가 정몽주에게 "까마귀 싸우는 곳에 백로야 가지 마라"는 시를 써 주었고, 정몽주는 "이 몸이 죽고 죽어 일백번 고쳐죽어" 라는 시로 죽음을 각오한 고려충신의 충절을 보였다 고 설명했다.

이성개의 아들 방원이는 "이런들 어떠하리 저런들 어떠하리 만수산 두렁 칡이 얽혀진들 어떠하리" 라는 시를 써서 고려가 되던 이씨조선이 되던 부귀영화만 누리면 되지 않느냐고 정몽주를 회유 했다고 안내 강사는 설명했다.

전깃불도 들어오지 않는 자남산 려관(호텔)에 가서 고려인삼(홍삼)가루를 사고 조선중앙사진선전사 주체93(2004년)가 발행한 "고려의 옛 수도 개성"에 관한 책자를 사서 읽어보았다. 김일성 동상이 맨 앞면에 있었고 개성학생소년궁전, 통일관, 고려성균관, 개성민속려관, 고려태조왕건왕릉, 남대문, 공민왕릉, 연암 박지원의 묘, 황진이의 묘, 박연폭포 등에 관해 설명하고 있었다.

개성은 경기도 북서부에 위치한 고려(918～1392)의 도읍지로 문화유적이 많은 역사의 도시이다. 북쪽에는 천마산, 남쪽에는 송악산, 동남쪽에는 용수산, 서남쪽에는 진봉산이 있어 산세가 아름다운 도시이다.

개성은 역사적으로 부소갑, 송악, 개주, 개경, 송도 등으로 불리었다. 1945년 남북분단 때에는 북위 38도선에 인접한 남한 땅이었으나 지금은 휴전선 이북에 있으므로 북한의 행정구역상 개성시이다. 또한 한국 전쟁 때는 최초의 휴전회담이 열린 곳이며 판문점은 개성 동남쪽 10Km에 위치하고 있다.

역사의 고도 개성방문을 마치고 오후 5시 북측 지역 사무소에서 출경 수속을 마치고 나니 개성방문 일정을 무사히 마치게 하신 하나님께 감사, 감사하는 감격이 마음속을 꽉 메웠다. 그리고 하나님께 감사 기도와 함께 민족의 평화적 통일과 북한 복음화의 길이 속히 오길 간절히 기도 드렸다.

4 미주통일선교대학과 북한선교의 비전

―휴스턴과 LA 통일선교대학 강의를 마치고―

필자는 2004년 3월 29일부터 4월 2일까지 미국 휴스턴과 LA에서 열린 한국기독교총연합회 부설 통일선교대학 강의를 하나님 은혜 가운데 마치고 귀국했다.

한국기독교총연합회는 대한예수교장로회(통합, 합동)등 62개 교단과 한국기독실업인회 등 18개 단체가 가입한 한국에서 가장 규모가 큰 기독교 복음적인 단체이다.

미주지역 통일 선교대학 학장님이 나에 대한 소개를 했다.

"박완신 장로님은 현재 한국기독교총연합회 통일선교정책연구원장으로서 또한 관동대학교 북한학과 교수로서 기독교계의 통일과 북한선교정책을 연구하여 제시함으로써 민족의 평화적 통일과 효율적인 북한선교사역에 기여하고 있으며, 특히 통일선교대학 초대학장으로서 통일과 북한선교 사역자 양성에도 큰 역할을 담당하고 있습니다. 최근에는 미주지역에 통일선교대학을 개설하여 강의를 통해 미주지역에서의 복음적인 통일관과 북한선교에 대한 비전을 제시하려고 오셨습니다."

부족한 나를 북한선교사역을 위해 이렇게 크게 사용해주신 우리 하나님께 감사드렸다.

이번 미주지역에서의 1주일 동안 강의했던 내용을 간략하게 소개하고자 한다.

"최근 평양에서 본 북한사회 실상과 통일 선교"

필자는 2003년 8월 14일부터 17일까지 사이에 평양에서 열린 "평화와 통일을 위한 8 · 15 민족대회"에 북한학 교수 대표로 참가한 바 있다.

8월 14일 오전 9시 30분, 대한항공은 인천국제공항을 이륙하여 평양으로 달리기 시작했다. 10시 45분 우리 방북단 일행이 탄 비행기는 평양순안공항에 착륙했다. 공항에는 3시간 전부터 나왔다고 하는 3백여 명의 평양시민들이 붉은 꽃과 파란 꽃을 들고 30℃의 뜨거운 뙤약볕에서 "민족자주"와 "평화통일" 구호를 외치며 환영하는 모습을 보면서 남측대표단은 한반도 단일기를 흔들며 화답한 가운데 뜨거운 민족애를 평양순안공항에서 일깨웠다. 여자들은 대부분 붉은 한복을 입고 있었고, 파란색과 노란색의 한복 입은 여자와 양복차림의 남자들이 군데군데 서서 우리측 대표단을 환영하고 있었다.

"2003 평화와 통일을 위한 8 · 15민족대회에 평양에 오신 남녘 대표들을 열렬히 환영한다."는 플래카드가 같은 혈육의 정과 뜨거운 동포의 사랑을 더욱 실감하게 했다.

전광판에는 베이징 · 우라지보스톡 · 심양 · 청진 등 4개의 항공노선만 표시되 있는 것을 보고, 사회주의의 폐쇄성을 다시 한 번 실감했다.

나는 방북단 일행과 함께 비행장에 대기하고 있는 버스를 타고 인민보안원 차량의 안내를 받으며 평양순안비행장을 뒤로 하고 평양시내로 향했다.

순안구역을 지난 후에 9.9절거리 · 김일성 종합대학과 80m의 영생탑 · 금수산기념궁전 · 금릉동굴 등을 지난 다음, 평양시내 중심가로 들어섰다. 평양시민들은 손을 흔들며 열렬히 환영하는 모습을 보였다.

미루나무 · 벚나무 · 소나무 · 플라타나스 등이 어우러진 가로수는 따가운 여름바람에 휘날리고, 4층 · 6층 · 8층 · 10층 등으로 짜여진 아파트들은 도색도 되지 않은 채 사회주의의 낡은 모습을 대변하고 있었다.

건물 뼈대만 앙상한 105층 류경호텔은 아직도 완성되지 못한 채 하늘로 솟고 있었다. 2001년에 평양으로 왔을 때는 "강성대국이 완성되면 이 호텔도 완성될 것입니다."라고 했는데, 이번에는 "돈이 없어 완성을 못했으니 남조선에서 투자해서 백공오(105)층 이 호텔을 완성되도록 도와 주십시오."라고 하는 것이었다. 강성대국은 김정일 국방위원장이 제기한 것으로, 총대 · 사상 · 과학기술 등 3대 기둥이 강해야함을 강조한 이론이라 할 수 있다.

평양시내 곳곳에 인공기가 걸려 있고, 무궁화가 가끔 눈에 띈 것이 이채로웠다. "위대한 어버이 수령은 우리와 함께 영원히 살아계신다.", "백두산의 아들 김정일장군" 등의 글발이 빌딩 등 여러 군데에 돌로 새겨져 있기도 하고, 플래카드로 걸려 있기도 한 것을 보고, 그리고 북한은 김일성과 김정일 중심의 지나친 우상신권사회임을 실감할 수 있었다.

북한의 기독교는 70년대 이후에 조선그리스도교 연맹활동을 정치적으로 이용하기 위해 인정했고, 73년에는 평양신학교를 세웠으며, 88년에 봉수교회, 92년에는 칠골교회를 세웠다.

필자는 미국 · 일본 · 중국 · 러시아 · 구라파 등지에서 열린 남북 기독자 회의에 10여 차례 참석하여 북한 기독자들과 함께 회담을 가진 바 있었는데, 북한의 대표들은 북한전역에 1만여 명의 교인이 있고 520여 곳의 가정교회가 있다고 설명했다. 그리고 「이북에는 종교사업이 어렵다」라고 하면서 지원해 달라고 요청했다.

그런데 2000년 12월 12일부터 15일까지 사이에 일본 후쿠오카 회의에서 북한의 조선그리스도교연맹위원장 강영섭 목사는, 북한에 기독교인이 12,343명이라고 그의 강연을 통해 밝힌 바 있다. 2001년 8월과 2003년 8월, 필자가 평양에 가서 봉수교회 예배에 참석했을 때도 똑같은 말을 하고 있었다.

필자는 직접 평양에 가서 종교활동을 보면서 그리고 북한의 선전영화와 각종문헌을 통한 종교활동을 분석하면서 북한의 종교는 정치에 융합된 종교의 정치화 현상이 심화되고 있음을 느낄 수 있었다. 더욱이 북한의 각 종교단체들은 노동당의 통일전선부(6과) 지시하에 종교활동을 수행하고 있다. 이러한 북한사회와 기독교 실상을 보면서 한국교회는 통일 선교정책을 효율적으로 추진하기 위해 먼저 하나님께 기도하며 꾸준한 노력을 아끼지 말아야 하겠다.

한국교회는 통일과 북한선교는 하나님이 우리에게 주신 지상명령이요 가장 중요한 과제임을 믿고, 통일 선교에 대한 비전과 열정을 갖고 힘을 모아야 하겠다.

5 중국, 내몽골에 핀 사랑과 빛

1. 평안길상(平安吉祥)을 노래한 언거패이(恩格貝)

2005년 7월 24일 저녁 8시 40분, 소망교회 북방선교부 애심양광 교육과 단기선교팀은 소망교회에 모여서 먼저 하나님께 출발예배를 드렸다.

송창섭 장로의 인도로 총무 김유진 집사의 기도 후에 김지철 담임목사님께서 말씀이 선포되었다.

목사님께서는 창세기 12장 1절~2절에 기록된 "여호와께서 아브람에게 이르시되, 너는 너희 고향과 친척과 아버지의 집을 떠나 내가 네게 보여 줄 땅으로 가라. 내가 너로 큰 민족을 이루고 네게 복을 주어 네 이름을 창대하게 하리니, 너는 복이 될지라."라는 말씀에 근거하여 중국 내몽골 땅에 사랑과 빛을 전파하여 구원의 역사를 이루는 데 동참하자고 강조하셨다.

7월 25일, 새벽기도회를 마친 우리일행은 6시 30분 버스를 타고 북방선교부를 담당하신 최두열 목사님의 "중국 내몽골 선교여정을 하나님께서 지켜 주시고 인도해 주옵소서"하는 간절한 출발기도 후에 인천국제공항으로 향했다.

김지철 담임목사님과 최두열 북방선교부 담당목사님, 그리고 단장 박완신 장로 · 총무 김유진 집사 · 회계 이희근 집사 · 애심양광팀(팀장 강명진 집사) · 의료선교팀(팀장 용금주 권사) · 이미용팀(팀장 남현우 집사) · 문화사역팀(팀장 박영숙 권사) · 식수팀(팀장 박삼규 집사) · 영상

선교팀(팀장 김경준 집사) 등 30명은 각 달란트에 따라 봉사할 것을 다짐했다.

박완신 장로는 단장으로서 인사말을 통해 “기도하며 책임감을 가지고 열심히 섬기겠다.”라고 했다.

그리고 “그리스도의 사랑으로 하나 되어 마음에 안 드는 일이 있어도 불평하지 말고 서로 이해하며, 도우며 선교사역을 수행하자”라고 부탁했다.

아침 7시 30분, 인천국제공항에 도착하여 출국수속을 마치고 오전 10시에는 북경으로 가는 아시아나항공 OZ 331편에 몸을 실었다.

11시 45분(중국시간 10시 45분)에 북경공항에 도착하여 공항으로 영접나온 최재선 선교사님의 영접과 안내를 받으며 11시 42분에는 내몽골의 포우토우(包頭)로 가는 중국항공(AIR CHINA)으로 바꿔 탔다.

북경에서 내몽골로 가는 하늘 길에서는 구름 위에 하늘 있고 구름 아래 광활한 땅이 펼쳐지고 있음을 볼 수 있었다. 내몽골 지역에 도착할 무렵에는 사막과 황무지 및 도시가 어우러져서 자연과 인간세상의 조화를 이루고 있었다.

오후 1시 40분, 포우토우 공항에 도착한 우리 일행은 애심양광사업을 함께한 중국 지도자들의 ‘환영 꽃다발’을 받으며 준비한 차량에 몸을 싣고 언거패이(恩格貝)로 향했다.

내몽골의 수도인 포우토우시는 짜여진 1층짜리 집들이 사회주의의 한 면을 보여주고 있었다. 내몽골은 중국의 한 자치주로서 면적이 1백18만3천 평방키로미터이고 인구는 2천 1백78만 명이지만 90%가 한족이라고 한다.

지난 5월 울란바타르대학에 장학금 지급차 대표단장으로 방문했던 외몽골은, 인구 2백80만밖에 안 되었지만 광활한 초원이 있는 것이 특색이었다. 고비사막은 내몽골 자치주와 외몽골공화국에 걸쳐 있는 2천킬로미터의 큰 사막이라고 한다. 높이는 9백~1천2백미터 고원지대에 있다고 한다.

언거패이로 가는 도로변에는 가끔 포플러 가로수들이 우리 일행을 환영하는 듯했다. 언거패이에서는 사막이 푸른 초원으로 변화된 하나님의 놀라운 역사를 볼 수 있었다.

중국은 전국토의 45% (주로 동부)에 90%의 인구가 밀집되어 산다고 한다. 중 · 서부는 사막지역으로 전 영토의 55%에 해당하며, 인구는 겨우 10% 정도가 살고 있고 빈곤층이 많다고 한다.

언거패이에 도착하여 호텔에 짐을 풀고 전람관과 새로 개발한 언거패이 (1989~2005) 주변을 돌아보았다. 왕명해(王明海)씨가 17년 전에 이곳 사막지역 3천8백만 평을 개발하기 시작하여 많은 실패와 어려움을 이기고 이 사막을 옥토로 변화시키는 데 기여했다고 한다.

이러한 인간의 노력도 있었지만 사막이 옥토로 변화되는 결정적인 요인은 하늘에서 대홍수를 내려서 강이 생기고 호수가 생겼기 때문이라고 한다. 그래서 중국인들은 "하늘이 준 선물"로 이해하고 있었다.

이것은 전능하신 하나님의 놀라운 역사이다. 언거패이는 평안길상(平安吉祥)과 같은 의미라고 하는데, 이 곳에 하나님이 주신 사랑과 평화의 빛이 충만하기를 기원하는 마음 간절하다.

저녁 7시, 호텔식당에서 만찬이 시작되었다. 향화명(向華明) 농함대 교장의 환영사가 있은 다음, 한국측 박완신 대표단장의 다음과 같은 답사가 있었다.

客位 好!, 謝謝 大家!

"안녕하십니까!

저희들을 중국으로 초청해 주시고 뜨거운 사랑으로 환영해 주셔서 감사드립니다.

특별히 劉恕부주석, 向華明 교장, 지도자 여러분들의 뜨거운 사랑과 환영에 감사드립니다.

저는 중국에 수차례 왔지만, 이번에 중국을 보면서 큰 발전이 있음을 실감했습니다. 더욱이 사막이 옥토로, 푸른 초원으로 변화된 모습에 감격했습니다.

저는 중국을 사랑합니다, 무척 좋아합니다.

그래서 잘하지는 못하지만, 중국어를 열심히 공부도 했습니다.

1994년에는 한국의 교수대표로 중국의 북경대, 길림대, 연변대 교수들과 학술회의도 가진 바 있습니다.

1996년에는 상해사회과학원 초청으로 중국에 와서 중국과 한국의 발전적 방향에 관한 강연과 함께 세미나를 가진 바도 있습니다. 그리고 1997년부터는 중국연변과학기술대학 겸직교수로 임명받아 경영정보와 경영전략, 그리고 리더십에 관한 강의도 해 왔습니다. 또, 2002년 11월 중국국제우호촉진회 지도자들의 한국방문 시에는 "기독교와 한국사회의 발전적 관계"라는 주제로 강연을 한 바도 있습니다. 저는 이러한 중국과의 학술교류협력과정에서 중국과 한국은 문화적으로 정서적으로 많은 공통점이 있음을 알 수 있었습니다.

이번 제28기 애심양광교육을 위한 우리들의 만남이 앞으로 중국과 한국이 형제의 나라로서 우의를 다지며 더 좋은 발전적 관계가 이루어지길 소망합니다.

2008년의 북경올림픽을 앞둔 중국이 세계 속에 우뚝 서는 나라로 성장하길 바랍니다. 이 자리에 함께 하신 중국의 지도자 여러분, 건강하시고 가정과 하시는 사역 위에 하늘의 크신 축복이 있으시길 기원합니다."

중국식의 맛있는 만찬이 시작되면서 양국의 애심양광 대표들은 뜨거운 사랑으로 하나됨을 실감했다.

한·중 문화사역팀의 아름다운 노래와 춤은 양국대표단의 정감을 더욱 깊게 했다. 한국 전통가락의 노래에 맞춰서 춘 춤은 한국문화를 중국에 알리는데 크게 기여했다고 하겠다. 이러한 문화사역을 통해 중국선교에 크게 기여하게 되기를 간절히 기도했다. 만찬을 마치고 오늘 하루의 언거패이의 감격을 보며 시를 써 내려갔다.

2. 애심양광(愛心陽光)의 꿈을 안고

2005년 7월 26일 아침 6시 30분에 우리일행은 호텔 강당에 모여서 새벽기도회를 가졌다.

최재선 선교사님의 인도와 박완신 장로의 기도 후에 김지철 담임목사님의 말씀이 선포되었다.

로마서 4장 17절을 함께 봉독한 다음, "가슴에는 사랑이 있고 하늘의 중천에는 태양이 있듯이 애심양광사역 통해 중국 땅에, 전세계에 복을 내려 주시길 기원한다."라는 말씀을 전해 주셨다.

나는 "서로 사랑합니다, 주님 때문에 행복합니다."라는 인사를 서로 나누도록 했다.

아침 7시 조찬을 함께 나누고 국제회의장으로 갔다. 8시 제28기 애심양광개강식에 참여하기 위해서였다. 사회자의 개회선포에 이어 한·중 양국의 대표들을 소개했고, 양국 국가 제창이 이어졌다. 애국가가 울려 퍼질 때는 국가와 민족을 사랑하는 마음이 가슴 깊이 솟구쳤다.

2001년에 시작한 애심양광사역은 지난 27기까지 4천5백여 명이 수료해서 중국 빈곤농촌을 살리는 지도자로서 사랑과 빛을 발하는 일에 매진하고 있다는 소개가 있었다.

그리고 중국 얼도스시 공산당 간부가 얼도스시 소개와 함께 인사가 있었다.

"얼도스시는 1백40만 인구를 가진 시로 지하자원(석탄 등)이 풍부하다."라고 했다. 또, "주요산업은 농목축업"이라고 했다.

이어서 김지철 담임목사님의 답사가 있었다.

"애심양광 제28기 교육이 얼도스시에서 열리게 된 것을 감사드립니다. 얼도스시는 사막을 일구어 대자연과 생명을 사랑하는 애심의 정신으로 깃들어 있음을 보게 됩니다.

중국과학기술협회와 농업함수대 교수님들에게 심심한 감사의 인사를 드립니다. 한 번밖에 못 사는 여러분의 삶이 조국과 인민을 위해서 쓰여진다면 행복한 삶이 될 수 있을 것입니다. 여러분 건강하시고 평안하시길 기원합니다."

이어서 류슈(劉恕) 중국과학기술협회 부주석의 격려사가 있었다.

"우리는 한국과 이스라엘에서 많은 것을 배워야 한다고 생각합니다. 이 두 나라는 가난한 나라에서 빠른 시일 안에 크게 발전했기 때문입니다. 한국은 새마을운동(新村)으로 1인당 국민소득이 1만불 시대에 접어들었습니다. 애심양광교육을 통해 분투하는 정신과 사고방식을 배우고 익혀야 합니다.

한국동북아과학기술협력재단의 지도자님들에게 감사드립니다.

2002년 중국에 사스가 왔을 때, 위험을 무릅쓰고 한국에서 중국을 찾아주신 것에 감사드립니다. 친구는 어려움 가운데서 발견하게 됨을 봅니다. 謝謝大家! 여러분 감사합니다."

개강행사가 끝나고 나서 다음 사역을 위해 밖에 나와 보니 비가 억수같이 쏟아졌다.

1년 만에 내린 비요, 금년에 와서는 처음 온 비라고 한다. 애심양광이 비를 몰고 왔다고 중국인들은 너무나 좋아했다. 한국대표들이 복이 있어서 하늘이 비를 내려주었다고 했다. 정말 하나님께서 내려주신 축복의 단비였다.

하나님께 감사의 기도를 드리고 의료·이미용 봉사를 위해 중국 농촌의 한 병원으로 갔다. 벌써 많은 사람들이 대기하고 있었다. 병원 앞에서 간단한 의식을 갖고 사역에 들어갔다. 76세가 된 할머니를 비롯해서 노인들이 우리에게 반가운 악수를 청했다.

과연 "어떤 사람들이기에 이처럼 귀한 사역을 하는가" 보고싶어서 왔다고 했다.

점심식사도 제대로 못하면서 열악한 환경에서 땀흘리며 열심히 봉사하는 의료팀·이미용팀·봉사팀의 모습이 너무 아름다웠다. 그 수고가 분

명히 하늘나라에 상달될 줄로 믿는다.

의료 · 이미용 선교사역지를 나와 애심양광팀은 함께 점심을 나누고 교육행사장으로 왔다. 오후 2시에는 김지철 담임목사님의 "21세기 파워풀 리더십"에 관한 강의가 시작되었다.

"인간에게는 정신적 · 물질적 세계가 있습니다. 자본주의, 사회주의 사회는 서로 배워야 합니다. 21세기는 리더십에 관심이 모아지고 있습니다. 지도자에게 중요한 것은 꿈과 비전입니다. 자연환경을 바꾸겠다는 열망과 꿈이 있어야 합니다.

중국에서 애심양광 교육을 일으키신 류슈 부주석, 그리고 사막을 옥토로 바꾼 왕명해 선생을 보며, 꿈과 비전을 가진 분들이라고 생각됩니다.

나는 사람을 쓸 때에 지혜로운 자, 하늘의 뜻 아는 자, 사람 이해하는 자, 자연 이해하는 자를 택합니다. 그리고 순전한 자, 열정을 가진 자를 원합니다. 특히 21세기에는 섬기는 자의 리더십이 중요하다고 생각합니다. 지도자는 먼저 섬기려는 마음이 있어야 합니다. 애심양광을 통해 중국이 큰 발전이 있게 되기를 기원합니다."

다음에는 중국의 류슈 부주석의 "사막화의 방지를 위한 애심양광 운동의 새로운 도전"이란 제목의 강의가 이어졌다.

"1976년 세계 사막회의가 열렸습니다. 당시 중국은 문화혁명이 마무리되는 시기였습니다. 사회주의국가에서는 사람이 들어오면 사막은 물러난다고 생각했습니다. 그러나 후에 세계와 함께 하지 않을 때, 우리는 곁길로 가게됨을 깨달았습니다. 사막화 · 황막화는 인간의 잘못된 부당한 행동으로 오게됨을 알았습니다. 사막화전에 빈곤을 먼저 퇴치해야 한다고 생각하게 되었습니다. 곤란한 사람들이 곤란한 토지를 만듭니다.

사막화 방지와 애심양광 운동은 함께 가야 한다고 생각합니다.

애심양광 교육에 각 성의 지도자뿐만 아니라 젊은이들이 교육을 받아야 합니다. 현재 성과에 만족하지 말고 더 발전시켜 나갑시다. 감사합니다."

그 외에도 유태영 박사의 "한국의 새마을운동정신과 중국농촌부흥"에 관한 강의가 있었다. 그리고 최재선 박사의 "세계경제환경변화와 대응전략"이란 주제의 강의가 있은 후에 한·중지도자들의 강의와 토론이 이어지는 동안, 1백20여 명의 수강자들은 열심히 듣고 있었다.

저녁 7시에 식당으로 돌아와서 저녁 만찬을 들었다. 이 자리에서는 이 애심양광교육이 북한과 몽골 및 월남 북부까지 확대 실시해야 한다는 논의도 있었다.

나는 2006년 11월 14일부터 17일까지 중국 요녕성 철령시에서, 12월 1일부터 7일까지 운남성 곤명, 광서자치구 이추시에서 "21세기 창조적 리더십과 경영전략"이란 주제로 강연을 했다. 당·정 관료와 대학교수, 학생 등 1천 5백명을 대상으로 강연했는데 "사랑과 감사, 헌신과 겸손"을 외칠 때는 뜨거운 박수 갈채가 터져 나왔다. "하나님, 예수님" 직접 표현은 못했지만 복음의 내용을 간접적으로 전할 수 있어 이 강연을 통해 중국 복음화에 크게 기여하게 되기를 간절히 기도했다.

3. 사막에 나무 심어 진리의 도성으로

2005년 7월 27일 아침 6시 30분, 강당에 모여 새벽기도회를 가졌다. 이근묵 장로님 기도와 최두열 목사님의 말씀이 있었는데, 이사야 43장 19~끝절과 에베소서 5장 18~21절을 함께 봉독하고 "이 언거패이 사막이 풍요로운 땅이 되길 기원하며 사막 같은 우리 인생들은 풍요로운 저 천국을 향해 성령충만한 가운데 달려가자."는 말씀이 선포되었다.

나는 어제 애심양광 강의를 하신 목사님과 수고한 의료·이미용팀을 단장으로서 격려의 인사를 했다. 아침식사를 마치고 우리일행은 식수(植樹)를 위해 사막의 준비된 장소로 갔다. 식수팀장 박삼규 집사의 "식수는 지구촌 환경보전과 황사를 막기 위한 중요한 행사"라는 개식사가 있은 다음에 땅을 파고 나무를 심기 시작했다.

우리가 심는 1백 그루의 소나무가 잘 자라서 이 곳이 진리의 도성으로 변화되기를 간절히 기도했다. 나무를 다 심고 나서 “韓國愛心陽光記念植樹”라고 쓴 돌판 앞에서 제막식을 가졌다. 기념식수를 마치고 우리 일행은 사막지대로 갔다. 몽골 전통가옥인 “겔”이 군데군데 있어서 몽골의 전통문화를 엿볼 수 있었다.

사막의 능선으로 올라가서 사막 썰매를 타고 급경사진 곳을 내려 올 때 정말 스릴이 있었다.

사막의 구릉지대에서는 낙타가 일렬로 행진하고 있었고, 사막 한가운데로는 푸른 물이 흘러 사막의 오아시스를 더욱 실감나게 했다. 사막여행을 마치고 언거패이호텔로 돌아와서 점심을 먹은 다음에 한·중 양국 대표들은 애심양광교육에 관한 토론회를 가졌다.

저녁 8시, 우리 일행은 호텔식당에 모여 3박4일 동안 서로의 사랑과 우정을 더 깊이 새기며 송별만찬을 했다.

송별만찬을 마치고 별빛 쏟아지는 언거패이의 밤하늘을 보며, 나는 시를 써 내려갔다.

4. 인간의 계획도 바꾸시는 하나님

2005년 7월 28일 아침 6시, 강당에 모여 새벽기도회를 가졌다.

최재선 선교사님의 인도로 박삼규 집사의 기도 후에 시편 126편 5~6절을 함께 봉독하고 선교사님의 눈물어린 선교사역 간증이 있었다.

나는 어제 식수하느라고 수고하신 모든 분들의 노고에 격려의 인사를 했다. 그리고 무사히 단기선교사역을 마치게 하신 하나님 은혜에 감사드리며 영광의 박수로 감사를 표했다.

6시 30분, 대기하고 있는 버스를 타고 포우토우 공항으로 나갔다.

8시 30분, 공항에 도착하여 북경행 수속을 마치고 비행기 타는 곳으로 갔다. 그런데 전광판에는 1120 북경행 비행기가 늦어진다는 글이 계속

나왔다. 역시 인간이 아무리 좋은 계획을 해도, 하나님께서 방향을 바꾸시면 어쩔 수 없음을 다시 한 번 실감하게 했다. 그러나 이것도 하나님의 섭리임을 믿고 오히려 감사기도를 드렸다. 우리 믿는 사람들은 어떤 환경에도 감사해야 함을 다시 깨닫게 했다.

1995년에 미국오하이오주에서 열린 남북평화통일음악제와 뉴욕·시카고 한인교회 북한선교 간증집회 그리고 트리니티 신학대학에서의 북한선교 강의를 위해 뉴욕 죤 에프 케네디공항에서 기다리는 동안에 강의노트가 든 가방을 모두 잃고도 하나님께 감사기도 드렸던 기억이 되살아난다. 그래도 하나님의 은혜로 무사히 간증집회와 강의를 마칠 수 있었다.

공항에서 이러한 간증을 서로 나누며, 아름다운 사랑의 시간을 가질 수 있었다. 기다리는 시간이 길어지자, 공항 측에서 공항주변의 호텔을 정해 주어 잠깐 휴식을 취하고 점심을 함께 나누었다.

아침 9시 50분, 비행기가 오후 2시 20분에야 출발하게 되어 다시 탑승수속을 하고 비행기에 올랐다. 대략 약 두 시간여를 달려서 북경공항에 도착하자마자 급히 출국수속을 마치고 인천행 아시아나 항공 OZ 334에 몸을 실었다. 그리고 무사히 3박 4일 간의 애심양광사역을 은혜 가운데 마치게 하신 하나님께 감사기도를 드렸다.

김휘 선교사가 사역하는 북경소망교회와 고아원을 방문하지 못한 것이 아쉬웠지만, 그러나 이것도 하나님께서 섭리하셨음을 믿고 감사기도를 드렸다.

오후 3시 50분, 비행기가 우리 일행을 40분씩이나 기다려 준 것도 고마웠다. 4시 30분에 비행기는 서서히 북경공항을 이륙하기 시작했다.

북경이여 안녕! 중국이여 안녕!

애심양광이여 더 큰사랑과 더 밝은 빛을!

하나님께 감사기도 드리며 앞으로의 북방선교의 꿈과 비전을 펼치고 있는 순간에 어느덧 인천공항에 도착했다는 기내방송이 흘러나왔다. 한국시간으로 오후 6시 54분, 우리가 탄 비행기는 인천공항에 도착하였다.

무사히 한국에 도착하게 하신 하나님께 감사드리며 대기하고 있는 버스에 타고 기도하며 우리 일행을 격려하는 시를 써 내려갔다.

땀흘려 수고하신 모든 분들이 너무나 감사했기 때문이다. 일일이 이름은 거명을 안 해도 하늘의 상이 클 줄로 믿고 감사 드린다.

나는 애심양광의 꿈을 안고 함께 한 우리일행을 격려하기 위해 즉석에서 쓴 시를 낭송했다. 모두 박수를 보내 주어 감사한 마음을 금할 길 없었다.

우리 일행은 저녁 9시 소망교회에 도착하여 이번 중국 내몽골 단기 선교를 무사히 마치게 하신 하나님께 감사예배를 드렸다.

박완신 장로의 인도로 256장(눈을 들어 하늘보라) 찬송을 부르고나서 최두열 목사님 기도 후에 김지철 담임목사님의 창세기 12장 1～2절 말씀을 함께 봉독하고 아브라함의 복이 중국 내몽골 땅에 임하기를 기원하며, 이번에 땀흘려 수고한 모든 사역자들의 노고를 격려하고 축도 함으로써 예배를 마쳤다.

하나님 은혜에 감사드립니다.

주 내이 핑안(主內平安)!

6 몽골 선교여정

1. 진리의 빛 울란바타르대학

2005년 5월 27일부터 6월 1일까지 몽골 울란바타르대학교에 장학금을 기증하고 선교지방을 통한 선교사역 수행을 위해 몽골선교 여정에 올랐다.

나는 소망교회 북방선교부장으로서 대표단장이라는 직책으로 가기 때문에 섬기는 자세로 봉사하며 책임을 잘 감당할 수 있도록 하나님께 간절히 기도 드렸다. 경건훈련을 위해 김성욱 목사님이 함께하셨고 찬양사역을 위해 한양대교수 강은희 집사, 실무를 위해 몽골팀장 윤대원 집사가 같이 가게 되었다.

우리 일행은 2005년 5월 27일 12시 5분 인천국제공항에서 몽골 항공 OM302편에 몸을 실었다.

주님 은혜 가운데 몽골 선교사역을 무사히 수행할 수 있도록 하나님께 간절히 기도 드리는 순간, 비행기는 서서히 하늘을 향해 치솟기 시작했다.

서해를 지나 중국 북경을 거쳐 고비사막을 날아서 오후 3시경에는 몽골의 보이트공항에 도착했다.

한국의 인천공항에 비하면 초라하고 낯선 공항이었지만, 그래도 우리와는 혈통과 언어(알타이어) 및 문화가 같은 전통을 갖고 있는 민족이기에 더욱 친근감을 느꼈다. 몽골 땅에 복음이 전파되어 구원과 생명의 길에 서는 민족이 되기를 간절히 기도했다.

우리 일행은 각국 정상들이 묵었다는 징기스칸호텔에 짐을 풀고 울란바타르대학으로 가서 윤순재 총장님의 영접을 받으며, 함께 하나님께 감사기도 드린 후에 공식행사를 가졌다.

윤순재 총장님이 나에게 "울란바타르대학교 경영학과와 국제통상학과의 객원교수로 위촉하오니 수락해 주시기 바랍니다."라고 하는 객원교수 위촉장을 주셨고, 나는 소망교회 북방선교부를 대표해서 장학금 전달과 함께 내가 저술한 "교회행정론"을 증정했다. 그리고 소망교회 성도들이 정성껏 보낸 몇 가지 선물들을 기증했다.

그리고 울란바타르대학교에 관한 브리핑을 윤순재 총장님으로부터 들었다.

울란바타르대학교는 믿음 · 소망 · 사랑을 교훈으로 하여 1993년 10월에 개교하였으며, 신앙교육과 함께 한국학 · 몽골학 · 영어 등의 어학교육과 가정학, 경영학, 컴퓨터 관련학과 등을 두고 있다.

개설된 학과와 정원을 보면, 한국어학과(80), 한국어통역과(80), 한국어교육과(40), 경영학과(80), 국제통상학과(80), 몽골학과(60), 가정학과(40), 컴퓨터학과(40), 컴퓨터디자인학과(40), 영어교육과(40), 영어통역과(40) 등 학부과정과 대학원에 경영학과와 한국학과를 두고 20여 명이 재학하고 있다고 한다.

현재 입학정원이 6백4십 명이고, 전체 학생정원 2천5백6십여 명으로 증원되었으며, 1천2백여 명의 학생이 재학하고 있다고 한다. 학생취업률은 93%로, 몽골 사립대학으로는 1~2위 안에 드는 대학이 되었다고 한다. 현재 전임교수 74명, 석좌교수 2명, 객원교수 9명이 교수요원으로 봉사하고 있다고 한다.

몽골 정부와는 외국인투자법과 회사법에 의해 울란바타르대학이 설립 · 운용되고 있어서 몽골과의 분쟁의 소지는 크지 않다고 한다.

울란바타르대학의 성장과 발전을 기원하면서 대학교를 나와 식당으로 향했다.

Mongol Club이라는 식당에서 윤순재 총장님이 맛있는 몽골식 전통음식으로 우리일행을 대접해 주셨다. 우유에다가 녹차와 소금을 넣어서 만든 수태차와 함께 양고기 · 빵 · 우유 · 야채 · 소간 등이 차례로 나왔는데, 맛이 아주 좋았다.

몽골에서는 돼지고기와 닭고기가 소고기나 양 · 염소 · 낙타 · 말고기에 비해 비싸다고 한다.

저녁식사를 마치고 숙소인 징기스칸호텔로 와서 오늘 하루 일정을 지켜 주신 하나님께 감사기도를 드린 후 잠자리에 들었다.

2. 테렐지국립공원 가는 길

아침 6시 30분에 우리 일행은 징기스칸호텔 822호실 응접실에 모여서 아침 경건회를 가졌다. 김성욱 목사님의 인도로 요나서 1장을 교독하면서 은혜를 함께 나누었다.

요나가 니느웨로 가라는 하나님 명령에 불순종하고 다시스로 가려고 했을 때, 이방나라의 니느웨에 대한 편견을 가진 요나에게 하나님께서는 물고기 뱃속에 넣어서 결국 니느웨로 가도록 하셨다. 요나를 회개시키고 결국에는 축복의 길로 인도하신 하나님의 놀라운 섭리를 보게 되었다.

폭풍의 손, 단련의 손을 통해 우리를 다스리고 계시는 하나님의 구원의 손길을 실감하고 하나님이 명령하시면 어디든지 선교 현장으로 달려갈 것을 다짐하며, 이번 몽골 선교 여정에 강권적으로 참여하게 하신 하나님께 감사드린다.

아침 7시 30분에 호텔 식당에서 양식 뷔페로 식사를 하고, 오전 9시에 테렐지국립공원을 향해 떠났다.

약 1시간 30분 동안을 달리는 가운데 한없이 펼쳐진 푸른초원에서 뛰노는 양과 염소들을 볼 수 있었다. 양과 염소, 그리고 목동들의 모습을 보면서 이스라엘과 유사한 유목문화의 일면을 볼 수 있어 몽골인들이 성경을 빨리 이해할 수 있을 것으로 생각되었다.

'몽골에서 실제적으로 관광객들이 가장 많이 방문하는 테렐지공원은 바위산과 넓고 아름다운 초원과 맑은 강이 조화를 이루는 관광지로, 몽골을 방문한 여행객이 필수 코스로 여기는 곳이라 한다.

여러 차례 몽골을 방문하는 관광객들이라도, 올 때마다 찾게 될 만큼 자연경관이 아름다운 곳이다. 여름에는 각종 야생화와 여러 가지 많은 들꽃들이 피어 초원을 더욱 아름답게 장식한다.

테렐지국립공원에서 또한 빼놓을 수 없는 것이 설악산 계곡의 청수만큼 맑은 물이다. 여름에도 밤에는 추운 날씨 때문인지 발을 담그고 있기가 차가울 정도로 시원하고 맑은 물이다.

이 곳에서는 바위산의 계곡을 따라 흐르는 냇물을 보며 한두 시간 정도의 승마를 즐길 수 있으며, 공원 내의 숲속에서 돌 훈제식 양고기 등 몽골 전통식 바베큐를 직접 만들어 먹을 수 있고 겔에서 먹는 이 양고기는 정말 단백하고 맛이 있다.

테렐지공원에서 보는 거북바위는 자연의 걸작품이다. 거북바위는 햇빛의 방향에 따라 다양한 색깔을 연출하는, 하늘이 창조한 거대한 작품이다. 그 곳까지 올라가는 등정은 사람들에게 매우 인기가 있는데, 가서 보니 정말 아름다웠다.

그 외에도 함께 한 일행들의 요청으로 내가 명명한 미녀바위는 애인을 기다리고 있는 듯했고, 사랑바위는 서로 오순도순 얘기를 나누고 있는 모습이었다. 기도하는 바위는 산 위에서 하늘을 향해 두 손을 모으고 있었다.

또한, 공룡화석들이 많이 발굴되는 나라인, 몽골의 테렐지국립공원 내에는 공룡공원을 만들어 놓고 있다. 전통가옥인 하얀색의 겔에서 말젖 요구르트(타라크)와 빵 그리고 몽골 전통음식인 버터와 치즈 등의 전통음식을 맛볼 수 있다고 한다. 이 지역에는 곳곳에 겔이나 게스트룸 등 다양한 형태의 리조트와 현대식으로 지은 작은 호텔도 있었다.

하나님이 창조하신 이 아름다운 자연의 모습들을 보면서 나는 한편의 시를 남겼다.

우리 일행은 말을 타고 기도하고 찬양하며, 초원의 나라 몽골을 위해 뜨겁게 기도했다. 복음의 기쁜 소식이 전 몽골 땅에 퍼지도록…….

울란바타르 시내로 들어와서 우리일행은 몽골 민속춤과 음악을 감상했다. 샤머니즘과 관련된 몽골의 전통풍습에서 발생한 참춤을 관람했다. 마두금과 호치르 등 몽골 전통악기연주와 사람의 목소리로 여러 가지 악기소리를 내는 몽골 특유의 문화예술을 보면서 나는 몽골에 대해 보다 깊이 알 수 있었다. 이러한 몽골 특유의 문화를 보다 정확히 이해함으로써 몽골선교에 기여하게 되기를 간절히 기도 드렸다.

3. 소망의 기도로 세워진 제일교회

2005년 5월 29일, 주일 아침에 경건회를 마치고, 11시 30분에는 예배시간에 맞추어서 제일교회로 갔다. 예배당에 들어가서 기도하고 나니, 선교사님의 인도로 청년들의 은혜로운 찬양이 뜨겁게 울려 퍼졌다.

11시 30분, 여자성도의 인도로 예배를 드렸다. 찬송, 대표기도, 성경봉독, 찬양, 설교, 헌금, 축도 등 한국교회와 비슷한 예배순서에 따라 예배가 진행되었다.

다쉰 담임목사님(독일유학)의 사도행전 3장 4~10절에 근거한 설교말씀이 몽골어로 선포되었다. "지난 역사 속에서 우리를 구원하시기 위해 이 땅에 오신 예수그리스도의 이름이 얼마나 위대했는가"라고 할 때, 모두가 은혜의 감격으로 가득 찬 표정이었다. 강은희 교수(소망교회 집사)의 몽골어로 부른 찬양이 끝나자, 뜨거운 박수갈채가 나오기도 했다.

예배를 마치고 그룹별로 모여 몽골전통차인 수태차와 몽골과자를 들며 나누는 친교시간은, 사랑의 기도가 있는 아름다운 교제의 시간이었다. 정부고관과 병원장 등을 비롯해서 가정주부, 회사원에 이르기까지 다양한 계층들이 약 1백50여 명이 모였다. 교회학교 학생들도 60명 정도가 모여서 교사들과 함께 예배드리고 성경공부 하는 모습을 볼 수 있었다.

소망교회의 남선교회가 뜨겁게 기도하며 헌금하여 세워진 교회이기에, 이 귀한 사역을 감당하게 하신 하나님께 감사 드렸다.

제일교회의 규모는 1천여 명이 들어갈 수 있는, 몽골에서 제일 큰 교회이다. 그 때문에 사회를 위한 봉사와 문화행사도 할 수 있게 되어서 몽골 정부나 사회단체 및 주민들이 아주 좋아한다고 한다.

다만, 교회는 허가제이기 때문에 아직도 허가신청이 계류 중이여서 활동에 약간의 제약을 받고 있는 것이 현실이다.

더욱이 몽골은 징기스칸 이래 라마교가 크게 전파되었고 지금은 90% 이상을 차지하고 있으므로 기독교 전파가 아직은 미흡한 실정이라고 한다. 특히 돌밭에 푸른천을 막대기에 매달아 놓고 있는 무속신앙은, 몽골인의 전통 속에 뿌리를 내리고 있어, 선교에 장애요인으로 작용하고 있음을 알 수 있었다. 그래서 더욱 몽골선교에 대한 비전과 열정을 갖고 기도하며 노력해 가야 할 것이다. 아무쪼록 제일교회가 몽골 복음화를 위해 전초기지가 되도록 기원하는 마음이 간절하다. 그리고 나도 하나님께서 명령하신 북방선교 사역을 더욱 잘 감당할 수 있도록 기원했다.

4. 바양고비에 핀 몽골 문화

2005년 5월 29일 오후 1시, 한식으로 점심식사를 하고 바양고비로 향했다. 도로는 포장이 되었지만 울퉁불퉁한 길이었고, 길거리에 달리는 차는 별로 없었다. 차 속에서 기도하며, 몽골문화를 공부하면서 초원과 사막길을 무려 6시간을 달리고서야 바양고비에 도착했다.

울란바타르에서 서쪽으로 280km 떨어진 바양고비는, 초원과 작은 모래둔덕 및 작은 냇물과 수풀지대 그리고 나지막한 산으로 이루어진 전형적인 몽골 자연환경이 어우러져 있는 곳이다. 육로로 이동하면서 비포장도로의 불편함을 감수해야 했지만, 울란바타르 근교에서는 맛볼 수 없는 하나님이 창조하신 몽골 초원의 대자연을 만끽할 수 있었다.

몽골 전통가옥인 하얀색 겔에 짐을 풀고 겔 식당에서 현지식 전통적인 몽골 메뉴로 저녁식사 한 후, 이 곳 바양고비에 오게 하시고 몽골선교여정을 인도하신 하나님께 감사기도를 드렸다.

전통가옥 겔에서 보는 밤하늘의 별들은 매우 아름다웠다.

여행 중 비교적 깊이 잠들 수 있었지만, 겔에서의 잠자리는 뜨거움과 추위 등으로 온도차가 심해서 잠을 자주 깰 수밖에 없었다.

더구나 불이 꺼질 만하면 겔 관리원이 들어와서 장작불을 피우고, 장작불이 달아올랐을 때는 더워서 잠을 잘 수가 없으므로 밖에 나가 바람을 쏘이고 들어와서 다시 잠들고, 그렇게 하기를 다섯 차례 정도 하다 보니까 아침이 밝아왔다.

이러한 몽골 생활문화를 직접 체험함으로써 몽골선교에 도움이 될 수 있도록 하신 하나님께 감사기도를 드렸다. 그리고 우리일행을 춥지 않게 하기 위해 밤잠도 자지 않고 수시로 장작불을 피워 주는 몽골인들이 무척 고맙기도 했다. 이들이 하나님을 영접하고 구원받도록 기도했고 만날 때마다 전도도 했다.

아침 7시 30분, 우리일행은 겔에 모여서 요나서를 읽으며 함께 은혜를 나누었다.

특히 하나님께서는 이방인인 니느웨 사람들도 회개하고 돌아올 때는 구원을 하신다는 교훈을 되새기며, 하나님을 믿지 않았던 북방나라들이 하루 속히 회개하고 하나님 앞에 돌아오도록 간절히 기도 드렸다.

아침 8시 30분, 겔 식당에서 토스토와 양고기 및 야채와 계란 등으로 간단히 아침식사를 하고, 11시 30분부터 오후 1시 30분까지 말을 탔다.

초원의 양떼와 염소떼들을 보며 '추우! 추우!' 장단에 맞추어서 말을 탔는데 말을 서서히 걷게 하기도 하고 약간 달리게도 했다. 1시간쯤 타다 보니, 말이 더 뛰어 주었으면 하는 마음도 들었다.

초원을 지나 바양고비 사막에 이르렀을 때는 수정같이 맑고 깨끗한 모래밭이 낮은 구릉지대와 함께 큰 광야를 이루어 장관이었다.

바람이 심하게 불어도 모래가 날리지 않는 것이 이색적이었다.

말에서 내린 다음, 모래사막에서 잠시 쉬며 하늘을 향해 높이 손을 들고, 몽골의 복음화를 위해 간절히 기도 드렸다. 다시 말을 타고 추우! 추우! 서투른 몽골 전통 소리를 내며 말을 몰 때, 말은 약간 달리기를 했다.

우리일행은 몽골 유목민들이 사는 겔에 들어가 뜨거운 전통차와 말젖으로 만든 요쿠르트와 과자를 나누며, 몽골의 젊은 부부를 비롯하여 두 어린이들과 사진도 찍고 기도도 했다. 전통가옥인 하얀색의 겔에서 말젖 요구르트(타라크)와 빵 그리고 몽골 전통음식인 버터와 치즈 등의 전통음식을 맛볼 수 있어서 좋았다. 이러한 몽골 유목민들의 겔에서의 '삶의 현장'을 보면서 '고급 아파트에 사는 우리들이 너무 잘살고 있구나.'하는 마음이 들어서 미안하기도 했다. 말을 타고 유목민들의 삶의 현장을 보며, 메모지에 시 한편을 적어 보았다.

오후 2시에는 바양고비 유목민들을 뒤로하고 울란바타르로 향했다.

저녁 8시, 울란바타르에 도착하여 중국식으로 저녁식사를 하고 징기스칸호텔로 돌아온 후, 초원에서 오늘 하루를 지켜 주신 하나님께 감사기도를 드렸다.

하나님이 창조하신 몽골의 초원과 사막, 그리고 겔 속에서 체험한 몽골 생활문화의 이해가 몽골선교에 크게 기여하도록 기원했다.

5. 사각모에 깃든 몽골 사랑, 울란바타르 대학

2005년 5월 31일 11시, 울란바타르대학으로 가서 졸업식전 행사인 초등학교 1학년 어린이들의 노래와 율동을 관람했다.

마두금과 호치르 등의 몽골전통악기 연주와 함께 "가지 마라, 가지 마라, 친구야 너를 사랑해"라는 노래를 들을 때는, 같은 혈통의 정을 가슴으로 느낄 수 있었다. 몽골반점이나 알타이어계 등 전통과 문화의 동질성을 느끼면서 더 깊은 사랑이 싹터 왔다. 11시 30분부터 12시 30분까지 약 한시간 동안, 교직원과 학생 및 내빈 등 1천여 명이 참석하여 체육관을 꽉 메운 가운데 졸업식이 거행되었다.

졸업식장은 사랑과 진리의 열기로 꽉 찼다.

내빈소개와 학사보고를 비롯하여 졸업장 및 상장 수여와 축사 등 순서에 이어서 나는 소망교회 북방선교부 이름으로 장학금증서를 윤순재 총장에게 전달했다.

그리고 학생들에게 일일이 학교 배지를 예수 그리스도의 사랑으로 이들의 앞길을 위해 기도하며 정성껏 달아 주었다. 울란바타르대학을 사랑하는 마음으로 기도하며 한편의 시를 써나갔다.

졸업식에 참석하고 난 후, 자연사박물관을 돌아보았다. 몽골은 자연 특히 동·식물에 대한 역사의식이 대단함을 볼 수 있었다. 1억3천 만년 전에서 6천 만년 전까지 살았던 공룡 뼈를 비롯해서 각종의 동식물의 뼈들이 보존되어 있었다.

징기스칸 시대에는 세계를 지배한 몽골이기에 유적과 전통문화들 속에서 몽골의 위대함을 엿볼 수 있었다. 몽골 하면 몽골제국의 창시자 징기스칸을 생각하지 않을 수 없다.

징기스칸(재위 1206~1227)은 묘호(廟號)가 태조(太祖)이고 아명은 테무친[鐵木眞]이다. 바이칼호 근처에서 출생했다. 그러나 출생년도는 1155년, 1162년, 1167년 등의 설이 있다. '징기스'란 고대 터키어인 텡기스(바다)의 방언이었다고도 하고, 1206년에 즉위하였을 때는 5색의 서조(瑞鳥)가 '칭기즈, 칭기즈'하고 울었다는 데서 유래되었다고 하나, 샤머니즘의 '광명의 신(Hajir Chinggis Tengri)'의 이름이라고 생각하는 설이 지배적이다.

징기스칸은, 어렸을 때에 아버지가 타타르 부족에게 독살되어 부족이 흩어졌기 때문에 빈곤한 생활 속에서 성장하였고, 당시 강세를 자랑하던 케레이트 부족의 완칸 아래서 점차 세력을 키웠으며, 1189년경에 몽골씨족연합의 맹주(盟主)로 추대되어 징기스칸이란 칭호를 받게 되었다.

1201년에는 자다란 부족의 자무카를 격파하고, 타타르・케레이트를 토벌하여 동부 몽골을 평정하였으며(1203), 군제(軍制)를 개혁한 후에 서방의 알타이 방면을 근거지로 하는 나이만 부족을 격멸하고(1204) 몽골 초원을 통일하였다.

그 후, 몽골은 러시아의 영향으로 두번째 사회주의 국가가 된 나라이기에 아직도 사회주의의 낡은 잔재들이 남아 있음을 볼 수 있었다.

버그트산 중턱에 우뚝 솟은 전승기념탑에서는 러시아와 몽골의 친선관계를 더 깊이 알 수 있었다. 2차 세계대전 중 몽골과 러시아의 연합군은 일본군을 물리친 그 전적을 기리기 위해 1965년에 이 전승기념탑을 세웠다고 한다.

지금 몽골은 정치・경제적으로 많이 자유화되었음을 느낄 수 있었다. 1980년대부터 시장경제체제로 돌아섰고 정치체제도 3권분립을 제도화되어 내각책임제적 성격의 정치체제를 유지하고 있다고 한다.

몽골의 국가형태는 공화국체제이며, 정부형태는 인간의 권리와 개인의 소유권을 보장하는 새로운 헌법이 1992년 1월 과도의회에 의해 채택되어 새로운 헌법에 의거한 최초의 의회선거가 1992년 6월 28일에 열림으로써 국가최고회의가 1992년 6월 30일에 구성되었다. 당시 민주연합이 총 76석 중 50석, 인민혁명당이 25석, 보수연합당이 1석을 차지하였다. 국가최고회의는 몽골 국가권력의 최고 조직으로서 76명의 의원들이 4년마다 보통・평등・직접・비밀 투표로 18세 이상의 모든 시민에 의해 선출된다. 현재 국가최고회의에는 7명의 기본위원과 2명의 특별위원이 있다.

대통령은 국가의 상징이다. 대통령은 국가안전위원회의 의장으로서 국가 최고회의에 책임을 지고, 4년마다 비밀투표로 국민에 의해 직접 선출이 되며, 한 번 재임이 가능하다. 45세 이상인 모든 몽골 사람들은 대통령 후보가 될 수 있다. 대통령 부재 시에는 국가최고회의장인 수상이 대통령의 권한을 대행한다.

정부는 수상과 장관들로 구성이 되며, 국가최고회의의 질의에 응답해야 한다. 수상은 대통령의 추천으로 국가최고회의에 의해 선출된다. 수상은 장관들에 대한 자신의 제안을 국가최고회의에 제출하며, 국가최고회의는 4년마다 장관들을 임명한다. 몽골의 정치·행정을 담당하는 정부청사와 수도인 울란바타르 시청은 수바타르 광장에 위치하고 있었다.

몽골은 경제를 보면 아직도 어렵다는 것을 몽골인들의 생활 속에서 느낄 수가 있었다.

몽골은 동북아시아에서 러시아와 중국 사이에 끼여 있고 바다에 면하지 못하고 육지로만 둘러싸였으며 경제발전에 많은 제약이 따른 나라이기 때문에 경제발전이 어렵다는 것을 알 수 있었다. 광대한 국토에 비해 소득이 많지 않을 뿐만 아니라 인구밀도도 매우 낮아 국내시장의 발달이 미숙한 상태이고, 기후적 요인은 작물 경작에 장애요인이 되는 등 경제발전에 있어서 많은 제약요인이 따르고 있다.

그러나 자연자원이 풍부하여 구리는 세계 제2위의 매장량을 가지고 있으며, 아직도 미개발 자원을 많이 보유하고 있는, 세계 제7대 자원부국이기도 하여 앞으로 경제발전 잠재력이 내재되어 있는 나라이다.

1990년대에 본격적인 시장경제로의 전환을 추진하기 이전까지 몽골은 목축업과 일부 경공업을 비롯하여 광물자원의 채취 및 수출 등 비교적 단순한 산업구조를 가지고 있었다.

특히 구소련으로부터 상당한 지원을 받았던 몽골은 산업 및 광업기반인 구리광산, 가죽 및 양모 공장, 식품가공업 등에 주로 집중해 왔다.

그래서 몽골 경제는 전통적으로 자연지리적 조건을 이용한 방목형 축산업, 그 산출물을 가공하는 경공업 및 식품공업, 풍부한 자연자원을 이용하는 비철금속 공업 등이 주로 발전해 왔다.

구소련은 몽골의 운송체계 구축, 연료 공급, 화력발전소 건설 및 운영, 그리고 수천 명의 학생들에 대한 장학금 등을 제공함으로써 몽골경제에 막대한 영향을 끼쳐 왔다. 구소련의 지원과 수출호조로 몽골경제는 1980년대 초반에 연간 6%, 1980년대 후반에는 연간 4~5%의 성장을 기록하였다.

그러나 1990년대부터 본격적 경제개혁을 추진한 몽골은 경제관리의 어려움과 외적 충격으로 인하여 많은 시련을 겪게 되었다. 즉, 구소련으로부터 제공받던 부품과 기계 등 물자공급이 감소하게 됨에 따라 소련의 기술에 크게 의존해 왔던 몽골의 산업은 심각한 타격을 받게 되었다. 또한, 몽골의 주요 수출품목인 구리와 캐시미어의 국제가격 하락으로 몽골의 교역조건은 매우 불리하게 되었으며, 이로 인한 경제적 손실은 1990년의 경우는 GDP의 약 4.5%에 달할 정도였다.

이러한 국제적 환경변화에 자극을 받은 몽골정부는 1990년 광범위한 경제개혁을 추진하게 되었다. 울란바타르대학 졸업생들이 이러한 몽골의 정치, 경제, 사회환경을 진리의 말씀으로 변화·발전시키는 창조적 변동역군(change agent)이 되기를 간절히 기도 드렸다.

우리 일행은 전승기념탑에서 한눈에 보이는 몽골의 수도 울란바타르 시내를 카메라에 담고 톨강이 흐르는 아랫 마을로 내려와서 애국지사 이태준 박사의 묘를 둘러보았다.

이 박사는 경남 함안 출생(1883년)으로 세브란스 의학교를 졸업하고 1914년 몽골에 와서 화류병을 치료했으며 "동의의국"이란 병원을 세웠을 뿐만 아니라 몽골의 마지막 황제인 버그트의 주치의가 되기도 했다고 한다. 한국인으로 몽골 의료선교에 기여한 애국지사이다.

기독교인이면서 애국지사인 이태준 박사와 같이 하나님의 귀한 선교적 사역을 잘 감당할 수 있도록 기도 드렸다. 나는 이태준 박사의 묘소를 돌아보며 한 편의 시를 남겼다.

6. 사랑으로 함께 한 몽골이여, 아듀!

2005년 6월 1일은 몽골의 어린이날(사회주의 모든 나라들 공통)이어서 어린이들의 축제가 곳곳에서 이루어졌다. 우리 일행은 어린이날 축제를 보기 위해 정부청사 앞 수바타르 광장으로 갔다. 시청이나 오페라하우스 등 공공기관과 함께 문화 예술 기관들이 자리하고 있는 이 광장에서는, 몽골의 정치 · 경제 · 사회 · 문화의 중요한 행사들이 이루어지고 있다고 한다.

그날은 몽골 어린이날로 어린이들의 행진이 이어지고 있었는데, 미래 몽골을 짊어지고 갈 꿈나무들을 본 것 같았다. 어린이들의 잔치를 보고 백화점을 돌아보았다. 5층 건물의 백화점에는 층마다 특색 있게 상품을 배열해 놓고 있었다. 우리일행은 몽골의 특수제품인 가죽으로 만든 지갑 · 필기구 꽂이 · 캐시미어 제품 등을 샀다. 몽골 화폐단위는 투그릭(Tug)으로 한국의 원화와 환율이 비슷했다.

벌써 시간이 12시가 되어 급히 공항으로 달려와서 출국수속을 마치고 오후 2시에는 몽골항공 OM0301편에 몸을 실었다. 비행기에 타고, 이번 5박 6일의 몽골선교여정을 무사히 마치게 하신 하나님께 감사기도를 드렸다.

사랑하는 몽골이여, 아듀!

손을 흔들며 고비사막을 지날 때, 기도하며 한편의 시를 몽골하늘에 남겼다.

7 베트남 통일 선교여정

1. 통일 베트남을 향한 선교 열정

2004년 6월 28일부터 7월 2일 까지 사이에, 베트남에서 서울 강남노회 임원수련회와 선교여정을 갖게 하신 하나님께 먼저 감사기도를 드렸다.

분단의 아픔과 통일, 그리고 자유화의 소용돌이 속에서 신앙도 없이 발버둥치고 있는 베트남의 이번 여정을 갖게 된 것은, 선교와 통일을 위한 교훈적 차원에서 더욱 큰 하나님의 섭리가 있다고 생각한다.

특별히 필자는 북한학 교수로서 1975년 4월 30일에 무력통일로 공산화를 이룬 베트남의 정치·경제·사회환경을 보며, 한반도 남북한의 통일과 북한선교에 기여하는 선교여정이 되게 해 달라고 하나님께 간절히 기도 드렸다.

6월 28일 10시 20분, 우리일행은 베트남항공(VN937)에 몸을 실었다. 주님 뜻에 합당한 좋은 선교여행을 무사히 마치게 해 달라는 기도를 하나님께 드렸다. 아오자이(AODAI)를 입은 베트남 여승무원들이 갖다 준 식사와 음료를 들다 보니, 오후 2시 40분(베트남시간 12시 40분)에는 하노이 국제공항에 도착했다는 기내방송이 울려나왔다.

입국수속을 마치고 대기하고 있던 버스를 타서 하노이(HANOI)시내로 향했다. 하노이 시내로 가는 고속도로는 베트남 제1의 고속도로라고 한다. 제2의 고속도로는 하노이에서 하룡베이로 가는 도로이고, 제3의 고속도로는 하노이에서 닌빈으로 가는 도로라고 한다.

고속도로에는 버스 · 트럭 · 봉고가 주로 달리고 있었으며, 가끔 승용차와 오토바이도 보였다. 베트남에서는 오토바이가 보물 제1호이기 때문에 주민들이 잘 때에는 방안으로 들여 놓고 자기도 할 정도로 중요하게 여긴다. 그래서 고속도로 달리는것까지도 허용된다고 한다.

고속도로 주변에 가로수는 별로 없고 군데군데 보이는 야자수는 남국의 향취를 느끼게 했다. 펼쳐진 평야에는 논에서 농사짓는 농민들의 모습이 많이 보였다. 사이공 주변에서는 3모작을, 하노이 주변 농촌에서는 4모작을 한다고 한다.

하노이 주변 홍하강을 중심으로는 홍하델타가 형성 되어 있고, 사이공(통일후 호지민시가 됨) 주변 메콩강을 중심으로 메콩델타가 형성되어 평야지대의 쌍벽을 이룬다고 한다.

현재 수도인 하노이는 정치 · 문화의 중심지이고, 호지민시는 경제중심라고 한다. 현재 베트남 정부는 하노이의 경제발전을 위해 더 많은 노력을 기울인다고 한다.

하노이 시내로 들어서니 고층아파트는 별로 없고, 2~3층의 연립식 좁은 주택들이 많았다.

오토바이 물결이나 재래시장의 모습들에서 주민들의 자유로운 모습을 볼 수 있었지만, 십자가를 볼 수 없었으므로 너무나 안타까웠다. 종교의 자유는 있어도 선교의 자유는 없다는 베트남에 하루속히 복음이 자유롭게 전파되도록 하나님께 기도 드렸다.

프랑스의 식민통치, 일본의 침략, 2차 세계대전 후에 프랑스와의 8년간의 전쟁, 남 · 북 베트남의 분단 등은, 한반도 남북한의 정치 환경과 유사함을 느낄 수 있다.

1946년부터 시작된 프랑스와의 전쟁은 1954년의 제네바협정으로 종료되었으나, 남 · 북 베트남의 분단은 북쪽의 공산주의 정부와 남쪽의 민주주의 정부가 수립되어 남 · 북 이데올로기의 갈등으로 치닫게 되었다.

분단 후에 북베트남은 남베트남을 점령하기 위하여 군사력을 증강했고, 남베트남 내부에는 통일전선을 구축할 목적으로 1960년에 민족해방전선(베트콩)을 결성키로 했다.

베트남 전쟁은 베트콩과 연합군의 전쟁으로, 남베트남 지역에서 주로 이루어졌다.

미국은 1973년에 남북 베트남 정부와 베트콩 대표자들과 함께 파리평화협정을 체결함으로써 미군은 철수되었고, 남베트남 지역에서 베트콩의 활동은 법적으로 보장받게 되었다. 그래서 베트남군은 주로 실사선(우리의 휴전선과 같음) 이남에서 베트콩과 싸우게 되었으며, 이 때에 한국군도 참전했었다.

1974년에는 북베트남이 구정날 휴전하기로 한 협정을 어기고 구정대공세를 펴서 전면전으로 확대되었고, 결국에는 1975년 4월 30일에 남베트남의 수도 사이공이 함락됨으로써 공산화 통일을 이루었다.

통일 후, 남베트남 지역을 찾았던 북베트남 주민들은 남베트남 주민들의 높은 생활수준을 보고 공산주의의 모순점을 깨닫게 되었으며, 한편으로 남베트남 주민들은 자유를 누리지 못한 채 북베트남 주민들의 경제적 열악한 삶의 모습을 보면서 공산당의 지도노선에 대해 불만을 갖게 되었다.

그래서 공산당지도자들은 남북 베트남의 경제·사회적 통합을 위해 남베트남 지역의 국유화·집단화 정책으로 경제활동을 통제했고, 사회주의형 인간개조위한 사상교육을 강화했던 것이다. 그 결과, 남베트남지역의 사회적 해체로 나타났고, 결국에는 90여만 명의 이른바 보트피플(boat people)이 발생했던 것이다.

그 후 베트남 공산당 정부는 사상교육을 완화하고 1986년에 도이 모이 정책을 통한 실용주의 경제노선으로 개혁을 시도했다. 즉, 국영기업의 민영화, 공기업에 대한 국가보조금 대폭삭감, 금융개혁, 외국자본유치를 위한 법률정비 등을 단행했다. 그리고 1992년에는 헌법개정을 통해 시장경제의 도입을 추진했다.

1992년에는 한국과의 국교수립이 이루어졌고, 1993년에는 호지민시에 한국 총영사관이 개설되었다. 현재 한국교민들은 사이공에 1만 2천여 명, 하노이에 8백여 명, 기타 지역에 2백여 명 등 1만 3천여 명이 거주한다고 한다. 가는 곳마다 한국인들이 많은 것을 보고, 한국의 위상을 다시 한번 크게 느낄 수 있었다.

앞으로 우리 한국기독교인들을 통해 베트남 복음화가 이루어졌으면 하는 마음이 간절했다.

베트남은 그 면적이 약 33만km^2로 한반도보다 1.5배 정도 크다고 한다. 인구도 약 8천만 명으로 한반도 남북한 인구보다 많다.

그러나 경제력이나 주민들의 삶의 질에 있어서는 한국보다 훨씬 열악한 현실임을 실감했다. 베트남인들의 어려운 의식주생활을 직접 보면서 너무나 안타까운 마음이 들었고, 더욱이 예수 그리스도의 복음이 없이 살아가는 그들을 보면서 그들을 구원해야 하겠다는 선교의 열정까지 솟구쳐 오르기도 했다.

베트남에는 불교가 80%로 제일 많고, 카톡릭이 9%, 그 외 민족종교와 기독교순이라고 한다. 기독교는 주로 남베트남 지역에 많다고 한다. 종교의 자유는 있지만 선교의 자유가 없으므로 복음전파가 잘 안 된다고 한다. 만나는 사람마다 “Do you know Jejus christ” 물어도 “안다.”고 대답하는 사람이 없었다.

현재 호지민시에는 연합교회가 한 군데 있고, 하노이시에서는 대성당을 빌려서 예배를 드릴 정도라고 한다.

하나님을 믿지 않는 나라는 구원이 없고 영원한 생명이 없기 때문에 진정한 기쁨과 행복도 없음을 실감했다. 이러한 베트남의 신앙 현상을 보면서 선교해야 할 필요성을 더욱 절감했고, 개개인 접촉을 통한 face-to-face 전략 등이 효과적인 선교방법임을 알 수 있었다.

중국・쿠바・북한과 함께 정치적으로는 공산주의 명맥을 유지하고 있는 베트남이기에, 레닌광장에는 아직도 레닌 동상이 남아 있었고 주민들의 기본적인 자유권뿐만 아니라 신앙의 자유가 아직도 통제되고 있는 현실임을 알 수 있었다. 겉으로 보기에는 주민들의 자유로운 모습을 볼 수 있었지만, 내면에서의 통제는 아직도 심하여 신앙의 자유를 누릴 수 없는 곳이 베트남이라고 한다. 그래서 우리 크리스찬들에게 베트남 선교의 필요성을 더욱 일깨워 준다.

2. 국자감에서 본 베트남, 그리고 문화선교

'되돌려준 칼의 호수'라는 이름의 호안키엠호수(환검호수)는 베트남의 전설이 깃든 문화호수였다.

전설에 의하면 명나라의 침략을 받았을 때, 명군을 물리친 레타이 투왕이 호수에서 작은 배를 타고 있었는데, 거대한 황금 거북이가 신이 준 성검을 회수해 갔다고 한다. 그래서 거북이는 베트남에서 신성시하는 동물이라고 한다.

국자감, 즉 문학사원에도 갔더니, 거북이 돌상이 있었고 비문에는 과거 급제한 사람들의 이름이 적혀 있었다.

이 국자감은 베트남 전쟁 당시에 하노이시의 80%가 파괴되었을 때에도 문화제로서 유일하게 보존된 곳이라 한다. 공자 사당에는 유명한 서예가 강희제가 쓴 만세사표(萬世師表)라는 글이 공자를 더욱 빛나게 했다.

또 과거 왕들의 기록을 남겨 놓은 3층 건물에 올라가 보니, Ly thnh tong(1027～1072)이라는 베트남 최초 왕의 이름이 있었다.

1층에 내려와서 베트남의 민속무용을 관람하고 호텔(fortuna)로 돌아온 후에, 우리 일행들은 함께 하나님께 예배를 드렸다.

서기 최성욱 목사님의 인도로 찬송 495장을 부르고, 부노회장 정태봉 목사님의 기도와 노회장 조춘익 목사님의 요한복음 14장 27절에 근거한

"함께 은혜를 나누고 주안에서 평안이 있기를 기원한다."는 말씀으로 우리 모두 은혜의 시간을 가질 수 있어서 너무나 기뻤다.

6월 29일 새벽 5시에 일어나서 먼저 하나님께 오늘 하루 일정도 지켜 달라고 기도를 드린 다음, 그 동안의 베트남 여정을 글로 정리하고 호텔 식당에서 아침 식사를 했다.

우리나라 호텔의 양식 메뉴와 같아서 맛있게 들 수 있었다. 특히 망고나 베트남 감 등은 그 맛이 특이하여 남국의 맛을 더 했다.

아침 9시, 우리 일행은 한자리에 모여 부회록 서기 임광호 목사님의 인도로 찬송 1장을 부르고 부노회장 임을철 장로님의 기도 후에 시편 67편의 "하나님의 백성은 어느 나라에 가든지 평화와 구원을 알려야 한다."는 말씀으로 함께 은혜를 나누었다.

우리 일행은 버스를 타고 하노이 시내를 빠져나와 닌빈(Ninh binh)으로 가는 제 3의 고속도로를 탔다. 운전기사는 시속 60km의 제한속도를 지키느라 애를 썼다(일반도로는 40km).

주변의 집들은 정면이 4m에 길이가 16m라고 한다. 이는 통일이전 화교들이 90%의 베트남 경제를 장악하고 있으므로 궁궐 같은 화교들의 집을 없애고 모두 똑같은 집에서 살도록 하기 위해서였다고 한다. 이러한 주거생활의 불편함뿐만 아니라 삶의 기본 생활마저 어렵다고 한다.

특히 월급이 보통 50불 정도인데, 집세 10불에 식대 20불(식사는 주로 매식)을 비롯하여 오토바이구입 5백 불 및 기타 세금 등을 부담하려면 생활이 어려울 수밖에 없다는 것이다. 다만, 정부의 두 차례에 걸친 화폐개혁으로 은행도 믿을 수 없어서 금이나 모아둔 달라 등 지하경제가 베트남 경제에 큰 영향을 미칠 뿐만 아니라 주민생활에도 기여한다고 한다.

베트남 정부는 이러한 주민들의 어려운 생활과 경제난 극복을 위해 1986년에 도이 모이 정책을 펴면서 외국자본 투자유치를 위해 노력했다고 한다. 현재에 우리나라는 두번째의 투자국이 된다고 한다.

베트남이 이러한 투자유치와 함께 관광을 통한 외자유치에도 많은 노력을 하고 있는 것을 알 수 있었다.

닌빈으로 가는 고속도로 오른쪽에는 산들이 많았다. 이 산에는 지하자원이 풍부해서 광부들의 돈벌이가 좋았는데, 닌빈의 탐꼽 관광이 이루어지면서 편하게 돈벌이를 할려고 하는 심리가 작용하여 지금은 광물을 캐지 않는다고 한다.

닌빈에 들어설 때는 성당이 몇 군데 있었고, 산 위에는 십자가가 꽂혀 있었다. 교회는 없지만 십자가만 보아도 정말 기뻤다.

"하나님! 이 베트남 땅에 주님 십자가로, 그리고 복음으로 구원의 역사, 생명의 역사가 나타나게 하옵소서."하는 간절한 기도를 드렸다.

탐꼽(TAM COC) 선착장에 도착하여 대나무배를 타고 물줄기를 따라 갔다. '탐꼽'은 원래 세 동굴을 뜻하는데, 1천1백30 미터의 항카동굴에는 석순이 매달려서 장관을 이루었다.

주변 산의 기암괴석의 바위들, 개구리와 매미의 울음소리, 오리떼들의 헤엄치는 소리, 논숲에서 피어나는 벼이삭, 호숫가에 핀 연꽃, 그리고 야자수 등을 보면서 하나님의 위대한 창조섭리와 참평화를 가슴에 새겼다. 그래서 이 닌빈의 '탐꼽'을 육지의 '하롱베이'라고 한다는 것이다. 이러한 자연의 아름다움에 비해, 끈질기게 달라붙는 장사꾼들의 모습에서 베트남의 그늘진 일면을 볼 수 있었다.

그러나 한국말을 하며 접근하는 이들을 보고, 선교적 차원에서 우리가 어떻게 해야 할까를 알 수 있었다.

특히 베트남의 언어는 중국 4성의 영향을 받음으로써 하노이는 5성, 사이공은 6성 등의 발음을 하고 있다고 한다. 우리말로 인사할 때 "안녕하세요"는 "파 콰이 컴" "신짜오", 헤어질 때 인사는 "땀비어뜨", "감사합니다"는 " 은", "미안합니다"는 "실로이" 등 기본적인 베트남 언어를 구사할 수 있어야 베트남 선교의 효과를 기할 수 있음을 실감했다. 베트남뿐만 아니라, 외국 어떤 나라에 가서도 그 나라의 언어 구사가 타문화권 선교의 중요한 변수임을 절실히 느꼈다.

닌빈을 떠나 2시간여 달려서 하노이에 도착하여 수중인형극을 관람했다. 깃발 퍼레이드, 피리 부는 소년, 개구리 낚시, 장원급제, 봉황춤, 선녀춤 등 다양한 수중인형극을 보면서 교회교육의 매체로 개발·활용했으면 하는 생각이 들었다. 그리고 베트남의 문화를 깊이 연구하여 거기에 맞는 선교를 해야 베트남 선교의 효과를 기할 수 있음을 깊이 깨달았다.

3. 지도자 신격화와 하나님 나라

6월 30일 아침 9시, 우리일행은 부서기 정대엽 목사님의 인도로 찬송 40장을 부르고 로마서 1장 20절에 근거하여 "하나님의 권능과 능력으로 창조하신 세계가, 또한 베트남이 주님 주신 참 평화와 행복이 넘치기를 기원"하는 말씀으로 은혜를 함께 나누었다.

그리고 호지민(HO-CHI MINH)광장으로 갔다. 1만 동(한국화 1천원)의 입장료를 내고 몸수색을 마친 다음, 호지민(胡志明)광장에 들어가 보니 한국·중국·일본·베트남 관광객들이 줄을 서 있었다.

수염이 긴 하얀 얼굴에 회색 인민복을 입은 채 방부 처리된 호지민의 시신을 보면서 모택동·김일성과 같이 지도자에 대한 신격화가 대단함을 느낄 수 있었다. 머리를 숙여서 절하는 사람이 없는 것이라든지 굳게 닫힌 문이 없는 것은 북한과 다른 모습이었다. 그러나 호지민의 신격화와 카리스마적 권위는 대단함을 느낄 수 있었다.

호지민은 프랑스 식민통치 아래에서 베트남의 독립을 위해 공산당에 가입했고 영국으로 밀항하여 접시 닦기도 했다고 한다. 그 후에 소련의 지원을 받아서 프랑스로부터 독립했다고 한다. 그리고 중국의 지원을 받아 베트남 통일을 위해 노력했지만, 결국에는 베트남 통일을 보지 못한 채 1969년에 83세의 일기로 세상을 떠났다고 한다.

호지민은, 검소한 생활과 세습을 바라지 않는 마음에서 결혼도 하지 않았으므로, 베트남 사람들에게 더 높이 평가받고 있다고 한다. 호지민의 신격화는 죽은 다음에도 계속되고 있는데, 이러한 지도자의 신격화보다 예수 그리스도의 복음을 받아들여 하나님 나라가 베트남땅에 확장되기를 기원하는 마음 간절했다.

호지민광장에는 프랑스 총독부 건물이 그대로 보존되어 있었고 지금은 천득팜 대통령의 집무실로 활용한다고 한다. 천득팜 대통령은 현재 주석을 겸하고 있으며, 가장 서열이 위인 당서기장은 좀처럼 보기 힘들다고 한다.

호지민광장을 나와서 우리 일행은 하룽베이로 향했다. 하노이에서 동쪽 해안에 위치한 하룽베이는 들어서자마자 바다 위에 원두막 같은 집들이 있는데 이는 진주양식장이라고 한다.

나는 아내인 홍 권사와 함께 사이공하룽호텔에 들어가서 1219호에 짐을 풀고 하나님이 창조하신 푸르른 바다와 3천여 개 섬들의 아름다운 모습을 보면서 하나님을 찬양하며 감사기도를 드렸다.

해가 지기도 전에 동편에선 벌써 달이 다투어 뜨고 있었다. 하룽베이의 밤은 우리 일행을 그리스도의 사랑으로 하나되게 한 아름다운 밤이었다.

우리 일행은 밤 9시 함께 모여서 서기 최성욱 목사님의 인도로 찬송 470장을 부르고 회계 박완신 장로의 기도가 있은 후에 부노회장 정태봉 목사님이 시편 133편 1~3절을 봉독하고 "형제가 연합하여 동거함이 어찌 그리 선하고 아름다운고"라는 주제로 친교의 중요성을 다시 다지면서 사랑과 은혜의 시간을 가졌다. 그리고 하룽베이의 바다와 섬들을 보면서 지은 "섬들이 춤을 추는 하룽베이" 등의 시 세 편을 낭송했다.

7월 1일 아침 9시 30분, 하룽베이섬들을 순회하는 유람선에 올라서 선상의 예배를 하나님께 드렸다. 회록서기 김상훈 목사님의 인도로 찬송 78장을 부르고, 시 50편 23절에 근거하여 "감사로 제사를 드리는 자가 하나님을 영화롭게 한다."는 말씀으로 함께 은혜를 나누었다.

가도 가도 끝이 없는 섬들에서 하나님의 오묘한 창조섭리를 다시 한

번 실감했다. 하늘의 궁전을 의미하는 천궁동굴에 들어갈 때는 그 많은 아름다운 석순들에 놀라지 않을 수 없었다. '선녀와 나뭇꾼', '견우와 직녀', '코끼리' 등 각양각색인 돌 모습들을 보며 하나님의 오묘한 창조 역사에 절로 감사기도가 나왔다.

이 동굴을 나온 다음, 38도의 찌는 더위 속에서 부회계 박준영 장로님의 기도 후 바닷게 요리를 곁들인 점심을 먹었다. 그리고 다른 섬들을 돌아보며 하롱베이를 뒤로 하고 다시 하노이로 가는 제 2의 고속도로를 탔다.

저녁은 한국음식점에서 한식으로 해결하고 난 후, 하노이국제공항으로 왔다. 출국수속을 마치고, 노회장 조춘익 목사님의 인사말씀과 함께 부노회장 정태봉 목사님의 기도로 모든 공식일정을 마쳤다.

7월 2일 12시 30분, 베트남항공 VN936호에 몸을 실은 우리 일행은 베트남 선교여정을 무사히 마치게 하신 하나님께 감사기도를 드렸다.

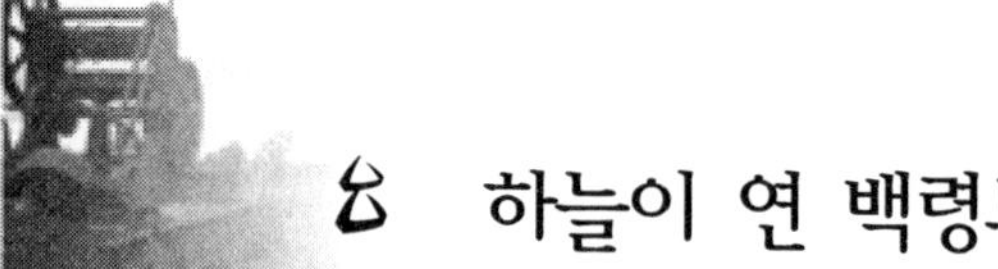

6 하늘이 연 백령도 길, 통일의 길

하나님께 간절히 기도하며 준비했던 소망교회 교육교역자와 부장, 부감 합동 백령도수련회가 어쩌면 무산될 뻔했다. 200미리의 장대비로 수련회 바로 전날인 24일에도 배가 운행을 못했다고 한다. 그래서 수련회를 취소하지 않느냐는 문의가 하루 전만 해도 빗발 쳤다.

그러나 나는 수련회 총책임자인 교육위원장으로서 기도하는 가운데 하나님께서 분명 좋은 날씨를 주실 것이라는 확신이 섰다. 그래서 하나님만 믿고 나아가는 자세로 수련회를 예정대로 진행하겠다는 소신을 그대로 밝혔다.

만일에 하나님께서 백령도를 허락하지 않으시면 다른 코스로 방향을 돌리는 한이 있어도 수련회 진행을 그대로 해야 하는 데는 소신을 굽히지 않았다.

사실 수련회를 취소하거나 변경한다면 지난 7월 3일과 4일의 답사시에 해병 흑룡부대와의 숙박시설 · 교통편 등 제반 예약관계에서 많은 문제가 발생할 뿐만 아니라, 교역자 · 부장 · 부감들의 새로운 일정조정도 어렵기 때문에 그대로 진행할 수밖에 없는 상황이었다.

8월 24일 주일에는 하나님께 뜨거운 기도를 드렸다. 일기예보는 계속 비가 내린다는 것이었다. 기도하다 잠시 잠이 들었을 때, 화창한 날씨가 전개되어 우리 소망교회 교역자들과 부장, 부감들이 기쁜 표정으로 배를 타고 백령도로 가는 꿈까지 꾸게 되었다.

8월 25일의 새벽이 밝아왔다. 비가 서서히 그쳐 가고 있었다. 인천연안부두에서 백령도로 가는 배가 출항한다는 연락이 왔다. 정말 뛸 듯이 기뻤다. 하나님께 먼저 감사의 기도를 드렸다.

아침 6시 20분, 우리 일행은 대기하고 있던 버스를 타고 인천항으로 떠났다. 그리고 7시 40분에는 데모크라시호에 몸을 실었다.

바다는 잔잔했다. 한없이 펼쳐지는 푸르른 서해바다, 진정 하늘이 열어 주신 백령도 뱃길을 보며 하나님의 위대하신 역사에 감사 기도를 드렸다.

하나님이 하신다면 무엇이든지 하실 수 있다는 진리를 더욱 깊이 깨닫게 되었다. 이제 하나님만 전적으로 위탁하며 살기로 다시 한번 굳게 다짐해 보기도 했다.

낮 12시 50분경, 드디어 백령도에 도착했다. 먼저 우리나라 최초로 세워진 중화동 교회로 가서 도착예배를 드렸다. 찬송 40장 "주 하나님 지으신 모든 세계"를 부르고 소망교회 교육담당 윤동일 목사님의 말씀을 들을 때는 하나님의 창조질서 속에서 우리 모두는 성령으로 하나됨을 느낄 수 있었다. 나는 "백령도의 빛"이란 시에 백령도를 담아서 낭송했다.

중화동교회 목사님으로부터 "백령도는 우리나라 첫 선교지이며 미신도 없고 4천 3백여 주민의 99%가 기독교인"이라는 설명을 듣고 하나님이 우리들을 사랑하셔서 축복의 땅 백령도로 수련회를 보내셨구나 하는 생각에 더욱 깊은 감사가 온 마음을 사로잡았다.

백령도 메밀냉면을 점심으로 해결하고 해병 흑룡부대로 가서 부대장의 환영인사와 부대 소개를 하는 영상매체를 시청한 후에 나는 감사의 인사말을 했고 윤도일 목사님은 기도를 드렸다. 그런 다음, 기념사진을 찍고 북녘땅 황해남도 장산반도가 보이는 OP와 지하 진지를 참관했다. 다시 한 번 분단민족의 아픔을 생각하며 속히 평화 통일의 길이 열리길 기원했다.

오후 5시경에는 서해의 해금강이라 불리는 두무진을 찾았다. 날씨가 너무 좋았기에 해상의 경치를 자연 그대로 볼 수 있었다. 장군바위, 선대바위, 사자바위, 코끼리 바위 등의 아름다운 바위들을 보면서 하나님의 위대하신 창조 섭리를 다시 한 번 실감했다.

특히 장산곶 앞 인당수 깊은 물에 빠진 효녀 심청이 떠내려와서 걸렸다는, 연봉바위를 볼 때는 부모에 대한 효심을 일깨워 주기도 했다. 저녁식사는 자연산 회로 백령도의 맛을 만끽했다. 저녁에 숙소로 들어온 후에 함께 주 안에서 친교를 나누며 하나님께 감사기도 드림으로써 첫날을 보냈다.

둘째 날은 새벽 5시에 일어난 후, 해병대 백령교회로 가서 장병들과 함께 새벽기도회에 참석했다. 군목님의 은혜로운 말씀을 듣고 오늘 하루의 일정도 하나님께서 인도해 달라고 간절히 기도 드렸다. 그리고 백령도를 비롯하여 해병대 백령교회와 흑룡부대를 위해 기도하고, 나라와 민족을 비롯하여 평화통일을 위해 기도 드렸다.

오늘 아침식사는 흑룡부대 내의 콘도식당에서 먹고 콩돌해안으로 갔다. 콩돌해안의 돌은 콩처럼 작고 아름답기에 천연기념물로 지정하여 보존된다고 한다. '십자가 무늬', '양의 무늬' 등이 자연적으로 새겨진 돌들을 수집하여 돌 콘테스트를 갖기도 했다. 날씨는 흐렸지만 오히려 넓은 해안이 시원한 기분을 더 느끼게 했다.

콩돌해안을 나와서 사곶비행장으로 갔다. 이 사곶비행장은 세계 제일의 천연비행장이라고 한다. 이태리에 있는 천연비행장과 함께 세계명물로 꼽힌다고 한다.

첫 날은 연간 40일밖에 없는 맑은 날씨를 하나님이 주셔서 더욱 아름다운 두무진의 모습을 볼 수 있었고, 둘째 날은 구름 낀 날을 주셔서 시원한 해안과 바다를 즐길 수 있었다. 우리 수련회를 하나님께서 역사하고 계심을 확인할 수 있었다. 이번 수련회를 통해 우리 일행은, 이스라엘민족을 광야생활에서 낮에는 구름기둥으로, 밤에는 불기둥으로 인도하셨던 하나님의 역사를 볼 수 있었다.

사곶비행장에서 나온 후에 우리밀국수로 점심을 때우고, 12시 40분에는 인천으로 가는 데모크라시호에 몸을 실었다. 백령도여 아듀!

선상에 올라서 이번 수련회를 은혜 가운데 마치게 하신 하나님께 감사 기도를 드렸다. 정말 이번 소망교회 교육교역자와 부장 및 부감 수련회는 온전히 하나님이 역사하신 수련회였음을 실감했다.

5시경에는 인천항에 도착하여 대기하고 있던 버스를 타고 서울로 오면서 우리 모두는 한결같이 하나님이 극적으로 이번 수련회를 허락하시고 진행하시고 완성하셨음을 고백하며 하나님께 감사 드렸다.

9 북방선교의 전략과 방향

1. 북방지역의 연구방법

북방지역은 구공산권은 물론 현재도 사회주의 체제를 유지하고 있는 나라이다. 필자는 중국, 러시아, 몽골 등 구공산권 국가는 물론이고 북한도 직접 방문하여 어떻게 하면 효율적인 선교를 할 수 있을까 하는 많은 생각을 하게 되었다.

특히 최근 평양과 북한의 여러 지역을 방문하여 깊이 관찰하면서 효과적인 북한선교를 위해서는 다양한 연구방법을 통해 객관적으로 북한을 연구해야 함을 절감했다.

: 공산권 및 북한체제를 연구함에 있어서 다양한 접근방법들이 동원되고 있다. 수령체계를 중심으로 접근하는 방법도 있고, 전체주의적 시각·자유주의적 시각·비교 사회주의적 시각 등에서 접근하는 경우도 있다.

공산권 및 북한연구에 있어서 각각의 접근방법이 나름대로의 장단점을 지니고 있다. 그러나 공산권 및 북한을 연구분석함에 있어서는 다양한 접근방법을 도입하여 종합적으로 진단해 볼 때에 보다 객관적으로 파악할 수 있다.

그래서 여기에서는 체제적 접근방법, 행태론적 접근방법, 법적·제도적 접근방법, 역사적 접근방법, 철학적·윤리적 접근방법 등을 중심으로 고찰하고자 한다.

(1) 체제적 접근방법(system approach)

공산권 및 북한사회 연구를 위해서는 북한의 정치·경제·사회를 체제의 관점에서 살펴볼 필요가 있다. 북한체제 내에서의 투입·전환체계·산출·환류·환경 등 체제의 변수들을 알아보고 체제의 개방성·폐쇄성 정도까지 파악해 보아야 그 체제의 투입·산출에 관련되는 역동적 과정 전반뿐만 아니라 체제 내에 속한 사람들의 심리나 의식구조·행태 그리고 공산권이나 북한사회의 문화 등도 비로소 알 수 있기 때문이다.

(2) 행태론적 접근방법(behavioral approach)

행태란 인간의 심리를 비롯하여 행동과 태도를 의미한다. 공산권 및 북한을 연구하기 위해서는 지도계층과 주민들의 행태를 알아야 한다. 그들의 행태를 바로 알지 못한다면 보다 효율적인 선교방법을 강구할 수 없으며 실효성 있는 통일방안의 도출도 불가능할 것이다.

(3) 법적·제도적 접근방법(legal-institutional approach)

공산권 및 북한의 연구를 위해서는 그 체제의 법률·제도에 대한 연구도 반드시 필요하다. 공산권 및 북한의 헌법·법률·명령 등 법령체계와 제도를 바로 알아야 그 사회를 바로 진단해 볼 수 있다.

(4) 역사적 접근방법(historical approach)

공사권 및 북한 연구를 위해서는 그 나라의 역사도 철저히 연구할 필요가 있다. 역사적 맥락과 그들 나름대로 발전시켜 온 전통 속에서 그 사회의 문화가 독특하게 형성되므로 역사에 대한 연구·분석이 반드시 전제되어야 한다.

(5) 철학적 · 윤리적 접근방법(philosophical-ethical approach)

이 연구방법은 주로 공산권을 비롯하여 북한 지도층과 관료 및 주민을 포함한 사회전반의 가치관과 윤리 및 이념 · 도덕문제 등을 연구하는 것이다. 이러한 문제들을 정확히 알았을 때 연구대상에 대해 보다 효과적으로 접근하게됨으로써 선교와 통일을 준비하는 정책 수립에 기여할 수 있다.

"Seeing is believing"이란 말이 통하지 않는 것이 공사권 사회라는 견해도 있다.

물론, 공산권 및 북한은 그 동안 철저한 폐쇄 노선을 걸어왔기 때문에 겉만 보고는 믿을 수도 알 수도 없는 체제임을 경험해 왔다.

그러므로 공산권 및 북한 사회를 보다 정확히, 그리고 객관적으로 파악하기 위해서는 그 체제내에서 발간되는 원 문헌의 내용분석(Content Analysis)을 중심으로 해야 한다. 또한, 그 나라 관료 및 주민들의 면담을 통해 조사한 내용들을 참고로 해야 한다.

필자는 30여 년 간 공직에서 또는 대학에서 연구하고 가르쳤다. 그리고 공산권 및 북한을 몇 차례 방문했다. 그로써 분석의 대상과 범위를 보다 구체적으로 살펴보고 부패의 요인이 될 수 있는 북한 관료의 역기능적 내용을 행문하면서 체득한 경험적 접근(Emprical Approach)을 시도했다.

2. 북방나라들의 관료제화 현상

(1) 공산주의자들의 관료제론

① 마르크스의 관료제론

마르크스(K. Marx)는 국가를 계급지배의 도구로 보았으며, 관료제 역시 계급없는 사회가 되기까지의 도구이기 때문에 일단 공산주의사회가 되면 관료제 역할이 사라진다고 보았다.

마르크스는 1843년에 쓴 「헤겔의 국법비판」이란 논문에서 헤겔의 국가집행권개념을 비판하면서 관료제에 대해서 처음으로 언급한 바 있다.

그런데 헤겔은 1821년에 공산국가는 시민사회구성원들의 특수이익으로부터 분권된 일반이익의 형태주의로 정의하고 관료제를 일반이익을 위한 집행 임무의 맥락에서 해석하였다.

그는 관료제를 유산계급을 기초로 해서 조직된 국가의 부속기관으로 간주하고, 독일의 어떠한 이익집단도 다른 이익집단을 지배할 능력을 갖지 않았다는 이유를 내세워서 관료가 비정상적인 독자권을 획득하고 있는 것으로 보았다. 결국에 관료제는 하나의 계급적 도구로서 계급없는 사회에서는 존재하지 않는다고 주장했다.

② 엥겔스의 관료제론

엥겔스(Friederich Engels) 역시 그의 「반듀링론」(anti-duhring)에서 국가를 계급에 기초한 국가로 파악하고 있다는 점에서 마르크스와 그 맥락을 같이 하고 있다. 그는 계급의 기원을 어떻게 설명할 것인가에 대한 두 가지 측면에서 문제를 제시하였다.

즉, 1. 계급에 기초한 국가 2. 생산양식에 기초한 계급관계가 다르다는 관점에서 문제를 파악하였다.

특히 생산양식에 기초한 계급적 측면을 고찰함에 있어서 그는 첫째로는 사회적 제기능을 수행했던 자와 공동체로부터 자주성을 획득하였거나 그 공동체에 대한 지배권을 획득한 자, 즉 국가의 신민체계와 국가관료체계라는 두 계급체계로 나누었다. 그리고 둘째로는 노동성격분류에 따라 육체노동자 노동과 상품생산을 지도하는 소유주 · 관리들 · 예술가 및 과학자와 같은 인텔리겐치아 등으로 분류해서 지배계급과 피지배계급을 구분하였다.

국가관료는 생산도구에 대한 통제권을 장악함으로써 지배계급이 되었으며, 국가지배계급으로 부상된 관료는 소유계급이 누리는 것과 똑같은 이치로 지배권을 획득하였다고 보았다.

③ 레닌의 관료제론

레닌(Vladimir I. Lenin)은 권력을 쟁취하는 과정에서나 초기 사회주의사회에서 합리적 조직이 필요하다고 생각하고 마르크스의 이데올로기를 재해석하려고 하였다. 마르크스가 관료제를 계급지배의 도구라고 주장한 사실에 대해 레닌은 그것이 조직과업을 방해한다고 비판했다. 즉, 레닌은 혁명정당이 관료제적으로 공식적 지배를 할 수 있다는 점을 내세웠는가 하면, 혁명적 사회민주주의 조직원칙을 관료제라고 부르기도 했다.

따라서 혁명정당의 규정 및 기율에 관한 레닌의 주장 역시 단순히 전술적 기초에서 주장되었던 것으로만 볼 것이 아니라, 그 규정이나 기율 자체가 이미 관료제적 본질에 접근하고 있었던 것으로 분석될 수 있다.

그리하여 1911년 레닌(V. I. Lenin)은 낡은 국가기관이 분쇄되고 국가소멸과정에서 프롤레타리아 독재의 새로운 국가형태인 소비에트기구의 창설을 강조하고 소비에트 기구의 직원은 인민과 분리되어서는 안 되며 인민 위에 군림하는 특권자로서의 관료는 될 수 없다는 관료제관을 주장했다. 그러나 1880～90년대 초에 관료들의 지배적인 영향력은 대단하여 관료제화 현상이 심화되었다.

④ 스탈린의 관료제론

스탈린(I. Stalin)은 1930년의 제 16차 당대회의 보고서를 통해「여러가지 법령으로 노동계급을 질식하게 하는 새로운 공산주의형의 관료가 있을 수 있음」을 인정하고 관료장치에 대한 정화계획을 공표했었는 데, 1940년대의 관료주의적 경향에 대항하는 소련의 캠페인은 이와 같은 성질로 계속되었다.

레닌(V. I. Lenin)이 형성한 공산주의형 관료제에 대한 반체제이론의 실제성에 관해 어떻게 판단되었든지 간에 관료제는 마르크스주의자들의 주요 논쟁점이 되었던 것이다.

마르크스(K. Marx)가 관료제에 대해 오직 계급체계의 파괴가 그 해결책이라고 주장한 것처럼, 스탈린 역시 그러한 마르크스의 관료제 사상에 내포된 의미를 추구했던 것이다. 그러나 실제에 있어서 관료제논쟁은 레닌(V. I. Lenin)과 스탈린(I. Stalin)의 양면가치적인 관료제관에도 불구하고 소련 특유의 변태적이면서도 거대한 관료제화 현상이 심화되는 결과를 초래했다.

(2) 북한사회의 관료제화 현상

김일성과 김정일 역시 관료제론에 있어서 마르크스(K. Marx), 엥겔스(F. Engels), 레닌(V. I. Lenin), 스탈린(I. Stalin) 등과 그 맥락을 같이 한다. 즉 김일성은 국가를 독재기능수행의 권력기관이나 계급지배의 도구로 보았기 때문이다.

이러한 김일성의 주장을 김정일은 그대로 이어받고 있으므로 북한체제내에는 관료주의가 만연되고 있음을 알 수 있다. 북한체제의 관료제화 현상은 다른 사회주의권 국가 등에서와 같이 나타나고 있다. 다시 말해서, 북한은 1948년의 정권수립 후에 당과 행정부가 다같이 관료제화하고 있음을 알 수 있다.

특히 북한체제의 경우에는 민간부문(private sector)를 전혀 인정하지 않고 공유화 혹은 공영화하였기 때문에 그들 체제 속에서 행정업무나 제반사업을 집행하는 과정에서 행정의 역할이 중요한 기능을 발휘한다.

이러한 행정의 확대는 필연적으로 대규모적 관료제화 현상을 수반하게 된다. 즉, 현대조직규모의 방대성은 자연히 베버(M. Weber)가 주장한 근대적 관료제 특성인 계층화현상이 나타나고 있고 그 계층화는 관료제화의 요인이 되고 있다.

획일화된 권위주의의 명령지배체제를 구축한 북한체제는 최고권력자만이 모든 체제의 구성원과 체제의 조종권 및 관료행태의 규범화를 규제·통제할 수 있으므로 사실상 비합리적인 강압적 관료제가 형성되었다. 물론 그들은 외형상 관료제를 부인하고 관료주의 자체를 배격한다고 선전한다. 그러나 북한체제의 관료제화 현상은 더욱 심화되고 있다.

역사적으로 볼 때에 북한사회는 전제적 독재체제에서 관료의 폭압만을 경험하였을 뿐이고 민주정치나 민주적 생활양식을 직접 경험한 일이 없는 것이 특징이다.

그러나 북한도 경제발전을 위한 산업화과정이 불가피하며, 그 과정에서 나타나는 이데올로기의 탈피현상과 전문가의 양성이란 명제하에서 체제유지를 위한 역할갈등이 심화되고 있다.

본래 북한은 초창기부터 김일성을 카리스마적 존재로 우상화해왔다. 그러한 환경과 조건하에서 관료제의 대두는 불가피한 현상이라고 할 것이다. 초창기의 관료계층은 북한적화운동의 맹종분자인 공산당원이며, 공산주의사상에 감염된 새로운 엘리트계층과 모든 분야에서 전문성을 지닌 지도계층들이다.

북한의 사회조직과 관료제화의 현상을 좀더 구체적으로 논의해 본다면, 북한의 사회체제는 국유화된 생산수단에 의한 중앙집권인 계획경제제도를 채택하고 있기 때문에 중앙의 통제기구로서의 관료제가 필연적으로 중요한 역할을 담당한다.

그리고 모든 주민들은 조직과 결부되어 조직 속에서 일상생활을 영위하고 있기 때문에 결과적으로 사회주의적·관료주의적 인간형으로 구체적인 인간상과 인간행태가 나타나고 있다.

일반적으로 사회주의국가에서 지적되고 있는 관료주의적 병폐는 문서주의·무책임성·관할다툼·형식주의·권위주의·과잉허위보고 등이며, 창의성과 자발성의 억제로 인한 비능률 등이다. 능률성을 추구하면서도 빈번한 회의는 비능률과 형식주의를 가져온다.

개인의 자주적 책임으로 간단히 처리될 수 있는 안건도 모조리 회의를 거쳐야 하므로, 회의체에 책임을 전가하는 경향이 있다고 비난하고 있는 것이다. 또 중앙에서의 지시를 말단기관이 자주적으로 융통성을 발휘하여 처리하는 경우를 사회주의국가에서는 상상하기조차 어려운 일이다.

그러므로 사회주의체제가 관료주의를 타파하지 못하면 관료주의가 사회주의를 파괴하고 말 것이라는 말이 있을 정도로 사회주의체제의 인간은 관료주의화하게 된다.

정치적 사회적 통제가 강력하고 사고와 문화에 대한 정치의 지배가 강하여 획일적 동조심리 및 행태를 강요하는 전체주의사회체제하의 사람들은 무사안일주의 생활철학을 익히게 됨으로써 결국에는 그에 따른 관료주의적 병리행태가 나타나게 된다.

또한, 어제까지의 혁명지도자와 영웅이 하루아침에 인민의 적이 되고 반당분자가 되어 숙청되는 사회이기 때문에 주민들은 정치에 무관심하게 되고 소극적으로 정치적 교의에 따르는 동조과잉적 인간만이 존재하게 된다.

3. 선교대상으로서 북방지역의 특징

체제적 접근이론의 틀 속에서 비추어본 자유민주주의체제와 사회주의체제는 정치발전 속도에 있어서도 큰 차이가 있다.

이러한 개방체제 및 폐쇄체제의 정치적 기능은 사회 각 분야에까지 그 영향이 미치게 됨을 보게 된다. 자유민주주의체제 내의 정치기능은 환경으로부터의 투입・전환・산출・환류 등의 변수가 상호의존적 관계에서 자유로운 역할을 수행한다.

그러나 사회주의체제하의 사회체제는 정치적 영향을 직접 받기 때문에 자유로이 순수한 자기기능을 수행할 수 없다. 특히 폐쇄적 사회주의체제는 Friedrich와 Brzezinski가 제시한 전체주의 모델에 비추어 볼 때에는 다음과 같은 특징들이 있기 때문에 그 폐쇄성은 더욱 가중되고 있다.

그 특징을 보면 ① 관제적 이데올로기 ② 독재자에 의해 영도되는 단일 정당 ③ 폭력적 경찰 통제제도 ④ 매스컴의 독점 ⑤ 일체의 유동무기의 독점 ⑥ 경제의 중앙집권적 통제 등이 그 특징이다.

이와 같은 특징을 갖고 있는 전체주의체제 아래에서는 사회 모든 분야가 오직 관제 이데올로기와 단일정당의 희생물이 되기 쉽다. 한마디로 사회와 정치의 융합현상 속에서 사회 모든 단위가 명맥을 유지할 수밖에 없다.

이상 기술한 전체주의 체제모형에 비추어 볼 때 현재 북한체제도 마찬가지 현상이 나타나고 있음을 보게 된다.

즉, 북한은 주체사상을 관제이데올로기화 하여 헌법에 규정하고 있고, 정치·경제·사회·문화·종교·군사 등 모든 분야의 기본 이념이 되고 있다.

1994년 7월의 김일성 사망과 1997년 10월 8일의 김정일 당총비서추대 및 1998년 9월의 헌법개정에 따른 김정일 국방위원장 취임 이후에도 북한체제는 주체사상이나 붉은기사상에 입각한 초법적인 체제를 유지하고 있다. 북한은 최근에 '우리식 사회주의' 고수, 김일성과 김정일 부자에 대한 절대적 충성, 격변하는 정세에 주동적으로 대처하기 위한 주체성·자주성·혁명역량 강화 등을 주장한 바 있다.

이러한 내용에서 볼 때, 북한정권은 주체사상이나 붉은기사상에 입각한 정치이념과 김정일에 대한 동조과잉적 상징조작을 통해 체제를 유지하고 있는 것이다. 현재 북한체제는 이념을 정치화한 관제 이데올로기화하고 있음을 알 수 있다.

또한, 북한과 같은 폐쇄적 사회주의 체제의 특징은 예외없이 정치적 내용이 충만된 일당행정(一黨行政이라 할 수 있다. 북한체제는 노동당 일당체제로서 노동당이 행정기관에 대한 감독·통제기능을 수행하고 있기 때문에 '관료기능의 정치화'(politicalization of bureaucratic function) 현상은 더욱 심화되고 있다.

따라서 행정은 물론 사회·경제·문화·종교·군사 등의 모든 분야는 노동당 방침과 최고 지도층의 정치이념을 구현하고 집행하는 통로로서의 역할을 수행하고 있다.

북한에도 형식상은 사회민주당과 천도교청우당이 있지만, 이들은 노동당의 우당으로서만 그 존재가치가 있기 때문에 자유민주주의체제에서와 같이 야당으로서의 기능은 수행하지 못하고 있다.

북한의 최고인민회의 대의원 구성만 보더라도 686명(2003년 8월 687명이 11기 대의원으로 선출되었으나, 문예총위원장 장철 사망)의 대의원 중 사회민주당·천도교청우당·각 종교계 대표 등 10여 명을 제외하고는 모두 노동당원이다.

지난 2003년 9월 3일(수)에 평양 만수대의사당에서 열린 최고인민회의 제11기 제1차 회의에는 김정일을 비롯한 제11기 대의원 총686명 중 670명이 참석하여 회의가 열렸는데, 의안으로 김정일 국방위원장 재추대, 지도기관 선거, 최고인민회의 결정 '조·미 사이의 핵문제와 관련하여 외무성이 취한 대외적 조치들을 승인함에 대하여'를 채택하였다.

북한당국이 외무성 대변인의 담화를 통해 북핵문제에 관해 다음과 같은 내용을 밝힌 바 있는데, 그 내용을 보면 다음과 같다. "우리는 8,000여 개의 폐연료봉 재처리를 완료했고, 추출 플루토늄을 핵 억제력을 강화하는 방향에서 용도를 변경시켰다."라고 했다. 또한 "앞으로 나오게 될 폐연료봉들도 때가 되면 재처리할 것이며, 6자회담 재개와 관련하여 우리는 약속한 것이 전혀 없다."라고 하면서 "미국의 독선적인 입장으로 베이징 6자회담은 파탄되었으며 우리는 미국이 완전무장을 해제시키려고 한다는 것을 명백히 확인하였음으로 우리는 미국이 대조선 적대시정책을 포기할 의지가 없는 조건에서 최고인민회의 제11기 제1차 회의 결정대로 핵의 억제력을 유지하고 계속 강화해 나갈 것"이라고 주장하고 있다.

북한은 금년 초부터 보도매체를 통해 '선군정치'와 '수뇌부 결사옹위'를 집중 부각시켜 오다가 지난 9월 3일에는 김정일을 국방위원장에 재추

대하고, 군인 100만 명 규모의 군중대회를 비롯하여 평양시 및 전국학생들의 경축야회 등을 열어서 경축분위기를 대대적으로 조성하고 있다.

이는, 선군정치를 바탕으로 한 강성대국사회 건설을 더욱 굳건히 다지고자 하는 분위조성으로 보여진다. 정하철 당중앙위 비서는 "김정일의 선군영도 따라 사회주의수호전과 강성대국 건설에서 새로운 승리를 이루어 나가야 한다."라고 강조했다.

또한, 북한사회는 이러한 강성대국 사회건설과 함께 거대한 우상신권사회를 이루어 가고 있다.

더욱이 정치가 충만된 북한체제는 신권정치체제화(神權正治體制化)했고 거대한 우상신권체제로 발전하였다.

파킨슨은 신권정치(神權政治)의 정치적 특징을 교조 · 신화 · 성서 · 사제직설치 · 탄압으로 묘사하고 있다.

북한도 공산정권을 수립한 후 김일성 독재체제 유지를 위해 종교를 탄압해 왔다. 그리고 김일성을 교조로 신화를 창조해 놓고 있고, 주체사상을 성서로 하여 북한주민들을 김일성주의자의 품성으로만 살아가게 하고 있다. 또한, 노동당간부들을 사제로하여 김일성 체제유지를 위한 들러리역을 시키고 있다.

이러한 북한체제의 특성에서 볼 때, 북한을 하나의 거대한 종교집단이며 우상신권체제로 볼 수 있다.

4. 북방세계의 종교관과 종교정책

(1) 공산권 및 북한의 종교관

「도스토예프스키」는 "공산주의자는 무신론자가 아니라 무신론을 종교처럼 믿는 무리들" 이라고 말한 바 있다. 사실 공산주의자들은 "유신론(有神論)은 완전히 잘못된 것이고, 무신론(無神論)이나 유물론(唯物論)

만이 옳은 것"이라고 주장해 왔다. 공산주의자들은 이처럼 무신론을 주장하면서도, 또 하나의 신을 만들어 낸 것이다. 그래서 공산주의 지도자는 하나의 신(神)이 되게 되었는데, 이는, "인간은 신이다." "인간학은 신학이다."라고 했던, 포이엘바하의 유물론에 근거한 것이다.

북한도 이러한 논리에 근거해서 「김일성 그이는 한울님」이라고 하는 책까지 펴냈다. 그리고 주체사상을 지도이념으로 수령론을 내놓기도 했다. 또한 종교를 "민중의 아편"으로 규정하면서 종교를 탄압해 왔다.

원래 마르크스 · 레닌은, "종교는 인민의 신음소리이며 민중의 아편"이라고 했고, 모든 종교와 종교단체는 "언제나 부르조아 계급의 착취를 옹호하고 프롤레타리아 계급을 마비시키는 부르조아 반동의 기관이다."라고 했다.

북한의 「철학사전」에도 종교의 개념을 "사람들을 지배하는 자연 및 사회의 힘이 사람들의 머리 속에 적극 조장되고 공고화되었다."라고 종교의 해독성을 설명하고 있다. 필자는 80년대 말부터 최근까지 일년에 두세 차례씩 북한종교인과의 회담을 가진 바 있는데, 그 회담석상에서 이러한 북한의 왜곡된 종교관을 비판했더니 북한종교지도자는 "이제 마르크스 · 레닌은 가짜 공산주의자가 되었다. 종교가 아편이라는 것은 마르크스, 레닌이 만든 것이다. 그래서 우리는 그들을 좋아하지 않는다. 이북에는 지금 진짜 공산주의자들이 김일성주석의 방침에 따라 주체사상을 신봉하고 있다."라고 대답하는 것이었다. 이를 소련과 동구라파의 자유화 이후에 달라진 북한 종교지도자의 정치형태(Political Behavior)라고 말할 수 있다.

(2) 북한의 종교정책

북한은 정권수립 후에 근 반세기 동안 종교를 탄압해 왔다.

1946년 3월 5일부터 실시된 토지개혁 조치 때문에 종교단체가 소유한 토지 1만5천1백95 정보를 무상으로 몰수하였으며, 그 후에 단행된 주요

산업 국유화 정책을 통해서는 종교인 또는 종교단체가 운영하던 재산 일체를 몰수하여 종교인들에 대한 탄압을 본격화하였다.

그뿐만 아니라, 모든 종교단체의 헌금을 금지함으로써 종교단체의 관리재원마저 차단시켜 버렸다. 북한의 종교정책이 갖는 기본 원칙은 종교의 존립기반 그 자체를 청산하는 데 있었으므로 원칙적으로는 종교인들의 제거와 종교단체의 활동금지가 북한정권의 진정한 의도였다고 할 수 있다.

그러나 북한정권 수립초기 각계각층과 연계를 갖고 있는 종교인 세력을 탄압하는 데는 많은 한계가 있었다. 그래서 북한정권은 1945년 해방 이후부터 1950년 6월 한국전쟁당시까지는 종교를 탄압하면서도 어느 정도의 활동이 음성적으로나마 보장되는 제한정책을 구사했다.

1950년에 6.25 전쟁이 발발하면서 북한은 "미제와 국군들이 종교재산을 없애버렸다."고 왜곡선전하면서 종교를 탄압하기 시작했다.

이때부터 북한은 종교의식이 발각되기만 하면 모조리 종교인들을 체포하였고 수시로 종교인들의 가택을 수색하여 종교관계 서적이 발견되면 이를 불온서적으로 취급하여 연행하는 등 직접적인 종교의 탄압조치를 감행하였다.

그리고 당시에 종교관계 건물들은 구조를 변경하여 탁아소 · 유치원 · 병원 · 사무실 · 극장 · 창고 · 정미소 등으로 사용하였다. 1953년 7월 휴전이 성립된 이후부터 1960년대 말까지는 종교를 완전히 없애려는 말살정책을 구사했다. 1955년 4월에는 "계급교양을 더욱 강화하는 데 대하여"라는 슬로건 하에 종교인들을 공산주의 계급교양 명목으로 말살하였다. 이때부터 지하 종교활동이 시작된 것이다.

1959년에 북한은 "우리는 왜 종교를 반대해야 하는가"라는 「반종교 지침서」를 내놓고 종교를 말살하였다. 이 반종교(反宗教)활동지침서에는 "악질종교인들이 종교의 간판 밑에서 반혁명적인 행위를 조작하여 종교적 사상을 우리들 속에 부식시키려 기도하므로 우리는 이것과 철저히 투쟁해야 한다."라고 종교말살 이유를 밝히고 있다.

특히 1958년부터 1960년 초까지 진행된 「중앙당 집중지도사업」에서는 종교인과 그 가족을 "반혁명 계층"으로 분류하여 특수지역에서 거주토록 제한하고 특별감시 대상으로 규정하여 탄압하였다.

또한 1967년부터 1970년 9월 사이에 있었던 「주민재등록사업」을 통해서는 북한주민을 핵심 · 동요 · 적대계층 등 3대 계층과 51개 세부계층으로 분류하였으며, 종교인들을 별개의 분류번호까지 부여하여 최하위의 적대계층으로 전락시켜서 탄압하였다. 그러다가 1970년대 국제적 긴장완화가 이루어지고, 특히 1972년의 남북대화가 이루어지면서 북한은 종교에 대한 역이용정책을 구사하기 시작했다.

1970년대에 들어서면서 북한은 조선기독교도연맹, 조선불교도연맹, 천도교중앙위원회 등의 활동을 재개했다. 그리고 1988년 6월 30일에는 천주교인협의회를 결성한 것을 비롯하여 종교인 협의회까지 만들어서 각 종교단체들과의 연계활동을 벌이고 있다.

그리고 봉수교회, 칠골교회, 가정교회, 장충성당, 보현사, 표훈사 등에서 종교의식을 거행하고 있다. 북한종교의 현실태와 체제적 특징을 살펴보면, 최근 평양의 내나라 비데오제작소에서 제작한 「신앙의 자유를 누리는 사람들」이란 영화에서는 마치 북한에 종교의 자유가 활짝피어난 것으로 선전하고 있다.

이 영화 서두에 북한사회주의 헌법에 규정된 「공민은 신앙의 자유를 가진다」라고 하는 내용을 소개하면서 북한은 1987년부터 종교활동을 자유롭게 보장하고 있다고 소개하고 있다. 그리고 북한은 「낙원의 세계, 번영하는 조국과 함께 신앙의 자유가 활짝 피어나고 있다」라고 선전하고 있다.

그런가 하면, 불교, 천도교, 기독교, 천주교 순으로 종교활동을 소개하고 있다. 불교는 전국에 수백여 승려와 1만여 신도들이 있다고 선전하면서 금강산 표훈사 등에서 조국통일법회 진행모습을 보여 주었다. 천도교는 천도교창도일을 계기로 신도들이 모여서 보국안민(輔國安民)의 정신을 되새기며 천도교 의식을 거행하고 있었다. 기독교는 1만여 명의 신도가 있다고 선전하면서 봉수교회에서의 예배실황을 보여주었다. 특히 민족분열의 아픔을 절감하며 평화와 조국통일을 위해 예배를 드린다고 강조했다.

필자는 10여 차례 남북기독자회의에 참석하여 북한 기독자들과 함께 회담을 가진 바 있었는데, 북한의 대표들은 북한전역에 1만여 명의 교인이 있고 520여 곳의 가정교회가 있다고 설명했다. 그리고 「이북에는 종교사업이 어렵다」라고 하면서 지원해 달라고 요청했다.

그런데 2000년 12월 12일부터 15일까지 사이에 일본 후쿠오카 회의에서 북한의 조선그리스도교연맹위원장 강영섭 목사는 북한에 기독교인이 12,343명이라고, 그의 강연을 통해 밝힌 바 있다. 2001년 8월과 2003년 8월에 필자가 평양으로 가서 봉수교회 예배에 참석했을 때도 똑같은 말을 하고 있었다.

필자는 직접 평양에 가서 종교활동을 보면서, 그리고 북한의 선전영화와 각종문헌을 통한 종교활동을 분석하면서, 북한의 종교는 정치에 융합된 종교의 정치화 현상이 심화되고 있음을 느낄 수 있었다. 모든 종교의식이 정치적으로 제도화 되어있음을 실감했기 때문이다.

이러한 북한종교의 정치화 현상은 북한종교지도자들의 정치적 기능과 활동에서도 드러나고 있다. 지금도 역시 각 종교계 대표들이 최고인민회의 대의원으로 참여, 정치적 기능을 수행하고 있다.

이처럼 북한의 각종 교단체들의 활동은 정치와 연계된 활동이 중심이었고 정책결정과정에서의 투입(投入, Input) 기능 수행에 있어서도 요구기능보다 노동당정책에 대한 지지기능수행이 거의 전부를 차지하고 있음을 볼 수 있다.

더욱이 북한의 각 종교단체들은 노동당의 통일전선부(6과) 지시 하에 통일에 관한 각종의 대남전략전술을 수행하고 있다.

5. 최근 평양에서 본 북한사회 실상

필자는 2003년 8월 14일부터 17일까지 사이에 평화와 통일을 위한 8·15 민족대회에 참가하기 위해 평양을 방문하였다.

8월 14일 오전 9시 30분, 대한항공은 인천국제공항을 이륙하여 평양으로 달리기 시작했다.

그리고 10시 45분에는 우리 방북단 일행이 탄 비행기는 평양 순안공항에 착륙했다. 공항에는 3시간 전부터 나왔다고 하는 3백여 명의 평양시민들이 붉은 꽃과 파란 꽃을 들고 30℃의 뜨거운 뙤약볕에서 "민족자주" "평화통일" 구호를 외치며 환영하는 모습을 보면서 남측대표단은 한반도 단일기를 흔들며 화답한 가운데 뜨거운 민족애를 평양순안공항에서 일깨웠다. 여자들은 대부분 붉은색의 한복을 입고 있었고, 파란색이나 노란색 한복 입은 여자와 양복차림의 남자들이 군데군데 서서 우리측 대표단을 환영하고 있었다.

"2003 평화와 통일을 위한 8·15민족대회에 평양으로 오신 남녘 대표들을 열렬히 환영한다."라는 플래카드가 같은 혈육의 정, 뜨거운 동포의 사랑을 더욱 실감하게 했다.

여러 전광판 중 베이징·우라지보스톡·심양·청진 등 4개노선의 전광판만 표시되 있는 것을 보고 사회주의의 폐쇄성을 다시 한 번 실감했다.

나는 방북단일행과 함께 비행장에 대기하고 있는 버스를 타고 인민보안원 차량의 안내를 받으며 평양순안비행장을 뒤로 하고 평양시내로 향했다.

순안 구역을 지나서 9.9절거리와 김일성종합대학과 80m의 영생탑·금수산기념궁전·금릉동굴 등을 거친 후에 평양시내 중심가로 들어섰다.

평양시민들은 손을 흔들며 열렬히 환영하는 모습을 보였다.

미루나무·벚나무·소나무·플라타너스가 어우러진 가로수는 따가운 여름바람에 휘날리고, 4층·6층·8층·10층 등으로 짜여진 아파트들은 도색도 되지 않은 채 사회주의의 낡은 모습을 대변하고 있었다.

건물 뼈대만 앙상한 105층 류경호텔은 아직도 완성되지 못한 채 하늘로 솟고 있었다. 2001년에 평양으로 왔을 때는 강성대국이 완성되면 이 호텔도 완성될 겁니다."라고 했는데, 이번에는 "돈이 없어 완성을 못했으니, 남조선에서 투자해서 백공오(105)층 이 호텔을 완성되도록 도와주십시오."라고 하는 것이었다. 강성대국은 김정일 국방위원장이 제기한 것으로, 총대·사상·과학기술 등 3대기둥이 강해야 함을 강조한 이론이라고 할 수 있다.

평양시내 곳곳에 인공기가 걸려 있고, 무궁화꽃이 가끔 눈에 띈 것이 이채로웠다. 조선 옷점·가정용품 상점·물고기 상점·리발관·식료품 상점·남새 상점 등이 보였고, 특히 종전에 볼 수 없었던 노점상들이 군데군데 자리잡고 있었으며, 사람들도 종전보다는 훨씬 더 많이 움직이고 있는 모습을 볼 수 있었다.

"위대한 어버이 수령은 우리와 함께 영원히 살아계신다." "백두산의 아들 김정일 장군" 등의 글발이 빌딩이나 아파트 등 여러 군데 돌에 새겨져 있기도 하고 플래카드로 걸려 있기도 한 것을 보고 북한은 김일성과 김정일 중심의 지나친 우상신권 사회임을 실감할 수 있었다.

개선문, 천리마동상, 인민문화궁전, 조선혁명 박물관, 평양교예극장, 평양대극장, 로동신문사를 거치고 고려호텔 앞 식당거리를 지나서 대동강변에 우뚝 선 양각도호텔에 도착했다. 양의 뿔과 같다고 하여 양각도라고 명명한, 양각도에 자리잡은 이 호텔은 고려호텔과 함께 특급호텔로 1995년에 완공된 47층 높이에 1,001개의 객실을 가지고 있다고 한다.

나는 30층 6호에 여장을 풀었다. 양각도호텔의 방 내부에는 침대 2개, 옷장이 1개, TV가 1대, 전화기가 1대, 책상이 1개, 의자가 3개, 냉장고가 1개 있었으며, 냉장고 안에는 룡성맥주가 2병, 신덕샘물이 2병, 사과가 2개, 과자류가 한 접시 들어 있었다. 이 냉장고 안의 다과나 음료는 마음대로 들어도 된다고 여자접대원이 말했다.

평양여정을 하나님께서 인도해 달라고 기도하며, 보온병 옆에 놓인 개성인삼차 한 잔을 들었다. 전력난이 심각한 데도 냉방시설이 잘된 걸 보니, 이번에 남한에서 온 8 · 15 민족대회 방북단을 무척 예우하는 것 같았다.

양각도호텔 내의 서점, 기념품 매대, 차점, 화면반주 음악실, 볼링장, 수영장, 9홀의 골프장 등을 돌아보며 북한의 채취를 느낄 수 있었다. 점심식사를 위해 2층 식당으로 갔다. 한식부패로 차려져 있었다. 농어조림, 소불고기, 소의 위 조림, 오징어무침, 야채류, 과일류 등으로 비교적 음식 맛이 단백하고 좋았다. 식당 양쪽 벽에는 백두산 정일봉과 금강산 그림이 걸려 있었다. 2001년 8 · 15 행사 때는 7박 8일 일정이어서 북한의 고려항공을 타고 삼지연공항에 내려서 백두산을 가볼 수 있었는데, 그 때 백두산 밀영의 정일봉을 보았던 생각이 되살아났다.

이번 8 · 15 행사는 능라도공원과 대성산에서 있었다. 필자는 북한학 교수 대표로 참여했기 때문에 북한학자들과 학술회의도 한 바 있었다. 북한의 학자들은 6.15공동선언 실천, 민족공조, 반전평화운동을 주장했다. 그런데 이는 북한의 내각총리 등 고위관료의 연설에서 나타난 내용과 똑같았다.

6. 북방선교의 전략과 방향

(1) 선교의 비전과 열정

향후 : 정책을 효율적으로 추진하기 위해서는 한국교회는 먼저 하나님께 기도하며 꾸준한 노력을 아끼지 말아야 하겠다.

공산권 선교와 북한선교는 하나님이 우리에게 주신 지상명령이다. 그러므로 가장 중요한 과제임을 믿고 선교에 대한 비전과 열정을 갖고 힘을 모아야 하겠다.

(2) 건전한 기독교 통일선교문화 창출

한국 내에서 건전한 기독교통일선교 문화 창출을 위해 범교단적인 노력을 함께 펼쳐가야 하겠다.

특히 한국 내에 심화되어 있는 지역간 · 계층간 · 정파간 갈등을 해소하는 데 한국교회가 앞장서서 노력해 가야 하겠다. 먼저 남남갈등이 해소되지 않고는 민족통일을 기대할 수 없기 때문이다.

(3) 범교단적 통합기구 조직

공산권 및 남북한 간에 기독교 교류를 보다 효과적으로 추진하기 위해서는 강력한 범교단적인 : 단체가 결성되어 복음이 자유롭게 전파되지 못하고 있는 공산권 선교와 북한선교의 효율화를 위해 함께 힘을 모아야 하겠다.

(4) 연구교육기능 강화

공산권 선교와 북한선교를 위해서는 연구 · 교육기능을 강화해야 한다. 특히 공산권 및 북한은 폐쇄성으로 인한 정보가 부족하기 때문에 선교대상국가의 정치 · 경제 · 사회 · 문화 · 기독교 등 다양한 분야의 객관적 연구와 교육이 이루어져야 하겠다.

공산권 및 북한에 관한 연구를 위해서는 연구전문위원회를 적극 활용하여야 하겠다. 연구결과를 공유하기 위해서는 분기 1회씩이라도 : 에 관한 책자를 발간하여 각 교회나 선교기관에 배부해야 할 것이다. 그리고 공산권 선교와 북한 선교를 위한 교육을 보다 활성화해야 하겠다.

각 교회나 기독교단체에서 수시로 공산권 선교와 북한 선교에 관한 집회를 열고 함께 기도하고 노력하는 열정을 가져야 하겠다. 동 · 서독통일을 위해 교회가 먼저 모여서 기도하고 노력한 결과로 하나님께서 통일을 주셨음을 상기할 필요가 있다.

(5) 장・단기 선교전략 수립 시행

남북관계 변화와 통일환경 발전에 따른 장・단기 북한선교 전략을 수립・시행해야 하겠다. 현 단계에 있어서는 가용매체를 동원하여 직・간접 방법을 통한 북한선교와 통일을 위해 노력해야 할 것이다. 현 단계에서는 가난에 허덕이는 북한동포를 돕기 위해 많은 노력을 기울여야 할 것이다. 그리고 각 분야의 사회복지시설이나 의료지원활동을 통한 간접 선교방법을 최대한 활용해야 할 것이다.

통일이후의 장기적인 북한선교사역을 위해서는 북한교회 건립을 위한 선교 전략적・재정적인 사전 준비를 철저히 해야 할 것이다.

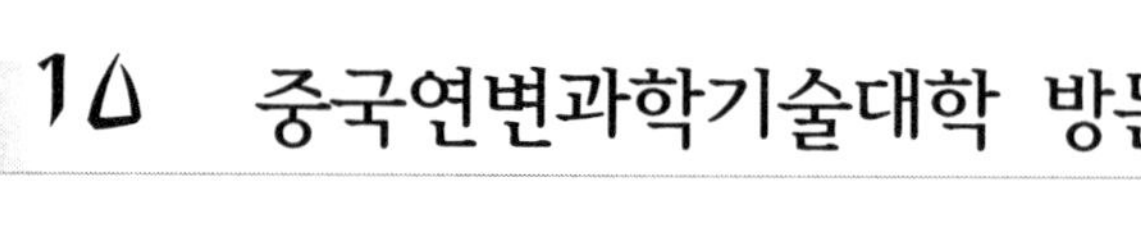

10 중국연변과학기술대학 방문

2006년 5월 4일부터 8일까지 소망교회 북방선교부 임원과 소망통일선교대학 수료생을 포함한 22명은 중국 연변과학기술대학을 방문하였다.

김지철 담임목사님과 최두열 북방선교부담당 목사, 정경환 목사, 이학주 목사, 민경석 목사과 윤정중 장로, 홍인기 장로, 총무인 천양철 집사, 중국팀장인 윤수현 집사, 그리고 권사님, 집사님 등 22명과 함께 북방선교부장인 나는 대표단장으로 참여했다.

2006년 5월 4일 11시 인천국제공항에 모인 우리일행은 "이번 중국 연변과학기술대학 방문여정이 중국땅에 복음을 전하며 그리스도안에서 좋은 친목을 도모하는 계기가 되게 해 주옵소서" 하는 김지철 담임목사님의 출발기도가 있은 후 12시 50분 KE6835편에 탑승했다.

비행기는 약 1시간 반정도 달려 오후 2시15분(중국시간 3시 15분) 연길국제공항에 도착했다.

연변과학기술대학 김진경 총장님과 교수들의 환영꽃다발을 받고 뜨거운 영접을 받았을 때 주님께 먼저 감사했고 무사히 도착하게 하신 하나님께 감사기도를 드렸다.

방문단 일행은 개원(開元)호텔에 여장을 풀고 곧 바로 연변과학기술대학으로 갔다.

본관앞 주춧돌에 "소망의 집, 希望之家" "1992, 9, 16. 郭善熙" 라고 새겨진 글에서 중국 복음화를 위한 소망교회의 귀한 사역을 실감하게 했다.

등소평이 강조했다는 "교육의 현대화, 교육의 세계화, 교육의 미래화"에 대한 표구 글씨가 걸려 있어 중국 교육정책의 기조를 읽을 수 있었다.

우리일행은 홍보실 방으로 들어가 총장님과 기획실장의 브리핑을 받았다.

현재 9개학부에 12개학과 1,612명의 학생이 재학하고 있다고 한다. 그리고 사회교육원 501명, 최고경영자과정 120명 등 사회교육프로그램이 잘 진행되고 있다고 한다.

95년 1회 졸업생을 배출한 후 2005년 졸업생 까지 2005명이 졸업, 취업률이 100%라고 한다. 2006년 제10회 졸업식은 6월 30일에 있다고 한다.

교직원은 교학인원(교수요원) 217명, 계약직 110명 등 327명이 재직하고 있다는 것이다.

교수 중 11명, 8가족은 소망교회 출신들 이라고 한다.

이제 연변과학기술대학은 중국 1천8백 대학중 1백개 중점대학의 하나로 인정받고 있다는 것이다.

중국정부가 파견한 중방영도 3명(최성일 원장, 김동철 부원장, 임용세 당서기)이 파견되어 있지만 2005년부터 중외합작대학으로 신청, 거의 자율적으로 운영하고 있다고 한다.

100만m^2(약 30만평)의 대지위에 우뚝 솟은 연변 과학기술대학! 중국 13억 복음화에 크게 기여하기를 하나님께 간절히 기도 드렸다.

대학캠퍼스를 돌아보고 기념식수를 한 다음, 김진경 총장이 베푼 개원호텔 만찬장으로 이동했다.

김진경 총장은 "김지철회장님, 박완신 단장님, 그리고 방문단 여러분을 진심으로 환영합니다, 그리고 감사드립니다" 라는 환영사가 있은 다음 중방측 최성일 원장의 인사가 있었다. 최원장은 "중국속담에 귀인이 오면 비가 온다는데 지금 비가 내리는 것을 보니 귀인들을 환영하는 비 같습니다, 하나님이 비를 내려 주신 것 같습니다, 여러분 환영합니다" 라는 인사말이 있었다.

우리는 하나님, 교회, 목사, 장로 등 표현을 자제하고 있지만 오히려 중국 사람들이 하나님을 부르고 있는 것을 볼때 서로 신분을 알고 만난 사석에서 너무 신분을 가리는 표현을 하는 것은 관계의 진실성을 오히려 해하지 않을까 우려도 되었다.

다만 아직도 종교의 자유가 많은 제약을 받고 있는 북방 공산권 사회에서 너무 신앙적인 면을 드러 내는 것도 선교에 장애가 될 수 있어 항상 조심스럽게 대처해야 한다고 생각하다.

이어서 김지철 목사님께서 답사가 있었다.

"연변과기대가 중국땅에 세워진 것은 하나님 역사속에서 이루어진 것입니다. 우리 함께 한,중교류협력이 잘 되도록 노력하여 한,중 두나라 발전에 기여하길 바랍니다, 오늘 만찬을 베풀어 주신 총장님께 감사드립니다"

다음으로 박완신 대표단장의 인사가 있었다.

"만찬을 베풀어 주신 김진경 총장님, 최성일 원장님, 그리고 이 자리에 참석하신 모든 분들게 감사드립니다. 작년 중국 내몽골 애심양광 교육을 위해 참여 했을때도 사막지대에 단비가 내려 당간부들이 하늘이 귀인들을 환영한다고 했는데 이번에도 비가 내려 똑같은 말을 들으니 감사합니다. 아무쪼록 한국과 중국이 함께 발전하길 기원합니다".

만찬 참석자들은 서로의 아름다운 사랑의 대화를 나누며 시간 가는 줄을 몰랐다.

만찬을 마치고 호텔로 돌아와 오늘 하루를 하나님은혜가운데 지켜주신 우리 주님께 감사기도 드리고 잠자리에 들었다.

2006년 5월 5일 우리일행은 아침 7시 강당에 모여 경건회를 가졌다.

찬송 374장을 부르고 마태복음 19장 13절에서 15절까지 읽은 다음 김지철 목사님의 말씀이 있었다.

"연길에 와 보니 너무 많은 발전을 했습니다. 지도자에 따라 국가의 발전도 좌우된다는 것을 알았습니다.

오늘 어린이 날인데 지도자는 어린이 마음을 가져야 합니다. 하나님은 역전의 하나님이십니다. 나중된자 먼저될 수 있습니다. 중국이 우리보다 앞설 수 있고 연길이 서울 보다 앞설 수 있습니다.

우리는 이러한 중국 발전의 모습을 보면서 더욱 하나님께 의존하며 하나님을 사랑하고 교회를 사랑하는 우리 모두가 되어야 하겠습니다."

서로 아침인사를 나누고 식사를 한 다음 우리 일행은 도문, 훈춘을 거쳐 방천으로 향했다.

어제 오던 비도 그치고 오늘 좋은 날씨를 주신 하나님께 감사기도 드렸다.

두만강을 따라 북녘의 하늘과 땅을 보며 하루속히 그리스도안에서 우리민족이 하나되길 간절히 기도드렸다.

가는 길 북녘땅엔 왕제산 기념탑이 보였고 아오지 탄광 등이 보였다.

나진, 선봉으로 가는 권하다리는 두만강을 잇고 있었지만 달리는 차는 별로 없었다.

더욱이 요즘에는 외국시민권 가진 사람만이 이 다리를 건너 나진, 선봉 지역으로 갈 수 있어 한국인은 갈 수 없다고 한다.

1997년 연변과학기술대학 겸직교수 임명을 받고 5주간 경영정보와 경영전략을 강의 하는 중 토요일 하루시간을 내어 방천에 왔을때는 도로가 너무 안 좋았는데 지금은 포장이 잘되어 편히 방천까지 갈 수 있었다.

방천에 도착하여 북한, 중국, 러시아의 국경을 보며 통일 후 저 철길 따라 중국으로 러시아로 유럽으로 세계로 뻗어 나가는 우리 민족되길 하나님께 간절히 기도드렸다.

그리고 나는 시 한편을 써 내려 갔다.

연변에 솟은 진리의 기둥

연변에 솟은 진리의 기둥
연변과학기술대학
소망의 빛으로 중국을 밝혔다.

하늘에서는 단비 내려
과학의 샘물로
사랑의 노래로 메아리 친다.
"귀인이 오면 비가온다"는
중국속담을 넘어............

도문으로 가는 길
두만강, 북강에 민족의 정 뿌리고
진달레, 북녘의 산을 붉게 수놓아
왕제산 기념탑, 아오지 탄광
그 붉은 깃발을 삼킨다.
소망의 노래로 두손을 모았다.

오후 5시 연변과학기술대학으로 돌아와 학교식당에서 전 교직원 초청, 김지철 담임목사님께서 베푼 만찬이 뷔페식으로 있은 다음, 이학주 목사님의 연변과기대 발전과 성찬식을 위한 기도와 김지철 목사님의 성찬식에 이어 김지철 목사님의 특강이 있었다.

히브리서 11장 1절에서 2절에 근거하여 13억 중국인에게 소망의 복을, 저 북녘에도 복에 복을 더해 달라고 강조했다.

죽음의 골짜기(전 공동묘지 자리)에 세워진 연변 과기대에서 믿음으로 사랑으로 학생들에게 비젼과 꿈을 심어달라고 당부 했다.

특강이 끝난 후 소망교회에서 1억원의 후원금과 권사회에서 3천만원의 장학금, 교수선교회에서 1백만원의 장학금 전달식이 있은 다음, 학교측에서 감사장 수여가 있었다.

그리고 강은희교수의 특송이 있은 다음 나는 대표단장으로서 다음과 같은 인사말을 했다.

안녕하십니까

오늘 우리 김지철회장님과 저희들을 뜨거운 사랑으로 환영해 주신 김진경총장님과 교직원 여러분께 진심으로 감사의 인사를 드립니다.

특별히 중방측 영도세분(지도자 세분), 최성일원장님, 김동철부원장님, 임용세당서기님 감사드립니다.

저는 1997년부터 연변과학기술대학에 겸직교수로 임명받아 경영정보와 경영전략, 그리고 리더쉽에 관한 강의를 해왔습니다.

그래서 연변과학기술대학에 특별한 관심을 가지고 있습니다.

연변과학기술대학이 더욱 큰 발전을 이루어 중국과학기술발전은 물론 중국이 세계속에 크게 빛을 발하는 나라로 발전했으면 하는 마음 간절합니다

저는 중국에 수차례 왔지만 올때마다 중국이 크게 발전하고 있음

을 실감하게 됩니다.

저는 중국을 사랑합니다, 무척 좋아합니다.

그래서 잘하지는 못하지만 중국어를 열심히 공부도 했습니다.

한국의 교수대표로 중국의 북경대, 길림대, 연변대 교수들과 학술회의도 가진 바 있습니다.

1996년에는 상해사회과학원 초청으로 중국에 와서 중국과 한국의 발전적 방향에 관한 강연과 함께 세미나를 가진 바도 있습니다.

저는 이러한 중국과의 교류협력과정에서 중국과 한국은 문화적으로, 정서적으로 많은 공통점이 있음을 알 수 있었습니다.

이번 우리들의 만남이 앞으로 중국과 한국이 형제의 나라로서 우의를 다지며 더 좋은 발전적 관계가 이루어지길 소망합니다.

2008년 북경올림픽을 앞둔 중국이 세계속에 우뚝 서는 나라로 성장하길 바랍니다.

연변과학기술대학에서 땀흘리며 학생들을 가르치기에 수고하신 교수님들, 그리고 교직원 여러분, 그 수고가 분명 값진 수고가 될 것을 확신합니다.

오늘 이 귀한 자리를 마련해 주신 총장님께 다시한번 감사의 인사를 드리며 이 자리에 함께하신 교직원, 그리고 학생 여러분, 건강하시고 가정과 하시는 사역위에 하늘의 크신 축복이 함께하시길 기원합니다.

2006. 5. 5

중국연변과학기술대학방문단

대표단장 박완신 드림

2006년 5월 6일 토요일 새벽 5시 우리일행은 백두산을 향해 달렸다. 버스안에서 민경석목사님의 오늘의 여정을 하나님께 의탁하는 간절한 기도와 함께 우리일행은 기도하며 백두산으로 향했다.

5시간여 새벽길을 달려 백두산에 이른 우리일행은 "주 하님 지으신 모든세계" 찬송을 부르고 정경환 목사님의 민족의 평화적 통일을 위한 간절한 기도가 있었다.

기도하고 눈을 떠보니 환히 드러난 얼어 붙은 겨울천지에 햇빛이 환히 비쳐오기 시작했다.

천지를 보게하신 하나님께 감사드리며 우리 일행은 백두산을 빠져나와 산길, 강길을 따라 연길로 향했다.

두만강 발원지엔 중국-조선 국경을 상징하는 비석이 서 있었고 인민군들이 보초를 서고 있었다.

김일성 낚시터를 보며 무산에 이르렀을 때는 광물자원은 풍부하나 개발을 못하고 있는 북한의 현실을 읽을 수 있었다.

다시 한번 분단의 아픔을 실감하며 나는 시를 한편 써내려 갔다.

백두의 심장

자작나무 이깔나무 숲을 가르며
하늘을 향해 두 손을 모으고
눈길 헤쳐 오른 백두산
주하나님 지으신 모든 세계
소망의 오케스트라를 연다.

안개로 옷 입은 백두의 심장
얼음밭 이루어
태양 빛에 빛나고
믿음 소망 사랑으로 밝다.

북녘의 백두산에서는
장군봉이 높고
중국의 장백산에서는
통일의 노래로 메아리 친다.

두만강 발원지엔
인민군들이 한을 달래고
조선-중국 국경선에서는
민족의 애환을 본다

혁명을 구상했다는 김일성 낚시터
메마른 땅으로 달린다
통일을 위해 달려라
하늘을 향해 뛰어라.

2006년 6월 7일 주일 오전 9시 30분 대학 채플실에서 있은 주일예배에 참석했다.

화장터를 채플실로 만들었다고 하는데 죽음의 터가 생명의 터로 변화되어 영원한 생명의 말씀으로 구원의 역사가 나타나길 기원하는 마음 간절했다.

최재헌 교수의 인도로 시작된 예배는 신앙고백, 찬송 23장을 부르고 박완신 장로가 대표기도를 하나님께 드렸다.

대표기도가 끝난 후 강은희 교수의 특송이 있은 다음 연변과기대 찬양대의 찬양과 어린이들의 율동을 곁들인 찬양이 있었다.

이어서 최두열 목사님께서 사무엘상 9장1절에서 8절까지 읽고 "은혜를 갚는 삶"이란 제목으로 말씀이 있었다.

본문에 나온 다윗은 사울이 원수였지만 사울의 손주가 살아 있다는 소식을 듣고 데려오라고 하여 그들이 다윗 앞에 나와 절하매 "무서워 말라, 내가 은총을 베풀리라"(9:5-7)라고 하며 다윗은 그들에게 은혜를 베풀었습니다.

연변과기대도 하나님 섭리속에 세워진 학교입니다. 그러므로 은혜를 베풀어야할 대상이 누군가를 생각하며 하나님의 귀한 사역을 잘감당하는 연변과기대가 되길 기원합니다.

최두열 목사님의 설교말씀이 있은 후 축도로 예배를 마치고 채플 앞에서 사진을 찍고 학교 식당에서 교직원, 학생들과 함께 점심 식사를 했다.

오후 2시에는 윤동주 시비(詩碑)가 있는 대성중학교를 찾아 민족 선열들의 애국운동의 발자취를 보며 국가와 민족을 사랑하는 마음을 더욱 깊이 일깨웠다.

오후 3시에는 소망교회에서 세운 용정교회를 방문했다. 1999년 준공하여 현재 1천2백여명의 성도가 모인다고 한다.

중국에서 목사가 목회하고 있는 교회는 용정교회(박영호 목사), 연길교회(류두봉 목사), 훈춘교회(박소영 목사), 하남교회(김두성 목사)등 4교회가 있다고 한다.

용정교회는 현재 3자교회(자영,자전,자치)형태로 운영되고 있으나 북방지역 3자교회는 지하교회와 협력하고 있으며 복음적인 교회로 많은 변화를 추구하고 있다고 한다.

양자강 이남의 남방지역 3자교회들은 아직도 지하교회와 차별화하고 있으며 지하교회를 발굴, 탄압하는데 협력하고 있어 지하교회로 부터는 정치적 교회라는 비판을 받고 있다고 한다.

중국에서 제일 중요한 것은 교회가 사회에 대한 인식이 무엇인가 하는데 중요한 의미를 찾고 있다고 한다.

공산주의자들은 아직도 "선교사는 침략자"라고 생각하고 있어 앞으로 교회가 대 사회적 책임과 사회발전에 기여하는데 역할을 강화해야 할 것으로 판단된다.

그래서 종전에 중국지도자들이 한국을 방문했을 때 나에게 부탁한 강의 제목이 "한국교회가 사회발전에 미치는 영향"에 초점을 맞춘 것을 이해할 것 같다.

용정교회에서 나온 우리일행은 일송정에 올라 "선구자" 노래를 합창하며 민족의 애환을 일깨우기도 했다.

일송정을 내려와 중방측 최성일 원장이 주최하는 만찬에 참여했다. 중방측 최성일 원장은 식사기도를 부탁할 정도로 기독교문화에 익숙해 있었다. 중국 공산당 간부들이 하루속히 복음화되어 중국 복음화에 기여하게 되길 기원하는 마음 간절했다.

박인용 장로가 식사기도를 한 후 나는 대표단장으로서 만찬 초대에한 감사의 인사말을 했다. 화기애애한 가운데 식사를 나눈 우리일행은 호텔로 돌아와 공식일정을 주님은혜가운데 무사히 마치게 하신 하나님께 감사기도를 드렸다.

11 상해, 장가계, 서안 여정

2006년 5월 15일부터 19일까지 서울강남노회 임원 부부수련회가 중국의 상해, 장가계, 서안에서 있었다. 나는 부회장으로써 수련회에 아내 홍경순 권사와 함께 참여하였다.

5월 15일 저녁 8시 30분 우리일행은 인천 국제공항에 모여 노회장 김수흡 목사님의 "이번 수련회를 주님께서 인도해 주시고 하나님께만 영광 돌리는 수련회가 되게해 주옵소서"하는 간절한 기도와 함께 출국 수속을 마치고 중국 동방항공 MU5022편에 몸을 실었다.

나는 "이번 여정을 허락하신 하나님께 감사하며 두고 온 가정과 교회, 노회, 국가를 지켜 주옵소서" 하는 간절한 기도를 하나님께 드렸다.

밤 10시 30분 출발한 비행기는 12시 10분(중국시간 밤1시 10분) 서안국제공항에 도착했다.

버스를 타고 부노회장 이광수 목사님의 인도로 먼저 하나님께 예배를 드렸다.

데살로니카전서 5장 16절에서 18절에 근거하여 "항상 기뻐하고 쉬지말고 기도하며 범사에 감사하라는 말씀에 따라 수련회 기간 기도와 함께 기쁨과 감사가 넘치는 역사가 있기를 기원한다"는 메시지가 선포되었다.

2천년전 진나라 수도였던 서안에 도착하고 보니 중국 고대도시의 운치를 느낄 수 있었다. 서안은 중국 심장부에 위치한 도시(내몽골 아래 중국 서북쪽 위치)로 1369년 한나라때 서안이란 이름으로 불리게 되었다고 가이드는 설명을 했다.

지금은 섬서성의 한 도시로 인구 6백 80만의 중국에서 9번째 큰 도시라고 한다.

우리일행은 가이드의 안내에 따라 보석국제호텔(029-8576-8888)에 여장을 풀고 하나님께 감사기도 드린 후 잠자리에 들었다.

2006년 5월 16일 아침 6시 기상하여 함께 예배를 드리고 호텔에서 아침식사를 한 후 오전 9시 비림(碑林)으로 향했다.

비림은 서안시내 삼학가에 자리잡고 있는 비석이 수풀처럼 우거진 비석 박물관이라고 한다. 여기에는 한 대부터 청 대까지 2천 3백여 비석이 소장되어 있다고 한다.

각 종 비문에는 중국의 4대 서예가(왕희지, 안진경, 구양순, 유공권)의 글씨가 쓰여 있었다.

당 현종과 양귀비에 관한 글도 석대효경에 쓰여 있다고 한다. 당나라 현종의 아들의 첩인 양귀비가 빼어난 미인이라서 시아버지인 현종은 아들을 변방으로 보내고 양귀비를 첩으로 삼았다고 한다.

비림에서 가장 인상적인 것은 大秦景敎流行中國碑였다. 이 비는 기독교가 영국에서 처음 전래되었을 때 기독교 전래를 기념하기 위해 세운 비석이라고 한다.

이 비림에서는 마치 중국의 4聖(知聖:공자, 詩聖:이태백, 書聖:왕희지, 武聖:관운장)을 보는듯 했다.

비림에서 나와 서안과 북한의 합작 전시관인 금강산에 들어갔다. 북한물품이 주로 전시되었는데 여기에서 판매되는 수익금은 굶주리는 북한동포 돕는데에 쓰여 진다고 한다.

북한의 남녀 직원들의 상품에 관한 설명을 들은 후 나는 안궁우황환을 샀다금강산 내부 벽에는 "조선대외상품검사위원회"의 산지증명이 붙어 있었다.

우리 일행은 금강산에서 나와 화정지로 향했다. 서안시내 짜여진 고층 아파트들, 잘 가꿔진 가로수의 향취를 만끽하며 화정지에 도착했다.

화정지는 현존하는 중국 최대규모의 당나라 왕실원림이다. 이 안에는 당나라때 현종과 양귀비가 즐기던 온천 목욕탕도 있었다.

이 화정지에서 나와 진시왕릉으로 갔다. 진시왕릉에 도착하여 소형버스를 타고 돌아 본 왕릉은 하나의 거대한 산 이었다. 이 왕릉을 만들기 까지 얼마나 많은 사람들이 희생당했을까 하는 생각이 들었다.

이 왕릉은 무덤 둘레가 6Km, 높이가 40m인데 도굴을 못하도록 하기위해 수은 등을 이용 하여 함정을 설치해 놓고 있다고 한다.

특히 병마용에 군인들이 호위하고 있었던 당시의 모습을 보며 진시왕의 전제 군주의 모습을 한눈에 볼 수 있었다.

진시왕은 22세에 즉위하여 6국(제,초,연,한,조,위)을 통일한 위대함도 있었다.

50세도 못살고 세상을 떠났지만 진시왕이 한 일들은 현재 중국 관광수입에 크게 기여하고 있음을 볼 수 있었다.

중국이 등소평 이후 개혁,개방의 물결속에서 관광이 이루어 지고 있지만 중국 어디에나 펄럭이는 5색 홍기(큰별1개:공산당, 작은별4개:노동자,농민,도시소자산,민족자산계급 의미)를 보며 아직도 공산주의 굴레에서 벗어나지 못하고 있음을 실감했다.

서안에서의 모든 일정을 마치고 저녁 8시 55분 중국 동방항공 MU2321편으로 서안공항을 출발하여 밤 10시 15분 장가계에 도착, 세기호텔(0744-825-7888)에 여장을 풀고 함께 모여 하나님께 예배드리고 기도회를 가졌다.

5월 17일 아침 6시 10분 우리일행은 아침경건 예배를 드리고 호텔에서 아침식사를 나눈 후 장가계로 향했다.

장가계는 호남성의 한 시로 하나의 관광도시였다. 하늘색 기와 지붕을 한 아파트 모습들이 이색적이었다.

장가계는 진. 한나라를 거치면서 장량이 와서 글을 가르킨 곳으로 장씨가족들이 점차 많아져 장가계라 했다고 한다. 장가계안에 원가계가 있었다.

강택민 주석이 1995년 3월 18일 이곳을 방문하고 너무 아름다워 관광지로 개발했다고 한다.

장가계에 들어서니 하늘을 향해 문이 열렸다고 하는 천문산의 아름다운 자태가 드러났고 각가지 모양을 한 바위들은 하나의 숲을 이루고 있었다.

장가계안에 어필봉이 수려하게 하늘로 치솟고 있었다.

천자산 보호구역에 위치한 어필봉은 전쟁에서 진 후 하늘의 천제를 향해 황제가 쓰던 붓을 던진 것이 땅에 꽂혀 만들어진 봉우리라 하여 어필봉이란 이름이 붙여졌다고 한다.

우리일행은 장가계에서 세기호텔로 돌아와 수요예배를 함께 드렸다.

찬송 28장을 부르고 홍경순 권사가 “우리민족을 통해 중국복음화와 세계복음화에 기여하게 해 주옵소서” 하는 대표 기도가 있은 후 목사님 사모님과 권사님들의 특별찬양이 있었다.

그리고 부노회장 이광수 목사님께서 창세기1장 1절에서 5절까지 읽고 “장가계, 원가계를 보며 하나님 창조의 아름다운 세계를 볼수 있어 감사합니다, 우리 모두 하나님 창조의 동역자 되길 기원합니다” 라는 메시지가 선포되었다.

찬송 40장을 부르고 통성기도한 후 주기도문으로 예배를 마쳤다.

5월 18일 아침 6시 우리일행은 함께 모여 아침 경건회를 가진 후

호텔에서 식사를 나누고 장가계 황룡동굴로 향했다. 무릉원의 제일 동쪽에 위치한 황룡동굴은 1983년에 발견되었다고 한다. "중화 최대의 아름다운 저택"으로 불릴 정도로 그 아름다움이 곳곳에 이름을 떨친다고 한다.

상하 총 4층으로 되어 있으며 3개의 폭포, 4곳의 연못이 있다는 것이다.

물소리가 울리는 하천을 의미하는 向水河에서 보트를 타고 황룡동굴 입구까지 갔다.

동굴입구에는 "保持淸潔衛生"이란 글이 쓰여져 있어 환경과 위생, 청결 유지를 강조하고 있음을 알 수 있었다.

동굴에 들어가니 물고기 바위 조개바위 미사일 1,2호 바위 등 다양한 모습들이 나타나기 시작했다. 각종의 석순, 석주, 석화 등의 아름다운 모습들이 수없이 펼쳐 졌다.

석순에 천정에서 물이 떨어져 물기가 있는 석순은 점차 자라서 천정의 종유석과 만나 석주가 된다고 한다.

또한 물기가 있는 곳에 전기불을 밝혀 놓으면 풀이 자라는 모습을 보고 빛과 물은 생명을 탄생시킨다는 진리를 다시 실감했다.

황룡동굴에서 나와 저녁식사를 함께 나누고 상해로 가기 위해 장가계 공항으로 나왔다.

밤 9시 30분 중국 동방항공 MU3570편으로 상해 푸동(浦東)공항으로 갈 예정이었으나 기상악화로 홍구 공항에 내리게 되었다.

기상관계로 밤12시가 넘어 상해에 도착, 그래도 지켜 주신 하나님께 감사기도 드리며 실크로드호텔(021-6554-9988)로 와서 여장을 풀었다.

5월 19일 아침 8시 우리일행은 함께 모여 예배를 드리고 아침식사를 함께 나눈 후 상해 푸동지구에 있는 동방명주탑으로 갔다.

이 탑은 1991년 착공, 1994년 10월에 완성된 468m의 방송 수신탑으로서 아시아에서는 첫번째, 세계에서는 세번째로 높은 탑이라고 한다. 고속 엘리베이터를 타고 10초만에 350m의 관광 전망대에 이르니 상해를 한눈에 볼 수 있었다.

탑 주변의 초 고층 빌딩 들과 황푸강을 바쁘게 오가는 선박들은 상해의 발전상을 한눈에 볼 수 있었다.

황푸강 서쪽을 포서, 동쪽을 포동이라고 하는데 상해 포동지구는 중국의 금융 등 경제의 중심역할을 한다는 것이다.

상해는 북경, 천진, 심양 등과 함께 중국의 4대도시로 앞으로 중국 발전에 크게 기여하는 도시가 될 것이라고 한다.

그러나 중국이 경제적 발전도 좋지만 신앙적, 복음적 변화가 먼저 있기를 기원하는 마음 간절하다. 중국 양자강 이북 북방지역은 3자교회와 지하교회 협조가 잘 이루어 지고 있는데 반해 양자강 이남의 남방지역은 3자교회가 지하교회를 탄압하는데 협력하고 있다는 말을 들을때 안타까운 마음이 든다. 하루속히 중국에 복음이 자유롭게 전파될 수 있길 기원한다.

상해 포동지구 농심라면 지사장이 베푼 오찬을 한국식당에서 맛있게 들었다.

중국 음식맛에서 느낀 향내와 기름기 있는 음식에 한국음식을 먹으니 깔끔하고 단백한 맛이 너무 좋았다.

역시 한국 문화에 젖어 살아온 우리는 한국의 아름다움과 정, 그리고 기독교적 사랑에 젖은 삶은 세계 어느 곳에서도 찾을 수 없는 행복한 삶이었음을 더욱 실감할 수 있었다.

중국에서의 임원수련회 일정을 무사히 마치게 하신 하나님께 감사드리며 상해 푸동공항으로 나가 오후 6시 20분 중국 동방항공 MU5051편으로 인천공항을 향해 달렸다.

밤 9시 5분 인천공항에 도착한 우리일행은 공항 1층에 함께 모여 노회장 김수흡목사님 인도로 기도회를 가졌다.

"하나님께서 4박5일간의 임원수련회를 중국에서 무사히 마치게 하신 하나님께 감사드립니다"라는 목사님의 기도로 마쳤다.

12 러시아에서 본 북방선교, 북한선교

1. 공산주의 선전하던 곳이 복음의 전초기지로

1995년 6월 7일부터 18일까지 나는 대한예수교장로회총회 남북한 선교협력위원회(후에 남북한선교통일위원회로 개칭) 위원장으로서 임원들과 함께 러시아선교의 비젼을 갖고 기도하며 러시아 선교 여정에 올랐다.

1990년 공산권 종주국인 러시아와 국교 수립이 되어 이렇게 러시아를 방문할 수 있다는 것을 생각할 때 하나님께 감사기도를 드리지 않을 수 없었다.

하나님께 감사 기도를 드리며 나는 1995년 6월 7일 오전 11시 김포공항에서 러시아행 대한항공(KE923편)에 몸을 실었다.

중국(90,3), 러시아(90,9) 등과 국교가 정상화되어 중국 상공을 지나 러시아로 갈 수있었었다. 남북통일이 되어 북한상공을 지나 갈 수 있었으면 하는 마음도 들었다.

저녁 8시 10분(러시아 시간 오후 3시10분) 모스크바 쎄르메쩨보 공항에 도착했다. 이 공항은 러시아에서는 큰 국제공항이라고 하는데 불 빛은 어둡고 낮은 천정에 먼지가 많이 붙어 있음을 볼 수 있었다.

마중 나온 선교사님의 자동차로 모스크바로 향했다. 10층 정도의 짜여진 아파트들에서 규격화된 사회주의의 일면을 볼 수 있었다.

40여분 달렸을 때 모스크바시내에 도착했다. 중심가인 레닌그라드

프로스펙트를 지나 전 공산당 기관지가 있던 프라우다 거리에 들어섰다.

프라우다 문화회관에 있는 모스크바 크리스챤 북방교회(허귀암 목사시무)에서 수요 저녁예배를 드렸다.

예배당에는 50~60대 러시아인 40여명(주일에는 3백여명이 모인다함)과 고려인들 소수가 함께 예배를 드렸다. 성도들의 예배드리는 모습이 너무 진지했다. 예수그리스도 안에서는 인종, 문화, 이데올로기를 초월함을 느꼈다.

예배후에 함께 사진도 찍고 "안녕하세요(뜨라스뜨 뷔이쩨), 감사합니다(쓰빠씨바)" 라는 인사를 나누며 사랑의 시간을 가졌다.

담임목사는 "과거 공산주위를 선전하던 이 문화회관이 예수그리도를 전하는 곳이 되었다"고 감격해 했다. 과거 러시아에 충성했던 악지부(열성당원)들이 이제 예수님께 충성하게 되었다고 한다.

예배 후 한양식당(한식집)에서 저녁을 들고 코스모스 호텔로 돌아와 오늘 첫날 일정을 지켜 주신 하나님께 감사 기도드리며 잠자리에 들었다.

2. 밝아 온 모스크바의 아침, 북방선교사 대회

1995년 6월 8일 모스크바의 첫 아침이 밝아왔다. 먼저 하나님께 감사 기도 드리고 바깥을 보니 하늘로 치솟은 로켓트, 모스크바탑 등 과거 공산주의 시대를 상징하는 조형물들을 볼 수 있었다.

선교사의 안내로 모스크바 근교에서 열린 대한예수교 장로회 총회 선교부에서 주관하는 북방선교사 대회에 참석 했다. 개방화 정보화 시대 북방선교 전략에 관해 논의하는 시간들을 가졌다.

이 대회에 참석하고 나서 러시아 정교회의 본산지인 자고르그스키 정교회와 신학교를 참관했다. 금으로 도금된 양파 모양의 왕관들이 지붕위에서 반짝 거렸다. 교회당안에는 십자가, 부활, 승천을 상징하는 그림들이 있었다.

이 그림들은 제정 러시아 시대에 공산당에 핍박받은 성도들이 그린 그림들이라고 한다.

정교회는 삼위일체 하나님을 인정한 것은 기독교와 같지만 예배의 식이나 직제에 있어 많은 차이가 있다고 한다. 정교회는 주후 988년 사도 안드레에 의해 전파되면서 러시아 정교회가 창설되었다고 한다.

블라디미르 황제(980~1015)가 비잔틴황제의 자매 안나와 결혼함으로서 국교가 되어 그후 1914년까지 5만 4천여 교회와 8천 7백여만의 성도를 갖게 되었다고 한다. 1917년 볼세비키혁명 후 러시아가 공산화되면서 70여 년간 교회의 문이 닫히는 어려움을 겪기도 했다고 한다. 1945년부터 소규모의 정교회활동이 다시 시작되어 1990년대 고르바쵸프의 개혁 개방정책으로 정교회도 어느 정도의 자유로운 활동을 하고 있지만 아직도 큰 성장을 이루지 못하고 있는 것이 현실이다.

6월 9일에도 총회 선부가 주관하는 북방선교사 대회에 참석하고 북방선교를 위한 하나님의 도구로서의 역할을 다짐 했다.

3. 공산주의 본산 크레믈린 궁전

6월 10일에는 러시아 공산주의의 본산인 크레믈린 궁전을 찾았다. 정문에 들어서니 나폴레옹과의 전쟁 당시 노획했다는 3백 85개의 무기가 진열된 무기창고가 있었고 무기창고 앞에는 인민대궁전이 있어서 한손에는 칼, 한손에는 공산주의 사상을 외치는 모습을 볼 수 있었다.

조금 들어서니 대통령(당시 옐친)의 집무실이 있었고 집무실 앞에는 12사도의 성전이 있었는데 그 내부에는 성화로 천국에 관한 메시지를 전하고 있었다. 이 성전을 나와 크레믈린 박물관을 관람했다. 제정러시아 시대 황제의 옷, 왕관, 의자, 집기류 등이 전시되어 있었다.

크레믈린 궁전에서 나와 공산당 대중집회 장소인 붉은 광장을 돌아 봤다.

주석단 아래 레닌묘소를 볼 수 있었다. 바로 앞에는 역사 박물관이 있었고 양 옆에는 국립 백화점, 표준 시계탑 등이 보였다.

공산주의 역사와 흔적을 한눈에 볼 수 있었다.

구 소련은 1917년의 볼셰비키혁명(10월혁명)으로 수립된 소비에트정권이 중심이 되어 1922년 말 소비에트연방으로 성립, 공산주의 체제하에 아시아와 유럽에 걸친 세계 최대의 다민족국가를 이루었으나 1991년 공산주의 포기와 공산당 해체를 계기로 각 공화국이 독립을 강행하여 1992년 1월 1일 독립국가연합(CIS ; Commonwealth of Independent States)을 구성했다.

해체된 소비에트사회주의공화국연방. 구(舊)소련 구성 15개공화국(러시아·우크라이나·백러시아·카자흐·우즈베크·투르크멘·키르기스·타지크·몰도바·그루지야·아르메니아·아제르바이잔·라트비아·리투아니아·에스토니아) 중 새로 구성된 독립국가연합에 참가한 국가는 독립한 발트3국(라트비아·리투아니아·에스토니아)을 제외한 12개공화국이다.

발트삼국 (一三國 Baltic States)은 유럽 북부의 발트해에 연한 라트비아,리투아니아,·에스토니아 3국은 13세기 초 독일 대검기사단

(帶劍騎士團)의 지배를 받았다. 리투아니아는 독립을 유지하여 1386년 대공 P. 야겔로가 폴란드-리투아니아 연합왕국의 국왕(재위 1386~1434)이 되었고, 16세기 중엽 에스토니아 남부와 라트비아를 점령하였다. 그러나 에스토니아와 라트비아의 대부분은 1629년에 스웨덴, 1721년에는 러시아의 지배를 받았으며, 16세기 말 폴란드 분할에 의해 발트3국 전체가 러시아령이 되었다. 러시아혁명 뒤인 1918년 2월과 11월에 3국은 독립을 선언하였으나 소련의 압력으로 1940년 8월 소련에 편입되었다. 1989년 12월 M. 고르바초프의 민주화정책을 계기로 1990년 말까지 발트 3국이 모두 대대적인 독립운동을 전개하였으며, 1991년 독립을 획득하였다.

우리일행은 붉은광장에서 나와 평양식당으로 가서 평양냉면을 들었다. 북녘에도 하루속히 복음음이 자유롭게 전파되기를 간절히 기도 드렸다.

6월 11일 오전 11시 북방교회에서 러시아 첫 주일 예배를 드렸다. 2백여명의 성도들이 열심히 찬송하고 기도하는 모습을 볼 수 있었다. 북방교회 허귀암 목사님의 말씀을 듣고 나는 러시아와 북방세계에 하나님 나라가 확장되기를 간절히 기도 드렸다.

4. 베쩨르부르크에 핀 기독교 문화

6월 11일 밤 11시59분 우리일행은 모스크바역에서 열차를 타고 베쩨르부르크(구 레닌 그라드)로 달렸다. 6월 12일 아침 8시 30분 베쩨르부르크에 도착했다. 베쩨르부르크는 1917년 볼세비키혁명 후 레닌그라드로, 1990년 소련이 독립국연합체제로 되면서 다시 베쩨르부르크로 이름이 바뀌었다고 한다.

장영호 선교사님의 안내로 모스크바 호텔에 짐을 풀고 아침 식사를 마친 다음 베드로 바울 요새를 찾았다. 이 요새는 피터대제가 이 새 도시에서 행한 첫 작업이었다고 한다. 이 요새에는 이름 있는 혁명가, 정치범들을 수용하는 감옥이 있었다. 이 요새에서 나와 네바강의 유람선을 탔다. 핀란드까지 연결된 이 강은 바다와 연결된 아름다운 강이었다. 이 네바강 남쪽에는 이삭성당이 있었는데 48개의 옥돌 기둥을 한 웅장한 성당이었다. 성당내부에는 온통 성화로 가득했다. 창세기부터 요한계시록까지의 말씀을 성화로 보여주고 있었다. 성당 중앙에 황금빛 둥근 천정은 천사들로 둘러 쌓여 있고 맨 끝에 순은으로 된 성령을 상징하는 비둘기가 그려져 있었다.

이 성당은 프랑스의 건축가 오리스트 몽페랑이 로마의 성 베드로 성당에서 영감을 얻어 건축했다고 한다.

그래서 이 성당은 로마의 베드로 성당에 비길 만큼 세계에서 큰 성당이라고 한다. 이 웅대한 성당도 독일과 싸울 때에 상처받은 흔적이 남아 있었다.

1931년에 이 성당은 박물관으로 바뀌었다고 한다. 저녁식사를 마치고 러시아 유명한 시인 푸시킨 동상이 있는 한 발레극장으로 가서 발레를 관람했다.

발레를 관람하고 호텔까지 지하철(러시아에서느 메뜨로라함)을 타고 왔다.

100～150m 에스컬레이터를 타고 내려가서 지하철을 탔는데 지하 요새화로 공산주의를 지키려 했던 모습을 볼 수 있었다.

1995년 6월 13일 아침식사를 러시아식(빵과 죽 등)으로 하고 예술인 묘소를 찾았다. 입구에는 도스또옙스키가 문필활동을 한 생가가 있었다. 옆에 자유시장이 있었고 도스또옙스키가 다녔다는 정교회도 보였다.

정교회에서는 성도들은 서 있고 사제가 앞에서 미사를 인도하고 있었다.

금년부터 문을 열었다는 미국식 샌드위치 햄버거 집에서 점심을 들고 나서 유람선을 타고 빼쯔르 드보레츠 궁전(일명 피터 여름 궁전)을 방문했다. 제정러시아 시대 빼쩨르 부르크안에 많은 궁전이 있었는데 이 여름궁전은 피터대제가 여름에 휴양을 즐기던 곳이라 한다.

1714년 피터대제의 명에 따라 여러 건축가, 조각가, 화가, 조경사들이 동원되어 건축되었다는 이 여름궁전은 "예술의 진주"로 불리울 만큼 예술적 가치가 있는 곳이라 한다. 이 여름궁전에는 64개의 분수가 있고 러시아와 스웨덴과 싸워 이긴 것을 기념하기 위해 건립된 삼손 동상이 있었다.

금으로 된 궁전 내부에는 피터대제의 대형사진이 걸려 있었다.

여름궁전에서 나와 핀란드만의 잔잔한 바닷길을 가르고 약 3마일을 달려 유람선은 겨울궁전에 도착했다. 겨울궁전은 주로 피터대제가 집무를 보며 숙식한 곳이라 한다. 이 궁전은 현재 박물관으로 사용하고 있다. 이 박물관은 러시아에서 제일 큰 박물관이라 한다.

이 박물관 안에는 2백 50만점의 유명화가 그림이 소장되어 있었다. 천정에는 창세기부터 요한계시록까지 성화로 하늘의 메시지를 전하고 있었다. 레오날도 다빈치의 성 마돈나(마리아가 아기 예수를 안고 있는 모습)는 너무 섬세하게 잘 그려져 있음을 볼 수 있었다. 젖을 빨고 있는 예수님의 모습은 마치 살아계시는 예수님의 눈빛을 보는 것 같았다.

미켈란제로의 돌 조각품(사람형상)도 돌에 생명을 부어 넣은 것 같았다.

감옥에서 다 죽어가는 아버지에게 일정기간 살면 나가도록 해주겠다는 약속을 받고 있는 아버지에게 딸이 젖을 먹이고 있는 눈물겨운

부녀의 사랑을 그린 모습을 전설에 담아 그린 루벤스의 그림도 있었다.

루벤스의 십자가상의 예수님의 모습은 발 바닥에 핏자국, 울고 있는 여인의 모습을 마치 실제의 피와 눈물을 그대로 보는 것 같았다.

제정러시아의 마지막 황제 니꼴라이 2세가 1917년 10월 25일 공산혁명으로 마지막 집무했던 곳을 뒤로 하고 애르미따쉬 박물관을 나왔다.

장영호 선교사님(호산나교회 담임목사,3백 여명 모임)댁에서 정성껏 차려준 저녁식사를 하고 저녁 7시 45분 모스크바행 비행기를 타고 1시간여 달려 모스크바에 도착했다.

5. 모스크바 장로회 신학대학 강의를 마치고

1995년 6월 14일부터 16일까지는 내가 객원교수로 있는 러시아 모스크바 장로회신학대학에서 북방선교론과 교회행정학 강의를 위해 학교로 갔다.

13시 30분 강의가 시작되었다. 86명의 신학생(고려인 4명, 러시아인 82명이 진지한 모습으로 수강하고 있었다.

러시아가 복음화되어 더욱 큰 발전을 이루기를 기원한다고 서두를 꺼냈더니 뜨거운 박수갈채가 터져 나왔다. 신학생 여러분들이 러시아에, 세계속에 창조적 변동역군이 되기를 바란다고 했다. 러시아는 정교회 외에 침례교, 루터교 등이 많이 전파되어 있음을 볼 수 있었다.

이 신학생들이 앞으로 러시아에, 북한에서, 세계에서 복음전파의 사역을 감당하는 역군이 되기를 간절히 기도했다.

신학대학 강의 기간 중 러시아 문화를 익히기 위해 밤 시간에는 틈틈이 지하철도 타보고 시내도 돌아보고 발레도 관람했다. 6월14일 저녁에는 크레믈린 궁전안에 있는 극장에 가서 발레를 관람했다. 이 극장은 1967년 10월 러시아 혁명 60주년을 기념하기 위해 6천석 규모로 건축 되었다고 한다.

이 극장에서 푸쉬킨 작 류스란과 류드밀라라는 발레를 관람했다. 류드밀라라는 귀족집 딸이 가난한 총각을 사랑하는 것을 주제로 하고 있었다.

6월 16일 강의를 마치고 한국과 러시아의 배구경기를 관람했다. 응원하는 태극기의 물결에서 민족애를 깊이 느낄 수 있었다.

6월 17일에는 모스크바 대학을 방문했다. 초대 총장 노모노스 동상과 러시아, 북한학생들의 모습을 볼 수 있었다.

1995년 6월 18일 북방교회에서 예배를 드리고 오후 5시 45분 모스크바를 떠났다. 한국시간 6월 19일 아침 7시30분 김포공항에 도착했다.

이번 러시아 여정을 무사히 마치게 하신 하나님께 감사 기도를 드렸다.

6. 민족의 애환이 깃든 사할린

소망교회 북방선교부장으로 봉사하게된 나는 북방선교부 담당 최두열 목사님과 북방선교부 차장이신 이숙자 권사님, 김안자 권사님, 김명자 권사님 러시아 팀장 임동갑 집사님과 함께 2006년 7월 28일부터 31일까지 러시아의 선교비전을 안고 사할린 여정에 올랐다.

사할린은 러시아 연방 사할린 의 한 주(州)주로 러시아 동쪽 가장 자리에 위치해 있다. 사할린 주를 크게 나누면 사할린 본 섬과 캄차카 반도의 끝과 일본 홋카이도 섬을 활처럼 연결하는 쿠릴 열도로 나눌 수 있다. 사할린과 쿠릴의 면적은 남한 면적의 86%에 해당하는 87,000 평방미터이고 그 중 사할린 본 섬은 76,000 평방미터이다. 인구(쿠릴열도 포함)는 64만 8000(1996). 행정중심지는 유주노사할린스크이다. 인구밀도가 채 8명도 안되어 우리나라 인구밀도 450명과는 큰 차이가 있으며, 세계 4대 어장 중 하나인 북서 태평양 어장의 한 가운데 위치해 있어 수산자원과 천연가스, 석유의 보고이다. 기후는 냉대로 겨울이 약 6개월(11-5월)이며, 겨울 평균기온이 영하 20~25도 이고, 눈이 많이 온다.

오호츠크해와 동해에 둘러싸였으며, 러시아연방 본토와는 타타르해협과 나비 7.3km의 네벨스코고해협을 사이에 두고 있고, 일본과는 라페루즈해협을 사이에 두고 있다. 오늘날 주민의 약 80%가 러시아인이며, 그 밖에 우크라이나인(6%)·한국인(10%)·벨로루시인·모르도바인 및 아이누·길랴크·오로촌족 등 소수민족이 있다. 한국인은 제2차세계대전중 일본의 징용으로 끌려가 잔류한 사람들이다.

사할린과 우리 동포가 인연을 맺은 것은 19세기 후반으로 1863년 북 사할린에 13가구가 살았었다는 기록이 있다. 사할린 한인은 일본의 2차대전 패망 이후 사할린에 버려졌다. 이는 일본이 패망 직전 사할린에 살고 있었던 일인들만 본국으로 이주시키고 자기들이 강제로 징용해 왔던 한인들은 한국으로 이주시키지 않았기 때문이다. 현재 사할린 한인은 약 40,000여 명으로 사할린 전체인구의 10% 정도이다,

많은 사할린 1세들이 작고하였고, 1998년 이루어진 한국으로의 영주귀국이 일부(500세대) 실현되어 60세 이상의 노인층이 현격히 줄어들었다. 아직도 1945년도 8월15일 이전 출생한 사할린 한인 1세

대들 중엔 3,500여 명 이상이 한국으로 귀환하기를 소망하고 있다. 그러나 한인의 후손들은 거의 한국말을 못하는 실정이다. 그리고 의식구조나 문화적인 측면에서 그들은 자신들을 러시아 사람으로서의 자부심을 느낀다고 한다.

사할린 남부는 1905~1945년까지 일본 영토였기때문에 당시 한국에서 많은 사람들이 일본 정부에 의해 이주되었다. 제2차세계대전 후, 소련의 지배하에 있게 된 사할린에는 당시 조사로, 4만 3000명의 한국인과 약 30만 명의 일본인이 있었는데, 미,소 인양(引揚)협정, 일,소(日蘇) 공동선언(1956)에 의해 일본인은 전원 소환됐으나 한국인은 이곳에 남게 되었다.

이곳에 거주하고 있는 한국인의 최대 희망은 전쟁 중에도 고향으로의 귀국과 가족과의 상봉이었지만 장기간에 걸쳐 불가능했다. 그러나 1980년대 중반부터 소련의 정치적 변화(1987년의 페레스트로이카 정책), 서울올림픽(1988), 한,소국교수립(1990), 또한 소련의 붕괴 등 정세의 변화는 사할린 교포들에게 희망을 갖게 하였다.

한국에는 사할린 교포를 돕기 위한 이산가족회(離散家族會)가 있고 일본에는 일본인 부인의 동반가족으로서 일본에 귀환한 한국인들의 모임과 그들을 지원하는 시민단체들이 있다. 3국의 협력에 의해 1988~1990년에는 약 1000명이 일본에 초대되어 한국인 가족과의 재회가 실현되었다. 1990년 이후 한국·일본 두 적십자사의 협조하에 한국~사할린간에 가족 상봉을 위한 전세 비행기가 월 1회 취항하고 있다. 1990~2000년의 10년간 약 1만 2400명의 고향 방문이 실현됐고, 약 1500명이 한국에 영주귀국했다.

1999년 3월, 인천시에 100명을 수용할 수 있는 요양원이 건설되고 2000년 2월에는 안산시에 아파트 8동, 500세대가 입주할 수 있는 〈고향의 마을〉이 완성되어 약 1000명의 영주 귀국자들이 노후 생활을 보내고 있다.

사할린의 역사를 보면 남부에서는 신석기시대 유적이 많이 발굴되고 있는데, 정주(定住)의 역사는 BC 2000년까지 거슬러 올라간다. 사할린을 맨 처음 지배했던 나라는 중국으로, 원(元)나라 때는 이곳에 경비대를 상주시켰으며, 명(明), 청(淸)나라 때에도 관할 기구를 설치하였다. 원주민들은 이들에게 조공을 바치고 모피를 중국 상품과 교환하였고, 이것을 일본인과의 교역에 사용하였다.

사할린 자연상태를 보면 북부는 습지와 저지대가 많지만, 남부는 두 줄기 산맥이 나란히 남북으로 뻗은(최고점 1609m) 산악지대이다. 또한 중부 동쪽의 테르페니야곶과 남단부 동쪽의 아니바곶, 남단부 서쪽의 크릴리온곶은 모두 남쪽을 향해 돌출해 있다.

딸려 있는 섬들은 적은 편인데 테르페니야곶 앞바다의 튤레니섬과 크릴리온곶 앞바다의 모네론섬 등이 있다. 월평균기온은 북부에서는 1월에 －23℃, 7월에는 15℃이며, 남부에서는 1월에 －9℃, 7월에는 17℃이다. 습도가 높고 여름에는 안개끼는 날이 많다. 동해안은 반년 동안 유빙(流氷)으로 폐쇄되며, 서해안은 11월부터 3월까지 결빙된다.

사할린의 산업을 보면 수산업이 활발하여 청어·연어·송어·대구·소라게 · 명태 등의 어획량이 많다. 또한 구릉과 산지에는 가문비나무 등의 침엽수가 많고, 특히 남부의 여러 도시에는 펄프공업이 발달하였다. 북쪽 기슭의 오하에서는 석유·천연가스가 산출되는데, 이것은 파이프라인을 통해 네벨스코고해협을 건너 아무르강 연안의 콤소몰스크로 보내지고, 북쪽 끝의 모스칼보에서 배로도 운반된다.

우글레고르스크에서는 석탄도 채굴된다. 산악성의 지형과 추운 기후로 농업은 낙후되어 있고 축산을 위주로 하며, 티미포로나이저지(低地)와 남부지방 평야지대에서는 호밀·밀·감자 등이 재배된다. 남부지방은 유주노사할린스크 외에 홀름스크·코르사코프·네벨스크 등의 도시가 발달하였다. 서부에는 탄광업과 임업이 활발한 우글레고르스크와 사할린의 옛 주도였던 알렉산드로프스크사할린스키가 있으며, 동부에는 임업이 발달한 포로나이스크, 북부에는 석유와 천연가스유전이 있는 오하 등의 도시가 있으며, 각각 2만~4만 명의 인구가 있다.

사할린에서의 석유, 가스 등 의 생산 실태를 보면

쉘 석유사의 200억 달러 짜리 사할린 프로젝트 II는 사할린 북동쪽 오호츠크해에 있는 룬스코예 유정시설에 상부갑판과 4개의 다리 달린 콘크리트 중력지지 플레트폼을 설치했다고 쉘사는 2006년 6월 26일 발표하였다.

이 부상식 21,800톤 무게의 상갑판은 한국으로부터 예인되어 온 것으로 상부설치무게로는 세계 제1을 기록하고 있다.

상갑판을 운반하는 바지선은 중력지지 다리들 사이로 조종되어 발라스트 주입과 동시에 4개의 130톤짜리 다리와 함께 하강된다. 이 다리들은 발라스트를 주입하는 동안 갑판상의 상부구조의 중심을 잡는 장치를 갖고 있다. 이 장치는 갑판의 무게가 바지선으로부터 중력지지다리로 전달되는 9시간의 작업시간 동안 충격흡수기로도 작용한다.

일련의 지원선단은 한 척의 사이펨사 설치지원선과 5척의 예인선과 다수의 앵커조종선들을 포함한다.

쉘사의 말람파야 심해가스의 필립핀 전력사업에 대한 책임자로 일한 바 있는 사할린 프로젝트의 임원인 데이빗 그리어씨는 “이 공사는 러시아 석유 및 가스 생산 역사에 있어서 혁기적 시대의 시작을 극명하게 해주는 것”이라고 말했다.

룬스코예는 러시아 최초의 연해 가스생산 플랫폼이며 또한 생산착

정 완료후 사할린 프로젝트2는 2008년에 사할린 남쪽 프리고로드노예에 있는 LNG공장을 통하여 가스를 생산하기 시작할 예정이다.

7. 극동 러시아 선교의 비젼을 안고

2006년 7월 28일 10시 10분 아시아나 항공편으로 소망교회 북방선교부 사할린 교회 방문단 일행은 극동러시아의 선교 비젼을 안고 사할린 여정에 올랐다.

소망교회는 극동러시아 지역에서의의 선교전략과 비젼을 갖고 북방선교부가 중심이 되어 계속 기도하고 있다

2002년 6월 곽선희 원로목사님과 러시아 극동지역 오순절 교단 총감독 야르말륙 뾰뜨르 미하일로비츠 목사와의 한국 회동 이후 극동러시아 지역 선교를 위해 기도하며 함께 노력하고 있다.

우선 사할린 주도 유주노 사할린스크에 여호수아 신세대교회(세르게이 목사 시무) 신축 등을 위해 동 교회 세르게이 목사가 김지철 담임목사님과 김천수 목사님을 만나 회동한 바 있다.

소망교회 북방선교부에서는 2006년 7월 28일부터 31일까지 북방선교부 임원이 중심이 되어 극동러시아 지역 선교정책 개발을 위해 사할린을 방문한 바 있다.

러시아 사할린 지역 방문을 위해 7월 23일 (주일)과 7월 26일(수)에 방문단이 모여 이번선교여정이 하나님 나라 확장에 기여하도록 하기위해 기도회를 가졌다.

7월 28일 아침 8시 최두열 목사(북방선교부 담당 교역자), 박완신 장로(북방선교부장), 이기용 장로, 김명자 권사, 임동갑 집사(극동러시아 팀장) 등 방문단 일행은 인천국제공항 출국장에 모여 하나님께

기도를 드리고 출국수속을 했다.

오전 10시 10분 아시아나 항공 OZ 576편에 탑승하여 이번 선교여정이 하나님 뜻에 합당한 여정이 되게 해달라고 하나님께 간절한 기도를 드렸다.

러시아와 사할린에 대한 자료를 보며 극동러시아에 대한 효과적인 선교전략을 구상하는 동안 13시 20분(현지시간 15시 20분) 비행기는 유주노 사할린스크 공항에 도착했다.

입국 수속은 두 곳에서만 하기 때문에 50분 정도 걸렸다. 초라한 공항의 모습을 보며 다시 한번 한국이 잘사는 나라라는 것을 실감했다.

사할린 신세대교회 쎄르게이 목사와 올가 김 집사가 영접 나와 반가히 환영했다.

우리 일행은 승용차 대에 나눠 타고 시내로 들어 가는 길에 신세대교회 터를 보았다.

약 6가(6천 평방미터)의 땅을 시로부터 무상으로 사용 승낙을 받았다고 한다. 푸친 대통령이 정교회 신자이어서 교회나 종교시설을 원할 경우 국가에서 무상으로 사용하게 한다는 것이다.

신세대교회는 여기에 약 3백 평에 교회를 짓고 선교센타를 건축하여 러시아교회 연합행사에 이용토록 하겠다는 계획으로 건축설계를 마치고 약 7만불 정도의 철근을 한국에 주문해 놓고 3만 3천불을 먼저 지불했다고 한다.

교회 총 건축비는 약 35만불(한화 약 3억5천만원)정도가 소요 되니 기도해 달라고 부탁했다.

이 교회 신축이 완료하면 20~30대 러시아 본토인 교인들로 구성된 30세 젊은 목사가 이끄는 본 교회가 한인 교포가 약 4만 명에 달하는 사할린 지역을 복음화 하는 데에 중추적 역할을 충실히 수행할 수 있을 것으로 본다.

이러한 사할린 지역의 선교비젼과 선교사역을 통하여 하나님께서는 러시아 극동의 대도시 울라디보스토크나 하바로푸스크 지역에도 제2, 제3의 소망교회를 신축할 수 있으며 극동 러시아대륙에 하나님나라 확장에 크게 기여 할 것으로 확신한다.

교회 터를 보며 교회가 잘 세워지기를 기도하고 유주노 사할린스크 시내로 향했다. 백향목, 포플러 등 가로수는 시원스럽게 바람에 흩 날리고 있었지만 아파트, 건물들은 낡아 있어 구 사회주의 낡은 모습을 보는 것 같았다.

약 20분 달려 Mega Palace Hotel에 도착, 여장을 풀고 잠시 휴식을 취했다.

저녁 7시 일식집에 모여 우리 일행과 사할린 오순절교단 총감독, 쎄르게이 목사, 올가 김 집사가 함께 만찬을 나누었다.

한국교회와 러시아 사할린교회의 협력문제를 논의 했다.

러시아에는 정교회가 15%, 오순절교회 2%, 침례교회가 많다고 한다.

러시아 정부가 212문을 발표하여 ....회라는 이름으로 활동하는 이단들의 활동을 보고하도록 한다는 것이다.

이러한 한・러 선교협력에 관한 논의를 하는 동안 밤 10시경 호텔로 돌아와 우리 일행은 513호에 모여 기도회를 갖고 내일 일정을 점검한 다음 나는 412호실로 돌아와 러시아 문화를 알아야 효과적인 선교를 할 수 있다는 생각에서 러시아 텔레비젼의 여러 프로를 시청했다. 텔레비전의 여러 프로를 보면서 이제 러시아도 자유세계와 문화적으로 큰 차이가 없음을 읽을 수 있었다.

2006년 7월 29일 05시 30분(현지시간 07시 30분) 우리일행은 513호에 모여 새벽기도회를 가졌다. 최두열 목사님 인도로 찬송 506장을 부르고 빌립보서 3장 10~17절을 읽고 "예수그리스도를 바로 알고 선교하는 것이 중요하다"는 말씀이 있은 후 러시아 선교를 위해 함께 통성 기도를 하고 주기도문으로 새벽기도회를 마쳤다.

1층 식당에서 뷔페식으로 아침 식사를 하고 유주노 사할린 교회를 방문했다. 정 훈 담임 목사님께서 반가히 맞이해 주셨다.

1990년 세워진 이 교회는 공산당 치하 지하 교인들이 중심이되어 세워진 교회로서 사할린 지역 복음화에 크게 기여하고 있다고 한다. 예장합동측 서울 동노회에서 파송되어서 2005년에는 동노회를 구성, 타교단과도 협력 사할린 장로회신학교도 운영한다고 한다.

12시경 이 교회에서 나와 약 1시간 30분쯤 달려 피르쏘보 지역에 도착했다. 이곳은 요호쯔크해의 망망한 푸른 바다와 길게 늘어진 해수욕장, 연어가 올라오는 강줄기, 소나무, 백향목으로 우거진 산들이 조화를 이룬 아름다운 곳이었다.

연어공장 사장의 안내로 연어가 8월에 떼지어 올라 오면 알을 채취하여 9월부터 5월까지 부화하여 새끼 연어들을 강을 통해 바다로 내려 보내면 자라서 돌아온다고 한다.

고향으로 다시 돌아오는 연어를 보며 우리는 저 천국 본향을 향해 돌아갈 준비를 해야 함을 다시 한번 다짐하게 했다.

바닷가로 가서 바로 잡아온 커다란 게를 쪄서 내 놓았다. 영덕 게처럼 생겼는데 크기는 훨씬 커 보였다. 2마리 분량 정도 먹으니까 점심 요기로는 충분했다.

하나님이 창조하신 사할린 섬, 바다와 산 이 아름다운 자연의 모습들을 보며 떠 오른 시상을 메모해 나갔다.

사할린 하늘 아래

바다에서 태어난 물고기
러시아 원동(극동)의 섬
17세기에 빛으로 떴다.

길게 뻗은 유주노 사할린스크
20만이 주도(州都)를 지키고
2만 3천의 고려인은 하늘의 빛으로 밝다.

사할린 하늘아래
백향목 향기 짙고
낡은 아파트
사회주의 냄새로 진동 한다
페레스트로이카, 글라스노스트
자유의 깃발로 휘날린다.

산, 바다, 강이 손에 손을 잡은
피르쏘보
푸르름이 끝없이 펼쳐진 요호쯔크
긴.....모래사장
짧은 파도
비키니 여성
고기 낚는 낚시꾼
하늘이 준 큰 선물이다

연어 떼 들
바다에서 강으로
알을 품고 달려와
사람에게 모든 것 다 내어주고
새로 태어난 새끼들은
다시 바다로
다시 강으로
고향 길 기쁨으로 찾는다.
우리는 저 푸른 천국 본향을 본다.

오후 6시경 유주노 사할린스크시로 돌아와 박물관을 보면서 사할린에 관해 좀 더 구체적으로 알 수 있었다.

박물관에서 나와 스키장이 있는 산에 올라 유주노 사할린스크 시를 한눈에 볼 수 있었다. 안개에 젖은 시가지가 저녁노을의 붉은 빛을 받고 있었다.

호텔로 돌아와 함께 모여 기도회를 갖고 잠자리에 들었다.

2006년 7월 30일 우리 일행은 신세대교회로 가서 함께 주일예배를 드렸다.

기타와 건반악기로 춤추며 뜨겁게 잔양하는 모습에서 러시아의 기독교 문화를 읽을 수 있었다.

40여 분간 찬양을 한 후에 시작된 예배는 찬송과 헌금, 대표기도(박완신 장로), 설교말씀(최두열 목사)의 순서로 진행되었다.

최두열 목사님은 디모데전서 4장 6절부터 16절에 근거하여 "그리스도 예수의 좋은 일꾼"에 대해 말씀하셨다.

즉 "예수님께 속한 자는 예수님의 좋은 일꾼으로 살아야 하며 경건에 이르도록 자신을 연단하고 말씀으로 양육 받아야 하며 소망을 하나님께 두고 살아야 한다"고 강조하셨다.

예배를 마치고 대구탕으로 점심을 든 다음 오후 3시 사할린 순복음 교회를 방문했다.

박두원 담임목사님의 안내를 받으며 교회를 돌아보고 권사님들이 대접한 부침게, 홍차, 손 수 만든 한과류를 들며 러시아 선교, 오순절 교단과의 협력문제에 관해 많은 이야기를 나누었다.

오후 4시에는 예장 통합 측 연동교회가 개척한 사할린 연동교회를 방문하고 유용현 담임 목사님과 많은 대화를 나누었다.

합동측 교단에 비해 통합측 교단이 극동 러시아 선교에는 적극적인 면이 부족하다는 이야기를 듣고 앞으로 총회적으로나 노회, 지교회 차원에서 사할린 선교에 더 많은 힘을 쏟아야 할 필요성을 더욱 절감했다.

오후 5시경 우리 일행은 봉고차를 타고 약 1시간쯤 달려 뚜 나이차 호수에 도착했다.

호수 길이가 약 30km 된다는데 정말 바다처럼 넓은 호수였다.

우리 일행은 보트를 타고 섬과 섬 사이를 가르며 질주했다. 정말 통쾌한 시간이었다. 가슴이 확 트여 옴을 느꼈다.

구름 뒤에서는 태양이 손짓하고 섬과 바다, 하늘이 진회색 빛으로 물들어 있었다.

하나님이 창조하신 이 아름다운 호수와 섬들을 만끽하게 하신 하나님께 감사 기도를 드렸다.

보트에서 내려 호수를 바라보며 저녁식사를 함께 나누었다.

숯불에 구운 돼지고기, 우유에 와인을 넣어 만든 쏘스 맛이 특이했다. 특이한 향내나는 야채와 광어회, 새우, 게 찜 등 그 맛이 일품이었다.

하나님께서 선물로 주신 이 아름다운 시간에 감사하며 호텔에 들어오니 밤 10시가 넘었다.

2006년 7월 31일 새벽 5시30분(현지시간 07시 30분) 우리 일행은 513호실에 모여 최두열 목사님 인도로 새벽기도회를 가졌다.

찬송 274장을 부르고 마태복음 28장 16-20절과 사도행전 1장 8절을 읽고 "우리 믿는 사람들은 그리스도의 명령이기 때문에 복음을 전해야 한다" 는 선교에 관한 메시지를 들었다.

아침식사를 호텔에서 뷔페식으로 하고 11시에는 유주노 사할린스크 시청을 방문했다. 시장이 출장 중이라서 부시장을 만났다.

처음 서로의 인사소개가 있은 다음 교회 협력에 관한 많은 대화를 나누었다. 시에는 종교담당 부시장이 있어서 시와 촌지역의 종교활동을 돕는다고 한다.

교회건물은 입찰에 의한 방법으로 매매가 이루어 지고 교회 건축시 땅은 그냥 내 준다고 한다.

사할린에 사는 러시아 한인은 4만 1천명, 유주노 사할린스크시에는 2만 3천여명이 거주하고 있다고 한다.

러시아 전통 호박을 파는 상점들을 돌아보다가 점심 시간이 되어 러시아식 뷔페로 함께 식사를 나누고 공항으로 갔다.

공항에서 출국수속시에 "뜨라스뜨 비체"(안녕하십니까) 했더니 더욱 친절하게 대했다.

끝나고 "쓰파씨바"(감사합니다)라고 인사했더니 러시아인들도 감사의 표시를 했다.

출국 수속을 끝내고 오후 4시 40분(한국시간 오후2시 40분) 아시아나 항공 OZ 575편에 몸을 실었다.

그리고 이번 러시아 선교여정을 무사히 마치게 하신 하나님께 감사 기도 드리는 순간 비행기는 서서히 사할린 하늘로 치솟고 있었다.

제6부
민족을 살리는 사랑의 기도

내가 새 일을 행하리니/일어나서 빛을 발하라
전쟁과평화, 화해의 복음
봉수교회여! 진리의 빛을……
한 알 밀의 신비/종려주일(부활주일 전주일)
이것을 네가 이기었노라/그 어버이와 그 자녀
전쟁의 경륜적 속성/처음 사랑의 회복
저 안식일에 들어가기를 힘쓰라
베푸신 큰일을 본 사람/오직 내 안에 그리스도
이 선지자의 고민/자기 기념비의 운명
범사에 감사하라/말씀에 붙잡혀 사는 사람
위로를 기다리는 자/오직 은혜
교사헌신의 밤 기도/청년회 수련회 기도
소망교회 갈렙부 개강예배 기도
소망교회 성가대 수련회/북방선교부 기도
민족통일과 민족 일을 위한 기도
평화통일과 남북한 선교협력 위한 기도
기독신우회 기도
북한동포와 탈북자, 외국인 노동자를 위하여
서울강남노회 제직연합수련회 기도
중국연변과기대 주일예배 기도
러시아 사할린 신세대교회 주일예배 대표기도

내가 새 일을 행하리니

(이사야 43 : 18~21)(고후 5 : 13~19)

-새해 첫 주일기도-

사랑의 하나님 아버지!

새해 첫 주일을 주님의 사랑 가운데 기쁨과 감격으로 맞이할 수 있게 하신 은혜에 감사드립니다.

지난 한 해를 돌이켜보면 우리의 삶 전체가 주님의 은총 속에 사랑과 행복이 넘치는 시간들이었음을 믿고 감사드립니다.

전쟁과 지진, 기아와 질병, 경제난 등에 그 숱한 위기 속에서도 우리나라를 지켜 주시고 우리민족이 주님 주신 참 평화를 누리며 살 수 있도록 도와주신 은혜에 감사드립니다.

하나님께서는 이처럼 이 나라 민족을 주의 날개 아래 지켜 주셨건만 저희들은 주님 뜻대로 살지 못했음을 이 시간에 고백합니다. 새로움을 원하면서도 옛 사람으로 산 때가 많았습니다.

"내가 새 일을 행하리니" 라고 말씀하신 하나님! (이사야 43 : 19)

우리에게 늘 새롭게 다가오시는 하나님만을 바라보며 새로운 비전과 참소망을 갖고 새해를 살아가게 하옵소서. 미래에 대한 두려움과 걱정으로부터 벗어나게 하시고 진리의 말씀으로 희망찬 내일을 열어 가는 용기를 주옵소서. 어떤 역경과 고난 가운데서도 항상 감사하는 믿음을 주시고 해야할 일들을 충성스럽게 감당하는 열정도 주옵소서.

사랑의 주님! 저희들은 오직 주님만이 우리를 새롭게 하실 수 있음을 믿고 있습니다.

새해에는 우리의 영혼이 더욱 새로워지고 육신도 새로워질 수 있도록 도와주옵소서.

우리의 가정이 새로워지고 우리의 사회가 새로워지고 우리나라와 민족이 새로워지게 하옵소서. 대통령과 위정자들에게도 새로운 마음을 주셔서 먼저 하나님께 무릎 꿇고 기도하며 주님 진리의 말씀으로 이 나라를 다스리게 하옵소서.

그리고 새해에는 그리스도 안에서 남북이 평화통일로 가는 길을 열게 하옵소서!

지금 저 북녘에는 아직도 기아와 굶주림, 추위와 억압에 떨고 있는 우리 동포들이 있습니다. 한 번도 복음을 들어보지 못한 우리의 형제들이 있습니다. 하루속히 저 북녘 땅에 복음의 빛이 자유롭게 전파될 수 있도록 도와주옵소서.

교회의 머리가 되신 주님!

우리 소망교회를 사랑하셔서 하나님 말씀의 깊은 뿌리 안에 이처럼 큰 성장을 이루게 하신 은혜에 감사드립니다. 저희들은 이 좋은 교회에서 세우신 교역자님들을 통해 전해지는 진리의 말씀으로 날마다 영이 새로워질 수 있도록 은총을 더해 주셔서 감사드립니다.

그 동안 소망교회에서 주님 말씀을 대언하시기 위해 세우신 종, 곽선희 원로목사님의 영육 간에 강건함을 더하셔서 하나님 나라 확장을 위해 큰 사역을 감당할 수 있도록 도와주옵소서.

이제 새롭게 담임목사님으로 주님께서 세워주신 김지철 목사님에게도 지혜와 영적권능을 더하셔서 우리 소망교회가 한국교회와 세계교회에 본이 되는 아름다운 교회가 되게 하옵소서.

오늘 단 위에서 하나님 말씀을 전하실 때도 주의 오른팔로 강하게 붙드셔서 권세 있는 말씀을 선포하게 하시고 목사님을 통해 들려지는 이 진리의 말씀이 전해지는 곳마다 구원의 역사와 생명의 역사가 나타나게 하옵소서.

교회학교에서 땀흘리며 수고하는 교사들에게도 주님이 함께 하셔서 비전과 꿈이 있는 지도자로서 복음 안에 참기쁨과 행복을 심는 교사들이 되게 하옵소서.

이 시간에 교회 안팎에서 예배를 돕는 주의 종들, 하나님께 찬양을 드리는 글로리아 성가대를 성령께서 인도하셔서 신령과 진정으로 드려지는 예배가 되게 하옵소서.

이 모든 말씀을 우리 주 예수 그리스도 이름으로 기도하옵나이다.

—아멘—

2004년 1월 4일 소망교회 7부 예배
대표기도 박완신 장로 드림

일어나서 빛을 발하라

(이사야 60 : 1～7)

－20세기를 마감하고 21세기 새해 기도－

인류역사를 주관하시는 하나님 아버지!

지난 20세기를 마감하고 21세기 새 천년을 하나님 은총 가운데 맞이할 수 있도록 축복해 주신 은혜에 감사드립니다. 지난날들을 돌이켜보면 우리의 삶 전체가 하나님의 은혜였음을 생각할 때에 진심으로 감사를 드립니다.

국내외 정치 · 경제 · 사회 환경의 그 많은 변화 속에서도 우리나라를 지켜 주시고 그 숱한 억압과 고통 속에서도 우리 민족을 주의 날개아래 보호해 주신 은혜에 감사드립니다.

하나님 아버지!

하나님께서는 이처럼 이 나라 민족을 지켜 주셨건만, 저희들은 하나님 뜻대로 살지 못했음을 이 시간에 고백합니다. 아직도 우리는 새로움을 원하면서도 옛 것에 메여 있습니다. 저희들을 용서해 주시옵소서.

자비하신 주님!

우리를 새롭게 하는 것은 오직 주님이심을 저희들은 믿고 있습니다.

2천년 새해를 맞아서 우리의 영혼이 새로워지고 육신도 새로워질 수 있도록 도와 주시옵기만을 간절히 기도하옵나이다. 우리의 가정이 새로워지고 우리의 사회가 새로워지고 우리나라와

민족이 새로워지게 하옵소서, 그리고 새년에는 그리스도 안에서 남북이 평화적으로 통일을 이루게 하옵서.

이 세계를 향해 일어나 빛을 발하게 하옵소서.

인류를 구원하신 우리 주 예수 그리스도 이름으로 기도하옵나이다.
－아멘－

2000년 새해를 맞으며
하나님께 드리는 기도

전쟁과평화, 화해의 복음

(에베소서 2 : 14～17)

－걸프전 당시에 평화 위한 기도－

전능하신 하나님! 전쟁의 소리가 들리는 가운데에서도 저희들을 주의 날개 아래 보호해 주시고 참자유와 평화를 누리며 살 수 있도록 특권을 주신은혜에 감사드립니다

걸프 전쟁의 포성 속에서도 주님의 세미한 음성을 들으며 하나님의 깊은 섭리를 깨닫는 저희들 되게 하옵소서. 전쟁 속에도 하나님의 말씀이 있고 진리가 있음을 알게 하여 주시옵기를 간절히 기도하옵나이다.

전쟁으로 인한 급격한 국제환경의 변화 속에서도 영원히 변치 않는 진리의 말씀으로 무장하여 굳건한 삶을 살게 하여 주시옵소서.

평화의 왕이 되시는 주님!

하루속히 이 세계에 전쟁이 종식되고 하나님의 공의와 평화가 넘치게 하옵소서. 내 자신의 조그마한 유익보다 세계평화와 미래의 가치를 먼저 생각하는 저희들 되게 하심을 감사드립니다.

이번의 걸프 전쟁이 오히려 모스람권에 하나님 말씀이 선포되는 계기가 되게 하옵소서. 저희들은 세계만방에 평화의 복음을 전할 수 있도록 역사해 주옵소서.

이 모든 말씀을 평화의 왕이 되신 우리 주 예수 그리스도 이름으로 기도하옵나이다.

－아멘－

1991월 2월 10일 소망교회 3부 예배 대표기도

봉수교회여! 진리의 빛을……

(엡1 : 10)(고후 5 : 13~19)

—평양의 봉수교회 위한 기도—

"인류역사를 섭리하시는 하나님!

우리 민족을 사랑하셔서 복음의 빛 비추시고 진리 안에 참자유와 평화를 누리며 살 수 있는 특권을 주신 은혜에 감사드립니다.

주여!

그러나 저희들의 시기, 질투, 미움, 분렬의 잘못된 마음은 조국분단이라는 엄청난 죄악을 짓고 말았습니다. 참회하오니, 용서하여 주옵소서 동양의 예루살렘이라 불렀던 평양성, 이제 십자가는 간데없고 주체사상탑만 우뚝 서 있습니다. 아직도 어두운 밤, 잠을 깨지 못한 채 서성대고 있습니다. 캄캄한 밤입니다.

자비하신 주여!

어서 속히 평양하늘에 먹구름을 거두어 주시고 진리의 빛으로 가득한 새아침을 주옵소서. 세계가 지금 밝은 아침을 향해 달려가고 있지만 북녘땅은 아직도 뿌연 안개 속에 가리워져 있습니다.

전능하신 하나님!

북녘의 짙은 안개를 거두어 주시고 진리의 밝은 빛이 비추어지게 하옵소서. 대동강변에 우뚝 선 주체사상탑이 교회의 종탑으로 바꾸어지게 하시고 진리의 빛과 십자가로 변하게 하여 주시옵기를 간절히 기도하옵나이다. 북녘땅 가는 곳마다 교회가 세워져 이 어두운 밤, 진리의 빛이 빛나게 하옵소서.

진리의 빛이 되신 주님!

그래도 주님께서 북녘동포를 사랑하셔서 이 북녘땅을 선교의 옥토로 가꾸어 가고 계심을 믿고 감사드립니다. 그 동안 주님께서는 선교의 장애요인이 되는 협소한 민족주의와 미신을 없애 버렸습니다. 편견은 아직도 남아 있습니다만, 교만 · 권위주의는 점차 없어져 가고 있습니다.

"가난한 자에게 복음이 전파된다."(마 11 : 5)라고 하신 주님의 말씀대로 이 땅에 복음이 자유롭게 전파되게 하옵소서. 그래서 우리 7천만 민족이 복음으로 하나되게 하옵소서.

"하늘에 있는 것이나 땅에 있는 것이 다 그리스도 안에서 통일되게 하려 하심이라."(엡 1 : 10)라고 하신 말씀대로 남북이 그리스도 안에서 통일되게 하여 주시옵기를 간절히 기도하옵나이다. 그래서 우리 7천만 민족이 세계 속에 진리의 빛을 발하는 민족되게 하옵소서.

우리나라가 동북아로 뻗어나가고 유라시아로 뻗어나가서 세계 속에 평화의 빛과 진리의 빛을 발하는 나라 되게 하옵소서. 이 모든 말씀을 인류를 구원하신 우리 주 예수 그리스도 이름으로 기도하옵나이다.

- 아멘 -"

한 알 밀의 신비

(요 12 : 20~26)(고후 5 : 13~19)

-주님 십자가상의 고난을 생각하며-

은혜와 사랑이 풍성하신 하나님!

세상 죄로 죽을 수밖에 없는 저희들을 십자가의 보혈로 구속해 주시고 영원한 생명을 누리며 살 수 있는 특권을 주신 은혜에 감사드립니다.

국내외 정세의 급변하는 소용돌이 속에서도 영원히 변치않는 진리의 말씀 안에서 참된 자유와 평화를 누리며 살 수 있는 은혜 주신 것을 더욱 감사드립니다.

우리를 자유롭게 하신 주님!

이 자유의 고마움을 알고 신앙의 자유를 지켜 나가는 하나님의 종들이 되게 하옵소서. 사랑의 종이 되므로 미움에서 자유하고 의의 종이 되므로 불의에서 자유하는 하나님의 사람들이 되게 하여 주시옵기를 간절히 기도하옵나이다.

주님!

우리 소망의 식구들 중 병약해서, 직장이나 사업관계로, 진학문제로 어려움을 당한 자 있거든 위로해 주시고 이들의 비밀한 소원을 들어 응답해 주옵소서. 어떤 고난과 역경 가운데서도 주님 십자가상의 고난을 바라보며 위로 받게 하시고 부활의 영광을 보며 소망이 넘치는 삶을 살게 하여 주시옵기를 간절히 기도하옵나이다.

인류역사를 섭리하시는 하나님!

우리나라와 민족을 사랑하셔서 그 숱한 고난 속에서도 이처럼 큰 발전을 이루게 하신 은혜에 감사드립니다.

특별히 금년에 있을 월드컵, 대통령선거, 지방선거 등 국가적인 큰 행사들이 하나님 뜻과 섭리 가운데 잘 치러지게 하옵소서.

이 행사들을 통해 우리국민 모두는 서로 사랑하고 협력하므로 자기 조직이나 정파보다 먼저 나라와 민족을 생각하게 하옵소서. 그리하여 정치발전・경제성장의 계기가 되게 하시고 국민화합과 민족통합을 이루게 하여 주시옵기를 기도하옵나이다. 굳게 닫힌 저 북녘 땅에도 신앙의 자유를 허락하시고 가난과 억압에서 벗어나게 하옵소서.

교회의 머리가 되신 주님!

주의나라 확장을 위해 이곳에 소망교회를 허락하시고 이처럼 큰 성장을 이루게 하신 은혜에 감사드립니다. 더욱이 우리 소망교회가 북방선교・세계선교의 큰 사역을 감당하게 하신 은혜에 감사드립니다. 소망교회에서 전해지는 주님의 말씀이 권세가 있게 하시고 책자나 카세트 및 인터넷을 통해 전해지는 곳마다 구원의 역사와 생명의 역사가 나타나게 하옵소서.

세우신 교역자님들에게도 항상 함께 하셔서 주님 사역을 잘 감당하게 하옵소서. 특별히 오늘 단위에 세우신 곽선희 목사님, 영육 간에 강건함을 허락하셔서 권세 있는 말씀을 전할 수 있도록 은혜 내려 주시옵기를 간절히 기도하옵나이다.

은혜로우신 주님!

거룩한 성일 교회학교에서 봉사하는 교사들, 그리고 이 시간 교회 안팎에서 예배를 돕는 성도들, 특별히 이 시간 찬양을 하는 베다니성가대를 붙드셔서 하나님께 영광 돌리는 찬양을 하게 하옵소서.

오늘 이 예배가 온전히 신령과 진정으로 하나님께 드려지는 예배가 되게 하여 주시옵기를 간절히 바라오며, 이 모든 말씀을 우리 주 예수 그리스도 이름으로 기도하옵나이다. ―아멘―

종려주일(부활주일 전주일)

(요 16 : 25～33)(고후 5 : 13～19)

전능하신 하나님!

죄 많은 세상 가운데서도 저희들에게 구속의 은총을 주셔서 영원한 승리의 삶을 살 수 있도록 은혜를 내려 주셔서 감사드립니다.

전쟁의 소리가 들리는 어지러운 세상의 소용돌이 속에서도 영원히 변치 않는 진리의 말씀 안에서 참된 자유와 평화를 누리며 살 수 있는 특권을 주신 것을 더욱 감사드립니다.

복음 안에서 우리를 자유롭게 하신 주님!

이 자유의 고마움을 알고 신앙의 자유를 지켜 나가는 주의 종들이 되게 하옵소서. 우리 소망의 식구들 중 직장을 잃었거나 사업문제로 고통을 당한자 있거든 위로해 주시고 이 위기를 성공의 기회로 바꾸는 지혜와 능력을 허락해 주옵소서. 오늘 종려주일을 맞는 저희들, 어떤 고난 속에서도 주님 십자가만을 바라보며 경건한 생활을 하게 하시고 주님 부활의 영광을 보며 승리의 삶을 살게 하여 주시옵기를 간절히 기도하옵나이다.

인류구원을 위해 예고된 십자가 고난의 길을 자원적으로 걸으신 주님의 위대한 계시적 사건을 깨달아 알게 하옵소서. 호산나 호산나 부르며 나귀를 타고 입성하신 예수님의 참 승리의 모습을 보게 하여 주시옵기를 간절히 기도하옵나이다.

영광의 하나님!

세우신 대통령과 각계각층 지도자, 그리고 국민 모두에게 먼저 하나님을 경외하는 마음을 주셔서 지혜로 힘을 모아 이 위기를 극복하게 하옵소서. 저 북녘 동포들의 고난에도 함께 동참하여 사랑의 마음과 구원의 손길을 베풀게 하여 주시옵기를 간절히 기도하옵나이다.

교회의 머리가 되신 주님!

하나님나라 확장을 위해 이곳에 소망교회를 세워 주시고 북방선교와 세계선교의 큰 사역을 감당하게 하신 은혜에 감사드립니다. 특별히 북방서교를 위해 계획하고 있는 모든 일들이 어려움없이 잘 추진될 수 있도록 도와주시옵기를 기도하옵나이다.

소망교회에 세우신 곽선희 목사님과 모든 교역자님들에게도 주의 권능으로 함께하셔서 하나님의 선교적 사역을 잘 감당하게 하옵소서.

오늘 진리의 말씀을 전하시는 곽선희 목사님, 영육 간에 강건함을 주셔서 하나님의 놀라운 구원의 역사와 생명의 역사를 이루게 하여 주시옵기를 간절히 기도하옵나이다.

이 시간 교회 안팎에서 예배를 돕는 주의 종들, 그 수고의 손길을 위로해 주시고 복에 복을 더해 주옵소서. 오늘 거룩한 성일, 하나님께 드리는 이 예배가 신령과 진정으로 드려지는 예배가 되게 하옵소서. 이 모든 말씀을 우리 주 예수 그리스도 이름으로 기도하옵나이다. −아멘−

1998. 4. 5. 종려주일(부활주일 전주일)
소망교회 4부예배
대표기도 박완신 장로 드림

이것을 네가 이기었노라

(요11：17～27)

－부활주일 기도－

인류의 소망이요 빛이 되시는 주님!

주님 지신 십자가상의 고난으로 온 인류를 죄에서 구원해 주시고 주님 부활의 승리로 저희들에게 영원한 삶을 살 수 있도록 특권을 주신 은혜에 감사드립니다.

오늘 부활주일을 맞는 저희들, 인류구원을 위해 예고된 십자가 고난의 길을 자원적으로 걸으신 주님의 위대한 계시적 사건을 깊이 깨닫게 하시고 주님 부활의 영광을 보며 기쁨과 소망이 넘치는 승리의 삶을 살게 하여 주시옵기를 간절히 기도하옵나이다.

자비하신 하나님!

우리 소망의 식구들 중 육신이 연약한 자, 가정·진학문제·직장·사업문제 등으로 고통을 당한 자 있거든 위로해 주시고 이 고난들을 승리의 기회로 바꿀 수 있는 창조적 능력을 허락해 주시옵기를 기도하옵나이다.

십자가와 부활의 복음 안에서 우리를 자유케 하신 주님만을 전적으로 위탁하며 신앙의 자유를 굳게 지켜 나가는 주의 종들이 되게 하옵서. 사랑의 종이 되므로 미움에서 자유하고 겸손의 종이 되므로 교만에서 자유하는 하나님의 사람들이 되게 하여 주시옵기를 기도하옵나이다.

전능하신 하나님!

지난 16대 총선도 무사히 치르게 하신 은혜에 감사드립니다. 선출된 국회의원, 세우신 대통령, 그리고 각계각층의 지도자들에게 먼저 하나님을 경외하는 마음을 주셔서 이 나라를 공의로 다스릴 수 있도록 도와

주시옵기를 간절히 기도하옵나이다.

6월로 예정된 남북정상회담도 준비 · 접촉과정이나 모든 진행되어 지는 일들이 주님 뜻 가운데 잘 이루어져서 한반도에 참 평화가 정착되는 계기가 되게 하옵소서.

저 북녘땅에도 평화의 복음과 사랑의 복음이 전파되게 하셔서 고난당하고 있는 북한동포들이 가난과 억압에서 벗어나 참자유와 기쁨이 충만한 삶을 살 수 있도록 도와주시옵기를 기도하옵나이다.

교회의 머리가 되신 주님!

하나님 뜻이 계셔서 이곳에 소망교회를 지명하여 세워 주시고 북방선교와 세계 선교의 소명을 감당할 수 있도록 은혜 주심을 감사드립니다.

특별히 곽선희 목사님에게 성역 40년 동안 주의권능으로 함께 하셔서 이 땅에 진리의 말씀을 바로 전하게 하시고 세계만방에 하나님나라 확장을 위해 큰사역을 감당할 수 있도록 복에 복을 더해 주신은혜에 감사드립니다.

오늘 부활주일을 맞아서 목사님을 단위에 세우셨으니, 하나님 말씀을 대언하실 때에는 영육 간에 강건함을 주셔서 전해지는 진리의 말씀이 구원의 역사와 생명의 역사를 이루게 하여 주시옵기를 간절히 기도하옵나이다.

사랑의 하나님!

소망교회에 세우신 모든 교역자님들에게도 항상 힘을 주시고 능력을 주셔서 하나님의 사역을 잘 감당할 수 있도록 도와주옵소서. 이 시간 교회학교에서 예배드리는 교사와 어린 학생들, 교회안팎에서 예배를 돕는 모든 성도들, 그리고 찬양으로 하나님께 영광돌리는 호산나성가대를 성령께서 주장하셔서 신령과 진정으로 예배드릴 수 있도록 도와주시옵기를 간절히 바라오며, 이 모든 말씀을 부활이요 생명이신 우리 주 예수 그리스도 이름으로 기도하옵나이다.

—아멘—

그 어버이와 그 자녀

(고전 4 : 14～17)

－어린이 주일기도－

사랑과 은혜가 충만하신 하나님 !

격변하는 이 세대의 소용돌이 속에서도 영원히 변치 않는 진리의 말씀 안에서 참된 평화를 누리며 살 수 있는 특권을 주신 은혜에 감사드립니다.

오늘 이 거룩한 성일과 어린이주일을 맞이해서 저희들에게 순결하고 겸손한 모습으로 예배드릴 수 있도록 은총을 내려 주셔서 감사드립니다.

"어린아이와 같이 자신을 낮추는 자가 천국에서 가장 큰 자"라고 하신 말씀대로 우리 모두는 돌이켜서 어린이와 같이 되어 자신을 낮추며 하나님나라의 큰 자로 성장하게 하여 주시옵기를 간절히 기도 하옵나이다.

우리들이 먼저 자녀들에게 겸손함을 보이게 하시고, 기쁨과 평화가 넘치는 행복한 삶의 모습을 나타내게 하옵소서. 자녀들에게 세상 것을 물려주려고 하지 말고 진리의 말씀을 주고 영생을 주고 천국 열쇠를 물려줄 수 있게 하옵소서. 그래서 우리 자녀들이 말씀의 깊은 뿌리 안에 굳건히 서서 하나님 중심의 세계관을 갖고 이 세상의 빛과 소금으로 살 수 있도록 은혜 허락해 주시옵기를 간절히 기도하옵나이다.

주님 !

아직도 이 나라에는 정치 · 경제 · 사회 · 문화 각 분야에서 어려움을 많이 겪고 있습니다. 어두운 밤입니다. 이 나라를 말씀 위에 굳게 세워주시고 진리의 빛으로 밝게 비추어 주옵소서.

이 나라 지도자와 백성들 모두에게 먼저 하나님을 두려워하는 마음을 주셔서 사랑과 평화 및 공의가 하수같이 흐르는 나라로 세워 주시옵기를 간절히 기도하옵나이다.

자비하신 주님!

저 북녘 땅에서 신음하고 있는 우리 어린이들도 불쌍히 여기사 기아 상태에서 해방되게 하시고 진정한 사랑 안에 자라게 하옵소서.

북한에도 하루속히 교회학교가 세워짐으로써 북녘의 어린이들이 진리의 말씀으로 잘 양육될 수 있도록 도와 주시옵기를 간절히 기도하옵나이다.

지금 소망교회 교회학교에서 양육되고 있는 어린아이들도 오직 복음 안에 성장할 수 있도록 은혜 허락해 주옵소서.

교회학교 교사들에게도 항상 성령 충만함을 주셔서 어린학생들을 잘 지도할 수 있도록 도와주옵소서.

사랑의 하나님!

오늘 특별히 말씀을 증거하시는 곽선희 목사님 영육 간에 강건함을 주셔서 권세 있는 말씀을 전할 수 있도록 은혜 허락해 주옵소서.

이 시간 교회 안팎에서 예배를 돕는 모든 성도들, 그리고 이시간 찬양으로 하나님께 영광돌리는 호산나성가대에 은총을 더하셔서 신령과 진정으로 드려지는 예배가 되게 하옵소서. 이 모든말씀을 우리 주 예수 그리스도 이름으로 기도 하옵나이다. ―아멘―

1997년 5월 4일 어린이주일
소망교회 2부 예배
대표기도 : 박완신 장로 드림

전쟁의 경륜적 속성

(삼상 17 : 41～49)

－6.25 51년을 맞아 드리는 기도－

하늘에 계신 영광의 하나님!

세상죄로 죽을 수밖에 없는 저희들을 십자가의 보혈로 구속해 주시고 영원한 생명을 누리며 살 수 있는 특권을 주신 은혜에 감사드립니다.

하나님이 주신 이 놀라운 구원의 축복을 저희들은 항상 감사하며 살게 하시고 날마다 찬송과 기도로 이어지는 삶이 되게 하여 주시옵기를 기도하옵나이다.

전능하신 하나님!

전쟁의 소리가 들리는 가운데서도 이만한 자유와 평화를 누리며 살 수 있는 은혜 주셔서 감사드립니다.

하나님께서 주신 이 자유와 평화의 고마움을 알고 항상 감사하는 삶을 살게 하여 주시옵기를 기도하옵나이다. 이 나라를 다스리는 대통령과 위정자들에게도 화해의 마음을 주셔서 통일문화 창출에 앞장서게 하시고 우리 온국민들도 서로 사랑하므로 하나되게 하옵소서.

주님!

이 나라는 허리가 동강난 지 반세기가 지났는데도 아직도 세계 유일한 분단국으로 남아 있습니다. 다시는 이 땅에 6.25와 같은 전란이 없게 하시고 그리스도 안에서 평화롭게 통일을 이루게하여 주시옵기를 기도하옵나이다. 전쟁도 평화도 하나님 손에 있음을 저희들은 믿고 있습니다.

전능하신 하나님!

이 민족에게 다시는 전쟁으로 인한 비극을 겪지 않도록 도와 주옵소서.

우리 민족에게 먼저 통일을 담을 그릇이 되게 하시고 평화와 통일을 위해 기도하는 우리들 모두 되게 하옵소서.

그리고 저 북녘 동포들에게도 억압과 굶주림의 고통에서 해방되게 하시고 주의 복음을 자유롭게 들을 수 있는 날이 속히 돌아올 수 있도록 도와 주시옵기를 간절히 기도하옵나이다. 그래서 남북 이데올로기의 갈등이 복음안에서 치유되게 하시고 그리스도 안에서 민족이 하나되게 하옵소서.

전능하신 하나님!

소망교회에 맡기신 평양과학기술대학도 주께서 친히 이루어 주시고 이 대학이 복음의 거점이 되어 북녘 복음화의 귀한 사역을 이루게 하여 주시옵기를 간절히 기도하옵나이다.

교회의 머리가 되신 주님!

주님 뜻이 계셔서 이곳에 소망교회를 지명하여 세워 주시고 이처럼 큰 성장을 이루게 하신 은혜에 감사드립니다. 오늘 말씀을 전하시는 곽선희 목사님에게는 영육 간에 강건함을 주셔서 권세 있는 말씀을 전하게 하옵소서.

이 시간 예배를 돕는 예배위원들, 찬양으로 하나님께 영광 돌리는 시온성대를 성령께서 주장하셔서 신령과 진정으로 드려지는 예배가 되게 하옵소서.

이 모든 말씀을 우리 주 예수 그리스도 이름으로 기도하옵나이다.

—아멘—

2001. 6. 24～25. 51주년
소망교회 3부 예배
대표기도 : 박완신 장로 드림

처음 사랑의 회복

(계 2 : 1～7)

－주일 저녁 찬양 예배기도－

사랑과 은혜가 충만하신 하나님 아버지 !

그 크신 구원과 성령의 인도하심으로 온전히 하나님 아버지를 바라보게 하시고 그의 나라와 의를 구하게 하심으로 찬양예배를 드리게 하시는 은혜에 감사와 찬양과 영광과 존귀를 드립니다.

주님의 그 크신 은혜에도 불구하고 하나님 아버지를 기쁘시게 하지 못하는 저희들을 긍휼히 여기시고 불쌍히 여기사 성령님의 감화 감동과 지혜와 계시의 영을 허락 하사 하나님의 뜻을 분별하여 행함으로써 하나님 아버지를 기쁘시게 하는 저희들 되게 하옵소서.

교회의 머리가 되신 주님 !

주님 뜻이 계셔서 이곳에 소망교회를 허락하시고 지난 26년 동안 이처럼 큰 성장을 이루게 하신 은혜에 감사드립니다. 특히 곽선희 목사님을 선택하셔서 하나님 말씀을 대언하게 하심으로써 구원의 역사와 생명의 역사를 이루게 하신 은혜에 감사드립니다.

세우신 열여덟 분의 부목사님들에게도 항상 함께하셔서 주님 사역을 잘 감당하게 하시고, 동사목사님으로 세우신 김지철 목사님도 주님 은혜 가운데 붙드셔서 우리 소망교회가 의와 진리와 사랑으로 충만한 본이 되는 교회가 되게 하옵소서.

은혜로우신 주님 !

분당예수소망교회도 잘 마무리되어 하나님의 선교적 사역을 잘 감당하게 하옵소서. 그래서 우리 소망교회가 국내전도는 물론이고 세계선교와 북방선교 사역을 잘 감당할 수 있도록 도와 주시옵기를 간절히 기도하옵나이다.

오늘도 저 북녘땅에 은총을 더하사 가난과 억압에서 해방되게 하시고 복음이 자유롭게 전파될 수 있도록 도와주옵소서. 지하에서 울부짖는 성도들의 기도를 들어 응답해 주시고 북녘땅에 신앙의 자유가 활짝 피어나게 하여 주시옵기를 간절히 기도하옵나이다.

나진에 세워진 고아원과 평양에 세워질 과학기술대학도 하나님이 주장하셔서 이 사역을 통해 북한복음화의 기초가 되게 하시고 한반도 평화와 통일에 기여하게 하옵소서. 북한 핵문제도 평화롭게 해결되게 하시고, 다시는 6.25와 같은 전쟁으로 우리민족이 피를 흘리는 일이 없도록 도와주시옵기를 간절히 기도하옵나이다.

자비하신 주님!

세우신 대통령과 모든 위정자들에게도 먼저 하나님을 경외하는 마음을 주셔서 주님 주신 지혜로 이 나라의 어려움을 극복할 수 있도록 은혜내려 주옵소서. 우리 모두는 먼저 하나님나라와 그 의를 위해 기도하게 하셔서 이 나라에 하나님의 공의만이 넘치게 하옵소서.

사랑의 하나님!

오늘 주의 말씀을 증거하기 위해 단위에 세우신 김성욱 목사님에게 영육 간에 강건함을 허락하셔서 영적 권세로 말씀을 전할 수 있도록 은혜내려 주시고, 말씀을 듣는 저희들에게 성령님의 조명으로 하나님의 음성을 듣게 하옵소서

예배 첫 시간이오니 시종을 주께서 주장하시며 홀로 영광 받아 주옵소서.

이 모든 말씀을 우리 주 예수 그리스도 이름으로 기도하옵나이다.

—아 멘—

2003년 7월 6일
소망교회 찬양예배
아내 홍경순 권사 기도 드림

저 안식일에 들어가기를 힘쓰라

(히 4：4～11)

－2000. 6. 13～15. 남북정상회담 후의 기도－

하늘에 계신 영광의 하나님！

오늘 이 거룩한 안식일 성삼위 하나님의 임재 앞에 저희 소망의 식구들이 함께 모여 예배 드리게 하시오니 감사와 찬송과 영광을 하나님께 돌립니다. 하나님의 궁극적 소원이 예배에 있음을 믿고 이 시간 신령과 진정으로 하나님이 기뻐하시는 산제사를 드릴 수 있도록 저희들 심령심령을 주장해 주옵소서.

전능하신 하나님

금년과 같은 무더위와 가뭄속에서도 때를 따라 단비를 내리심으로써 하나님의 전능하신 창조적 섭리를 깨닫게 하신 은혜에 감사드립니다. 우리 생의 목적이 오직 하나님께 영광 돌리며 하나님만 전적으로 위탁하는 삶을 살게 하여 주시옵기를 간절히 기도하옵나이다.

자비하신 주님！

우리 소망의 식구들로 하여금 육신적인 병마와 질고속에서도 하나님의 따뜻한 손길을 느끼게 하시고 정신적인 고통과 갈등 속에서도 주님의 부드러운 음성을 듣고 성실한 삶을 살게 하옵소서.

믿음의 욥에게 마음의 성전을 허락하셨던 하나님！

우리의 마음속에 하나님의 성전을 이루게 하여 주시옵기를 간절히 기도하옵나이다.

교회의 머리가 되신 주님！

주님 뜻이 계셔서 이곳에 소망교회를 허락하시고 신앙의 질이 날로 성숙한 교회되게 하신 은혜에 감사드립니다. 우리 소망교회에 세우신 곽선희 목사님과 모든 교역자님들이 주님뜻을 이루어 가기에 부족함이 없도록 도와주시옵기를 간절히 기도하옵나이다.

은혜와 사랑이 충만하신 하나님!

저희 소망교회 교회학교를 사랑하셔서 방학을 맞아 여름성경학교와 수련회를 개최할 수 있도록 은혜 내려 주심을 감사드립니다. 이 일을 위해 땀흘려서 수고하시는 교역자님들과 교회학교 교사들을 위로해 주시고 오직 하나님의 영광을 위해 헌신봉사하는 선한 청직이들이 다 되게 하옵소서.

인류력사를 섭리하시는 하나님!

이 민족을 사랑하셔서 이만한 자유와 평화를 누리며 살 수 있도록 복을 내려 주신 은혜에 감사드립니다. 그러나 아직도 이념문제로 갈등이 심화되고 있으니, 하나님 말씀으로 이데올로기를 극복할 수 있도록 도와주시옵기를 간절히 기도하옵나이다.

전능하신 하나님!

지난 6월에 남북정상이 분단 이후 최초로 만나서 정상회담을 열 수 있도록 역사하신 그 크신 은혜에 감사드립니다. 남북정상이 함께 합의한 6.15고동선언이 성실하게 실천되어 한반도에 평화가 정착되게 하시고, 그리스도 안에서 우리 민족이 하나될 수 있도록 은총을 허락해 주시옵기를 간절히 기도하옵나이다.

은혜로우신 주님!

오늘 이 거룩한 성일에 주님말씀을 대언하시기 위해 단위에 세우신 곽선희 목사님에게 주의 권능의 팔로 붙드사 영적인 권세로 말씀을 증거할 수 있도록 은총을 더해 주시옵기를 간절히 기도하옵나이다.

이 시간 교회 안팎에서 예배를 돕는 모든 성도들, 그리고 찬양으로 하나님께 영광 돌리는 시온성가대를 성령께서 주장하셔서 신령과 진정으로 드리는 예배가 되게 하옵소서.

이 모든 말씀을 우리 주 예수 그리스도 이름으로 기도하옵나이다.

－아 멘－

베푸신 큰일을 본 사람

(출 14 : 26～31)

－8 · 15 광복절 기념 대표기도문－

전능하신 하나님!

우리가 하나님을 믿고 사는 것만도 엄청난 축복이온데, 이 격변하는 소용돌이 속에서 죄의 노예가 되지 않고 참 자유와 평화를 누리며 살 수 있는 은총을 내려 주셔서 감사를 드립니다.

자비로우신 주님!

이 큰 축복속에 사는 저희들 세상에 모든 것 다 잃어도 굳건한 믿음만 있으면 가장 큰 축복임을 깨닫는 저희들 되게 하옵소서.

주님이 원하시는 길로 우리의 삶을 인도하셔서 주님의 뜻을 이 땅에 이루어 가기에 부족함이 없는 우리 소망의 식구들 다 되도록 도와주시옵기를 간절히 기도하옵나이다.

인류역사를 섭리하시는 하나님!

100여 년 전, 이 땅에 복음의 빛 비추시고 3만 교회와 1천만 성도로 크게 부흥시켜 주신 은혜에 감사드립니다. 우리 한국교회에 내려 주신 이러한 양적인 성장만이 아니라 신앙의 질이 날로 성숙될 수 있도록 도와주옵소서.

먼저 믿는 저희들에게 영적 지도력과 영적 책임감을 통감하게 하옵소서. 우리 생활속에서 천국을 보여 주고 교회를 보여 주는 전도자의 사명을 잘 감당하게 하옵소서.

이 땅의 그루터기에 남은자들 되어 복음의 빛 비추게 하여 주시옵기를 간절히 기도하옵나이다.

주님!

일제 36년 간의 억압통치에서 우리민족을 해방시켜 주신 은혜에 감사드립니다. 그러나 광복 44주년을 맞는 지금, 우리민족은 아직도 너무나 큰 이념의 혼돈과 갈등을 겪고 있습니다. 이 나라에 되어지는 모든 일도 하나님의 뜻과 섭리 속에 있음을 믿는 하나님 중심의 가치관을 저희들에게 허락해 주옵소서. 그 어떤 이념이나 제도도 이 민족의 마음을 하나로 묶을 수는 없음을 저희들은 알고 있습니다.

민족이 하나되기를 원하시는 하나님!

우리민족이 오직 그리스도 안에서 사랑으로 하나되게 하여 주시옵기만을 간절히 기도하옵나이다. 저 북녘땅에도 복음이 자유롭게 전파되게 하셔서 무너진 성전이 다시 수축되고 기도와 찬송이 울려 퍼지는 날이 속히 올 수 있도록 도와주시옵기를 기도하옵니이다. 그래서 우리 6천만 민족이 세계 속에 복음의 빛을 발하는 천국 대사의 사명을 잘 감당하게 하옵소서.

교회의 머리가 되신 주님!

주의나라 확장을 위해 이곳에 소망교회를 세워 주시고 이처럼 큰 성장을 이루게 하신 은혜에 감사드립니다.

우리소망교회가 구원의 역사를 이루며 민족복음화와 세계복음화를 위한 전초기지가 되게 하옵소서. 주께서 세우신 곽선희 목사님, 오늘도 성단에 세우셨으니 영육간에 강건함을 더하셔서 권세 있는 말씀을 전할 수 있도록 도와주옵소서.

소망교회에 세우신 모든 교역자님들에게도 항상 주께서 함께 하시사 주의 복음사역을 감당하는 데 부족함 없도록 도와주옵소서.

예배의 시종을 온전히 주께 위탁하오며 이 모든 말씀을 우리 주 예수그리스도 이름으로 기도하옵나이다. －아멘－

1989년 8월 13일

소망교회 4부 예배

대표기도 : 박완신 집사 드림

(당시 피택장로로서 1989년 11월 26일 장로장립)

오직 내 안에 그리스도

(갈 2 : 20)

전능하신 하나님!

죄로 죽을 수 밖에 없는 저희들을 십자가의 보혈로 구속해 주시사 영원한 생명을 누릴 수 있는 특권을 주신 은혜에 감사드립니다.

주님!

"내가 산 것이 아니요 오직 내 안에 그리스도께서 사신 것"(갈 2 : 20)이라고 한 사도바울의 고백대로 우리삶 전체가 주 안에 사로잡혀 사는 우리들 다 되게 하옵소서.

사랑의 하나님!

세상에서 고통당하는 형제들에게는 주님께서 위로자가 되어 주시고 실패한 자, 소외당한 자, 병든 자들은 하늘에 소망의 닻을 내리고 살 수 있는 성숙한 믿음을 허락해 주시옵기를 간절히 기도하옵나이다.

자비로우신 주님!

우리들은 이 성숙된 믿음 안에서 "너희는 먼저 그의 나라와 의를 구하라"(마 6 : 33)라고 하신 말씀을 실천함으로써 하나님나라를 위해 살게 하시고 이 땅에 공의를 실천하는 하나님의 사람들이 되게 하여 주시옵기를 기도하옵나이다.

교회의 머리가 되신 주님!

주의 나라 확장을 위해 이곳에 소망교회를 세워 주시고 이처럼 큰 성장을 이루게 하신 은혜에 감사드립니다. 우리 소망교회가 주의 뜻을 이 땅에 이루어 가기에 부족함이 없도록 성령께서 역사해 주옵소서. 데살로니카 교회처럼 믿음의 역사, 사랑의 수고, 소망의 인내를 통해 소문난 교회되게 하여 주시옵기를 기도하옵나이다.

평화의 왕이 되시는 주님!

분단의 아픔 속에서 심한 갈등을 겪고 있는 이 민족에게 주님주시는 참된 평화가 속히 임하게 하옵소서. 저 북녘땅에도 하나님의 말씀이 자유롭게 선포되게 하시고 무너진 제단이 하루속히 다시 세워지게 하옵소서. 그래서 우리 6천만 민족이 복음으로 하나되게 하시고 세계만방에 복음의 씨를 뿌리며 하나님나라를 확장하는 민족으로 세워 주시옵기를 간절히 기도하옵나이다.

선한 목자되시는 주님!

우리 소망교회에 귀한 교역자님들을 세워 주셔서 감사드립니다. 항상 지혜를 더하셔서 하나님나라 확장을 위한 복음사역에 피곤치 않도록 주께서 강하게 붙들어 주옵소서. 교회 각 기관에서 이름없이 헌신 봉사하는 주의 사랑하는 종들을 기억하사 그 수고가 하늘나라에 상달되는 수고가 되게 하옵소서.

사랑의 하나님!

오늘 말씀을 전하시는 곽선희 목사님에 영육 간에 강건함을 더하셔서 이 시간 온전히 영적권세로 구원의 역사와 생명의 역사를 이루게 하여 주시옵기를 간절히 기도하옵나이다.

이 시간 교회 안팎에서 예배를 돕는 주의 종들, 교회학교에서 헌신 봉사하는 교사들, 찬양으로 하나님께 영광돌리는 시온성가대를 성령께서 주장해 주옵소서. 이 예배의 시종을 온전히 주님께서 주장하여 주시옵기를 간절히 바라오며, 이 모든 말씀을 우리 주 예수 그리스도 이름으로 기도하옵나이다. —아멘—

1989년 5월 7일
소망교회 3부 예배
대표기도 : 박완신 집사
(1989년 5월 24일 장로투표에서 소망교회 장로로 피택)

이 선지자의 고민

(요나서 4 : 3～11)

－추석, 태풍, 홍수, 월드컵, 아시안게임, 대통령선거를 위한 기도－

사랑과 은혜가 충만하신 하나님!

세상의 많은 재난 가운데서도 저희들을 주의 날개 아래 보호해 주시고 그 많은 시기・질투・비방이 난무하는 가운데서도 굳건한 믿음을 지키며 살 수 있는 은혜 주셔서 감사드립니다.

사랑의 하나님!

이번 태풍과 홍수로 생명과 재산을 잃고 고통 가운데 하루 하루를 지내는 이재민들에게 주님이 함께 하셔서 주 안에서 참된 위로를 얻게 하여 주옵소서. 직장이나 사업 및 진학이나 가정문제로 어려움을 당한 소망가족들에게도 주님 십자가상의 고난과 부활의 영광을 보며 승리의 삶을 살게 하여 주시옵기를 간절히 기도하옵나이다.

전능하신 하나님!

지난 월드컵도 온 국민이 하나되는 평화의 축제로 끝나게 하신 은혜에 감사드립니다. 남북한이 함께 참여하는 이번 부산아시안게임도 하나님이 주장하셔서 단순한 운동경기가 아니라 나라와 나라 사이에, 민족과 민족 사이에 화합의 장이 되게 하여 주시옵기를 간절히 기도하옵나이다.

12월 대통령선거도 주님 은혜 가운데 치러져서 이 나라가 큰 발전을 이루는 계기가 되게 하옵소서. 이 나라를 다스리는 대통령과 위정자들에게도 밝은 총명과 지혜를 주셔서 국가와 민족을 바르게 인도할 수 있도록 도와주시옵기를 기도하옵나이다. 이번 추석명절에 고향을 찾는 성도들도 주님께서 오가는 길을 지켜서 보호해 주시고 가는 곳마다 주의 복음을 전하는 구원의 역사가 나타나게 하옵소서.

사랑의 하나님!

우리 소망교회로 하여금 나라와 민족을 위해 일하게 하시고 북방선교 세계선교의 큰사역을 감당하게 하신 은혜에 감사드립니다. 나진 고아원에서 자란 어린이들이 복음 안에서 양육되게 하시고 병원 세우는 일도 잘 완공되어 북한선교의 역사를 이루게 하옵소서.

지난 주간에는 평양과학기술대학 건립을 위해 곽 목사님께서 무사히 평양에 다녀올 수 있게 하신 은혜에 감사드립니다.

특별히 연변과학기술 대학에 이어 평양과학기술대학을 우리 소망교회가 맡아 지을 수 있도록 은혜 주심을 감사드립니다. 이 평양과학기술대학을 통해서 북한 복음화의 전초기지가 되게 하여 주시옵기를 간절히 기도하옵나이다.

교회의 머리가 되신 주님!

소망교회가 하나님나라 확장을 위한 이 귀한 사역을 잘 감당하게 하시고 이처럼 큰 성장을 이루게 하신 은혜에 감사드립니다. 소망교회에 세우신 교역자님들을 더욱 강하게 붙드셔서 하나님나라 확장을 위한 귀한 종들이 되게 하옵소서.

특별히 곽선희 목사님을 항상 영육 간에 강건하게 붙드셔서 오늘도 권세 있는 말씀을 전할 수 있도록 은혜 허락해 주시옵기를 간절히 기도하옵나이다. 오늘도 교회 각 기관에서 봉사하는 주의 종들, 교회학교에서 진리의 말씀을 가르치는 교사들, 예배를 돕는 예배위원, 차량위원, 글로리아 성가대를 성령께서 주장해 주옵소서.

이 모든 말씀을 우리 주 예수 그리스도 이름으로 기도하옵나이다.

—아멘—

2002년 9월 15일
소망교회 5부 예배
대표기도 : 박완신 장로 드림

자기 기념비의 운명

(삼상 15 : 10～15)

－미국 국제무역센타 9.11 테러사건 때의 기도－

전능하신 하나님!

테러와 전쟁의 소리가 들리는 가운데서도 저희들을 주의 날개 아래 보호해 주시고 참자유와 평화를 누리며 살 수 있도록 복을 내려주신 은혜에 감사드립니다. 지난주간 미국 심장부를 강타한 테러 사건은 지구촌을 놀라게 했고 세계경제를 휘청거리게 하고 있습니다.

전운이 감도는 이 어지러운 세상 가운데서도 주님의 세미한 음성을 듣고 진리의 말씀으로 무장하여 영적인 굳건한 삶을 살게 하여 주시옵기를 간절히 기도하옵나이다.

평화의 왕이 되시는 주님!

지금까지 그 숱한 전쟁의 소용돌이 속에서도 이만한 평화와 해복을 누리며 살 수 있도록 은총을 내려 주셔서 감사드립니다. 저희들에게 이번 사건을 통해 더 많은 것을 깨닫게 하시고 희생자와 그 가족들에게는 주님의 위로와 사랑만이 나타나게 하옵소서.

특히 미국의 부시대통령과 지도자들에게 지혜를 더 하셔서 하나님 뜻에 합당한 방법으로 세계평화를 창조하게 하옵소서.

“여호와께서 성을 지키시지 아니하시면 파숫군의 경성함이 허사로다”(시 127 : 1)라고 하신 말씀대로 이번 미국에서 벌어진 테러 사건을 보면서 오직 여호와 하나님만이 우리의 방패가 되심을 믿고(시 15 : 10)주님만 전적으로 위탁하며 겸손하게 사는 우리 모두가 되게 하여 주시옵기를 기도하옵나이다.

우리나라의 정치·경제·사회·문화·종교 모든 지도자들에게도 먼저 하나님을 두려워하는 마음을 주시고 자신이나 자기조직 및 자기정파의 이익보다 나라와 민족의 이익을 먼저 생각하는 공의의 마음을 주옵소서.

교회의 머리가 되신 주님!

주님 뜻이 계셔서 이곳에 소망교회를 세워 주시고 이처럼 큰 성장을 이루게 하신 은혜에 감사드립니다. 특별히 저희 소망교회가 세계선교와 북방선교 사역을 감당하게 하신 은혜에 감사드립니다.

지금 서울에서 열리고 있는 장관급회담(9월 15일~18일)도 주님께서 주장하셔서 통일과 북한선교의 길이 활짝 열리게 하여 주시옵기를 간절히 기도하옵나이다.

사랑의 하나님!

소망교회에 하나님께서 크게 들어 쓰시는 곽선희 목사님과 부목사님들을 세워 주신 은혜에 감사드립니다. 교역자님들이 양떼들을 인도하기에 부족함이 없도록 항상 힘과 능력을 더해 주시옵기를 기도하옵나이다.

특별히 오늘 말씀을 전하시는 곽선희 목사님에게 영적인 강건함과 육신적인 건강을 주셔서 하나님 말씀을 권세있게 전할 수 있도록 은혜 내려 주시옵기를 간절히 기도하옵나이다.

오늘 이 예배를 위해 교회 안팎에서 헌신 봉사하는 주의 종들을 성령께서 붙들어 주옵소서. 오늘 이 예배가 신령과 진정으로 드려지는 예배가 되게 하여 주시옵기를 간절히 바라오며 이 모든 말씀을 우리 주 예수 그리스도 이름으로 기도하옵나이다. －아멘－

2001년 9월 16일
소망교회 4부 예배
대표기도 : 박완신 장로 드림

범사에 감사하라

(살전 5 : 16)

－추수감사 주일 예배－

선하시며 그 인자하심이 영원하신 하나님!

우리를 십자가의 피로 구속해 주시고 영원한 사유의 은총 속에 살게 하신 은혜에 감사드립니다.

주님!

우리는 주님의 이 크고 놀라운 은총 가운데 살면서도 세상 것에 감사했고 신령한 것에 감사하지 못했습니다. 내가 가진 것에 감사할 줄 모르고 가지지 못한 것, 잃어버린 것에만 괴로워하고 불평했음을 이 시간에 고백합니다.

용서해 주옵소서.

전능하신 하나님!

하나님께서는 우리들을 하나님의 형상대로 지으셨고 그리스도의 모습으로 살기를 원하고 계시지만, 저희들은 인간의 모습 그대로만 살아왔습니다.

사랑의 하나님!

"항상 기뻐하라, 쉬지 말고 기도하라, 범사에 감사하라"(살전5 : 16)라고 하신 : 대로 하나님이 우리에게 향하신 뜻을 따라 살게 하여 주시옵기를 간절히 기도하옵나이다.

자비로우신 주님!

우리 소망의 식구들 중 육신의 아픔으로, 가정의 여러 가지 어려움으로 고통을 당한 성도들 있거든 주님의 십자가상의 고통과 부활의 영광을 바라보며 참기쁨과 소망 안에 살게 하옵소서. 사자굴에 던져졌을 때도 하나님께 감사했던 다니엘과 같이 하나님을 향한 절대적 감사가 있게 하옵서. 빌립보 감옥에서도 감사기도 드렸던 사도바울과 같이 고통 중에도 감사기도하는 생활하게 하옵소서.

우리 소망교회를 사랑하시는 주님!

지난 10년 동안 신앙의 질이 날로 성숙하게 하신 은혜에 감사드립니다. 우리 소망교회에 세우신 교역자님들·장로님·권사님·집사님, 그리고 모든 성도들을 붙드셔서 항상 기쁨과 감사의 생활로 충만하게 하여 주시옵기를 간절히 기도하옵나이다.

인류역사를 섭리하시는 하나님!

우리 국민들이 주안에서 참된 자유와 평화를 누리며 살수 있도록 복을 내려 주신 은혜에 감사드립니다. 저 북녘땅 우리 동포들에게도 속히 신앙의 자유를 허락하셔서 북한 땅에 하나님 나라가 크게 확장될 수 있도록 도와주옵서. 그래서 우리 6천만 민족이 그리스도 안에서 복음으로 하나되어 세계만방에 복음의 빛을 전하는 민족되게 하옵소서.

은혜로우신 주님!

오늘 단위에 세우셔서 주님 :을 대언하는 곽선희 목사님에게 영육간에 강건함을 더하셔서 권세 있는 진리의 :을 전하게 하시고 듣는 우리 모두는 은혜가 충만한 시간 되게 하옵소서.

오늘 찬양을 맡은 시온성가대도 성령께서 함께 하시사 하나님께 영광 돌리는 찬양을 하게 하시고, 이 시간 예배를 돕는 주의 귀한 종들도 주님께서 붙드셔서 신령과 진정으로 드려지는 예배가 되게 하옵소서.

이 모든 :을 우리 주 예수 그리스도 이름으로 기도하옵나이다.

— 아멘 —

1988년 11월 20일
소망교회 3부 예배
대표기도 : 박완신 집사 드림(89년11월 26일 장로 장립)

말씀에 붙잡혀 사는 사람

(행 18 : 5~11)

−성서주일 기도−

하늘에 계신 영광의 하나님!

지난 한해를 돌이켜보면 저희들은 영원히 죽을 수밖에 없는 나약한 존재였지만 주님의 절대적 사랑과 진리의 말씀에 붙잡혀서 오늘 이 자리에 와 있음을 믿고 감사드립니다.

주님!

오늘 성서주일을 맞아서 이 시간 머리숙인 저희들, 우리가 얼마나 진리의 말씀으로 무장하며 살았고 그 말씀을 실천하며 살았는지 이시간 고백하오니 용서하여 주옵소서.

교회의 머리가 되신 주님!

우리 소망교회가 주님 말씀의 깊은 뿌리 안에 이처럼 큰 성장을 이루게 하신 은혜에 감사드립니다. 소망교회를 통해 전해지는 진리의 말씀이 책자로 카세트로 인터넷으로 전해지는 곳마다 구원의 역사와 생명의 역사가 나타나게 하여주시옵기를 간절히 기도하옵나이다.

소망교회에 세우신 모든 교역자님들에게도 은총을 더하사 양떼들을 진리의 말씀으로 양육하기에 부족함이 없도록 도와주옵소서.

우리 소망가족 모두에게도 어떤 역경과 고난 가운데서도 주님 진리의 말씀만을 굳건히 붙들고 주님만 전적으로 위탁하는 삶을 살게 하여 주시옵기를 기도하옵나이다.

평화의 왕으로 이 땅에 오신 주님!

세계 유일한 분단국으로 남은 우리나라를 불쌍히 여기사 이데올로기의 갈등을 진리의 말씀으로 치유하셔서 갈라진 조국을 복음 안에서 통일되게 하여 주시옵기를 간절히 기도하옵나이다.

특히 저 북녘땅 우리동포들을 가난과 억압에서 해방되게 하시고 진리의 말씀이 자유롭게 전파되게 하셔서 하나님나라가 크게 확장될 수 있도록 도와주시옵기를 간절히 기도하옵나이다.

말씀이 육신이 되어 이 땅에 오신 주님!

오늘 성서주일을 맞아 성경말씀을 주신 주님의 은혜에 감사하며 진리의 말씀에 붙잡혀 사는 저희들 모두가 되게 하옵소서.

자비하신 하나님!

오늘 특별히 진리의 말씀을 전하시는 곽선희 목사님에게 영육 간에 강건함을 주셔서 권세 있는 말씀을 전할 수 있도록 은혜 내려 주시옵기를 간절히 기도하옵나이다. 이 시간 교회 안팎에서 예배를 돕는 주의 종들, 교회학교에서 봉사하는 교사들, 찬양으로 하나님께 영광 돌리는 글로리아 성가대를 성령께서 주장하셔서 진령과 진정으로 하나님께 드려지는 예배가 되게 하옵소서.

이 모든 말씀을 우리 주 예수 그리스도 이름으로 기도하옵나이다.

－아멘－

2001년 12월 29일

소망교회 5부 예배

대표기도 : 박완신 장로 드림

위로를 기다리는 자

(눅 2 : 25~35)

－성탄주일 기도－

사랑의 하나님, 구원의 하나님!

2천 년 전, 이 땅에 예수 그리스도를 보내셔서 죄로 죽을 수밖에 없는 저희들을 구원해 주시고 영원한 생명을 누리며 살 수 있는 특권을 주신 은혜에 감사드립니다.

말씀이 육신이 되어 이 땅에 오신 주님!

격변하는 이 세대의 소용돌이 속에서도 절대적 진리의 복음 안에 살게 하시고 성탄의 기쁜 소식을 들으며 위로를 기다리는 자로 살게 하심을 감사드립니다. 이제 주님의 이 큰 사랑과 생명 및 구원의 능력 가운데 사는 저희들, 오직 예수그리스도의 마음을 닮아 더 낮아지고 겸손해지므로 이 땅에 사랑과 화평을 이루게 하여 주시옵기를 기도하옵나이다.

평화의 왕으로 오신 주님!

이 나라의 지도자와 국민은 물론이고 세계의 지도자들과 인류에게 주님 주신 평화의 마음을 갖게 하셔서 이 나라와 세계 속에 평화와 안정 및 참된 자유를 심게 하여 주시옵기를 기도하옵나이다. 더욱이 지난 반세기 동안 분단의 고통 속에 살아온 우리민족에게 따뜻한 사랑과 믿음을 갖게 하셔서 그리스도 안에서 이 민족이 평화적으로 통일되게 하여 주시옵기를 간절히 기도하옵나이다.

교회의 머리가 되신 주님!

주님 뜻이 계셔서 이곳에 소망교회를 세워 주시고 이처럼 큰 성장을 이루게 하신 은혜에 감사드립니다. 우리 소망교회에 세우신 모든 교역자님들을 성령께서 붙들어 주시사 양떼들을 인도하기에 피곤치 않도록 도와주옵소서. 특별히 우리 소망교회에 맡기신 북방선교와 세계선교 사역을 잘 감당하게 하옵소서.

교회 각기관에서 헌신봉사하는 성도들에게 주님 은혜로 함께 하셔서 그 수고가 하늘나라에 상달되는 수고가 되게 하옵소서.

자비하신 하나님!

우리 소망의 식구들 중 실직당한 자나 사업상 어려움을 당한 자 가 있거든 위로해 주시고 병중에 있는 자에게는 치유의 손길을 베푸셔서 고난중에도 하나님의 세미한 음성을 듣는 성숙한 믿음을 갖게 하옵소서.

그리고 대학진학을 앞둔 학생들에게는 수능시험결과를 감사함으로 수용하고 열심히 기도한 가운데 대학 입학준비를 할 수 있도록 도와주시옵기를 간절히 기도하옵나이다.

은혜로우신 주님!

오늘 주님 말씀을 대언하시는 곽선희 목사님이 이 시간 권세 있는 말씀을 전할 수 있도록 도와주시옵기를 간절히 기도 하옵나이다. 이 시간 교회 안팎에서 예배를 돕는 주의 종들, 교회학교에서 헌신 봉사하는 교사들, 찬양으로 하나님께 영광돌리는 시온 성가대를 성령께서 주장하셔서 신령과 진정으로 드려지는 예배가 되게 하옵소서.

이 모든 말씀을 우리 주 예수 그리스도 이름으로 기도하옵나이다.

—아멘—

1998년 12월 20일

소망교회 3부 예배

대표기도 : 박완신 장로 드림

오직 은혜

(고전 15 : 3~11)

－한해를 결산하면서 드리는 기도－

하늘에 계신 영광의 하나님 !

2천년 한 해도 하나님 은혜 가운데 참자유와 평화를 누리며 살 수 있는 은혜를 주셔서 감사드립니다.

지난 한해를 돌이켜보면 저희들은 믿음이 연약하여 근심과 걱정가운데 살기도 했지만, 하나님의 절대적 사랑과 보호 아래 오늘 이 자리에 와 있음을 믿고 감사드립니다. 오늘 이 시간 머리숙인 저희들, 하나님이 내게 묻는 결산이 무엇인지 먼저 깨닫게 하옵소서. 우리가 하나님 앞에 얼마나 충성했고 진실했고 감사한 생활을 했는지를 결산의 척도로 삼아 새해를 준비하게 하여 주시옵기를 간절히 기도하옵나이다.

자비로우신 주님 !

지난 1년 동안 나라 안팎의 많은 어려움 속에서도 저희들을 주의 날개 아래 보호해 주신 은혜에 감사드립니다. 우리 소망의 식구들 중 아직도 건강이 나쁘거나, 직장 또는 사업문제로, 진학문제로 어려움을 당한 자 있거든 위로해 주시고 "시험당 할 즈음에도 피할 길을 주시고 감당할 힘을 주시는 하나님"이심을 믿고(고전 10 : 13) 하나님만 전적으로 위탁하며 사는 성숙한 신앙인이 되게 하여 주시옵기를 간절히 기도하옵나이다.

교회의 머리가 되시는 주님 !

주님 뜻이 계셔서 이곳에 소망교회를 세워주시고 이처럼 큰 성장을 이루게 하신 은혜에 감사드립니다. 특별히 오늘 새로 임직 받는 권사님들마다 기도의 어머니로서 하나님뜻을 이루어 드리는 충성된 종들이 되게 하옵소서. 소망교회에 세우신 교역자님들에게도 지혜와 영적 권세를 더하셔서 주님의 귀한 사역을 감당하는 데 부족함이 없도록 도와주시옵기를 간절히 기도하옵나이다.

인류역사를 섭리하시는 하나님!

우리민족을 사랑하셔서 이 땅에 복음의 빛 비추시고 신앙의 자유를 누리며 살 수 있도록 복을 내려 주심을 감사드립니다. 이 나라를 진리 위에 굳게 세워 주시고 모든 지도자들에게 정의로운 마음을 주셔서 공의가 하수같이 흐르는 나라가 되게 하여 주시옵기를 간절히 기도하옵나이다.

대통령에게 특별히 지혜와 건강을 주셔서 이 나라를 잘 다스릴 수 있도록 은혜 내려 주시옵기를 간절히 기도하옵나이다.

사랑의 하나님!

저 북녘땅에도 복음이 자유롭게 전파되게 하시고 북한동포들을 가난과 억압에서 구원해 주옵소서. 그래서 우리 7천만 민족이 복음으로 통일되어 세계 속에 진리의 빛을 발하는 우리민족이 되게 하여 주시옵기를 간절히 기도하옵나이다.

은혜로우신 주님!

특별히 오늘 말씀을 전하시는 곽선희 목사님에게 영유 간에 강건함을 더하셔서 권세 있는 말씀을 전할 수 있도록 도와주시옵기를 간절히 기도하옵나이다. 오늘 교회 안팎에서 예배를 돕는 성도들, 교회학교에서 봉사하는 교사들, 찬양으로 하나님께 영광 돌리는 호산나성가대를 성령께서 주장하셔서 시령과 진정으로 드려지는 예배가 되게 하옵소서.

이 모든 말씀을 우리 주 예수 그리스도 이름으로 기도하옵나이다.

—아멘—

2000년 12월 31일

소망교회 2부 예배

대표기도 : 박완신 장로 드림

교사헌신의 밤 기도

전능하신 하나님!

우리 소망교회 교회학교를 사랑하셔서 이처럼 세계에서 본이 되는 주님의 학교로 큰 성장을 이루게 하신 은혜에 감사드립니다. 특별히 저희들에게 이 좋은 소망교회 교회학교에서 천사도 흠모하는 교사가 될 수 있도록 특권을 주신 은혜에 감사드립니다.

우리의 위대한 스승이 되시는 주님!

우리가 가르치고 있는 어린이와 학생들이 곧 나의 작은 학교임을 깨닫고 열심히 기도하며 뜨거운 가슴으로 진리의 복음과 주의사랑을 가르치게 하옵소서.

겟세마네동산에서 베드로, 야고보, 요한 세제자를 데리고 기도하셨던 주님!

주님의 그 모습을 닮아 우리에게 맡겨진 어린 심령들을 위해 먼저 기도하게 하옵소서. 아흔아홉 마리 양보다 잃은 한 마리의 양을 찾으신 주의 선한 목자의 교사상을 우리가 본받아서 뜨거운 사랑과 헌신으로 가르치는 교사가 되게 하여 주시옵기를 간절히 기도하옵나이다.

나사렛회당에 들어가셔서 하나님의 말씀을 가르치신 주님!

우리가 교실에 들어갈 때에 오직 주의 복음만을 바로 가르칠 수 있는 지혜와 지식을 허락해 주옵소서. 21세기 급변하는 교육환경에 창조적으로 대응하는 교사가 되게 하옵소서. 그리하여 우리 소망교회 교회학교가 그리스도의 품격으로 성장하여 이 나라 민족과 세계인류에게 복음의 빛을 전하는 아름다운 교회학교가 되게 하여 주시옵기를 기도하옵나이다.

한 번도 복음을 들어보지 못한 저 북녘땅 어린이와 학생들에게도 하루속히 복음이 자유롭게 전파되게 하사 진리의 말씀으로 양육되게 하옵소서.

사랑의 하나님!

오늘 소망교회 교사를 사랑하사 교사헌신의 밤을 열게 하시고 이 귀한 자리에 초대해 주신 은혜에 감사드립니다.

오늘 이 밤이 하나님께는 영광이요 우리 교사들 모두에게는 은혜의 시간과 사랑의 시간이 되게 하옵소서.

오늘 특별히 말씀을 전하시는 곽선희 목사님, 영육간에 강건함을 주시고 주의 권능으로 함께 하시사 권세 있는 말씀을 선포할 수 있도록 도와 주시옵기를 간절히 기도하옵나이다.

이 모든 말씀을 우리의 위대한 스승이 되는 우리 주 예수 그리스도 이름으로 기도하옵나이다. －아멘－

2002년 1월 18일

소망교회 교육교역자, 부장, 부감, 교사 참석

말씀 : 곽선희 목사님

기도 : 박완신 장로(교육위원장)

청년회 수련회 기도

거룩하신 여호와 하나님!

죄 많은 세상 가운데서도 저희들을 택하셔서 선한 청직이로서의 사명 주신 것을 감사드립니다.

오늘 저녁에는 특별히 은천교회 청년회원들이 헌신예배로 드릴 수 있도록 은혜내려 주심을 감사드립니다. 주님께서는 저희들을 주의 날개 아래 보호해 주시고 이처럼 참된 평화를 누리며 살게 하셨건만, 저희들은 연약하고 부족하여 세상 것에 얽메어 산 때가 많았습니다. 주님 성령의 불로 소멸해 주시고 십자가의 보혈로 깨끗게 하여 주시옵기를 간절히 기도하옵나이다.

"청년의 때에 창조주 하나님을 기억하라"(전도서 12 : 1～2)라고 하신 말씀대로 우리 청년의 시절, 바로 이 때에 주님을 더욱 열심히 찾으며 주님만 전적으로 위탁하는 삶을 살 수 있도록 은총을 더해 주시옵기를 간절히 기도하옵나이다.

우리 청년들이 진리의 말씀 안에 굳건히 서서 이 나라 민족을 위한 큰 일꾼들이 되게 하시고, 하나님나라 확장을 위해 크게 쓰임 받는 하나님의 종들이 되게 하옵소서. 이 나라는 일제 36년의 억압통치에서 벗어나 광복된지 36년이 되었건만, 아직도 민족분단이라는 슬픈 현실 속에 살고 있습니다.

사랑의 하나님!

이 민족이 그리스도 안에서 복음으로 하나되어 평화적으로 통일되는 날을 속히 허락해 주시옵기를 간절히 기도하옵나이다. 그래서 저북녘땅에 하나님나라가 크게 화장되게 하시고 세계속에 복음의 빛을 발하는 우리 민족 되게 하옵소서.

교회의 머리가 되신 주님!

주님 뜻이 계셔서 이곳에 은천교회를 허락하시고 주님 말씀 안에서 신앙의 질이 날로 성숙하게 하신 은혜에 감사드립니다. 특별히 청년들을 교회로 불러 주시고 주의 사랑 안에서 헌신 봉사할 수 있도록 도와주신 은혜에 감사드립니다. 우리 청년들이 더욱 믿음이 성장하여 교회의 기둥이 되게 하시고 교회 발전에 크게 기여하는 종들이 되게 하옵소서. 이 시간 말씀을 전하시는 주의 종을 오른팔로 가하게 붙드셔서 권세 있는 말씀을 전할 수 있도록 도와주옵소서.

이 모든 말씀을 우리 주 예수 그리스도 이름으로 기도하옵나이다.

—아멘—

1981년 8월 16일 저녁예배
은천교회 청년회원 및 성도 참석
기도 : 박완신 안수집사

소망교회 갈렙부 개강예배 기도

자비로우신 아버지 하나님!

저희 소망교회를 사랑하셔서 2년 전에 갈렙부를 세워 주시고 이처럼 하나님 은혜 가운데 큰 성장을 이루게 하신 은혜에 감사드립니다. 이제 지난 2개월여 간의 방학을 마치고 오늘 기쁜 마음으로 하나님 앞에 나와서 개강 예배를 드리게 하시오니 감사와 찬송과 영광을 돌리옵나이다.

오늘 이 시간 우리 갈렙부에서 하나님께 드리는 예배가 신령과 진리로 드려지는 예배가 되게 하옵소서.

전능하신 하나님!

오늘 이 시간 머리숙인 하나님의 귀한 종들을 그 동안 파란만장한 인생 여정 속에서도 하나님께서 강권적으로 붙드셔서 오늘이 있게 하심을 감사드립니다. 앞으로 남은 여생도 오직 하나님께 영광 돌리는 삶을 살게 하여 주시옵기를 간절히 기도하옵나이다.

우리 갈렙부에 소속된 모든 회원들이 12명의 가나안 정탐꾼 중 정복이 가능하다고 긍정적 보고를 했던 여호수아와 갈렙처럼 적극적이고 창조적인 신앙인이 되게 하여 주시옵기를 간절히 기도하옵나이다.

전능하신 하나님!

지금 IMF로 어려움을 겪는 가운데서도 이스라엘 민족이 어려움을 당할 때에 각성운동을 벌였던 에스라와 같이 우리나라의 어려운 현실을 보면서 먼저 깨어 각성하는 저희들 되게 하옵소서.

은혜로우신 주님!

오늘 주님 말씀을 전하시는 김경자 전도사님에게 영육 간에 강건함을 주셔서 권세 있는 말씀을 전할 수 있도록 도와주옵소서.

이 모든 말씀을 우리 주 예수 그리스도 이름으로 기도하옵나이다.

—아멘—

1998년 2월 6일 소망교회 갈렙부
개강예배시 기도(65세 이상 남자성도)
대표기도 : 박완신 부장장로

소망교회 성가대 수련회

우리의 찬양을 받으시기에 합당하신 하나님!

저희들이 하나님을 믿고 사는 것만도 엄청난 축복이온데, 하나님을 찬양할 수 있는 특권을 주신 은혜에 감사드립니다.

주님!

이 시간 저희들은 연약한 죄인임을 주님 앞에 고백합니다. 주님을 사랑하기보다 세상을 더 사랑했습니다. 거룩한 하나님의 사람들이 되지 못했습니다.

그런데 주님께서는 저희들을 사랑하셔서 하나님을 찬양할 수 있는 거룩한 반열에 세워 주셨으니 감사드립니다. 그 옛날(다윗왕 때) 레위사람들을 택하셔서 하나님의 거룩한 성호를 찬양하게 하셨던 그 영광을 저희들에게 주셔서 감사드립니다.

전능하신 하나님!

하나님께서는 이 거룩한 직분을 저희들에게 주셨아오니 우리 인생의 마지막 목적이 하나님을 찬양하는 데 있음을 깨닫게 하옵소서.

하나님의 궁극적 소원은 주님을 찬양함에 있음을 알게 하옵소서.

찬송과 감사가 절대적 진리임을 시인하고 찬양하는 가운데 참 승리의 삶을 살게 하여 주시옵기를 간절히 기도하옵나이다.

전능하신 주님!

그 엄청난 고난 속에서도 하나님을 찬양했던 욥과 같이 우리 인생에 어떤 역경과 고통속에서도 오직 하나님을 찬양하며 살게 하옵소서. 우리가 하나님을 찬양할 때에 하나님을 아는 지식이 풍성한 가운데 오직 주님 중심의 세계관을 갖고 살게 하옵소서. 우리가 하나님을 찬양할 때에 우리의 목소리와 입술과 태도를 온전히 주장하셔서 신령한 찬송만을 하게 하여 주시옵기를 간절히 기도하옵나이다.

교회의 머리가 되신 주님!

특별한 하나님의 뜻이 계셔서 이곳에 소망교회를 허락하시고 이처럼 큰 성장을 이루게 하신 은혜에 감사드립니다. 더욱이 저희들을 성가대원으로 택해주시고 오늘은 성가대 수련회로 모이게 하시오니 감사드립니다. 오늘 이 행사를 성령께서 주장해 주옵소서

특별히 말씀을 증거 하시는 곽선희 목사님을 은혜의 장중에 붙드셔서 권세 있는 말씀을 전하게 하옵소서.

이 모든 말씀을 우리 주 예수 그리스도 이름으로 기도하옵나이다.

－아멘－

1991년 2월 26일

대표기도 : 박완신 장로

(2부 성가대 대장)

북방선교부 기도

인류역사를 섭리하시는 하나님!

120년 전, 이 땅에 복음의 빛 비추시고 참된 평화와 자유를 누리며 살 수 있는 특권을 주신 은혜에 감사드립니다. 하나님께서는 우리민족을 사랑하셔서 992회의 외침을 받으면서도 나라의 주권을 잃지 않게 하셨고 일제 36년간의 학정 속에서도 다시 광복의 기쁨을 안겨 주신 은혜에 감사드립니다.

주님!

그런데 아직도 이 나라는 허리가 동강난 채 세계 유일한 분단국으로 남아 있습니다. 주변 북방나라들은 복음이 자유롭게 전파되지 못하고 있습니다. 더욱이 한국에서는 IMF한파로 온 나라가 불안에 떨고 있습니다.

자비로우신 주님!

지금 이 어려운 현실을 보면서 먼저 믿는 저희들이 진리의 말씀 안에 굳건히 서지 못했고 나라와 민족을 위한 기도가 부족했음을 고백하오니 용서해 주옵소서.

말씀으로 이 땅에 오신 주님!

이번 IMF위기가 인간의 힘으로 고치지 못한 죄의 요소들을 끊게 하시려는 하나님의 강권적인 역사임을 믿고 진리의 말씀 안에 굳건히 서서 이 나라 민족을 살리는 일에 앞장서는 저희들 되도록 도와 주옵소서.

교회의 머리가 되시는 주님!

하나님 뜻이 계셔서 이곳에 소망교회를 허락하시고 북방선교와 세계선교의 큰 사역을 감당하게 하신 은혜에 감사드립니다. 특별히 금년에는 소망교회에 북방선교부를 세워 주시고 곽선희 목사님을 도구로 사용하셔서 고난당한 북한동포들을 돕는 일과 중국 감숙성에 선교지를 선정하는 일을 감당하게 하신 은혜에 감사드립니다.

그리고 중국연변과학기술대학을 세워주시고 금년에 정규4년제 2회 졸업생을 배출하게 하신 은혜에 감사드립니다. 이 졸업생들을 통해 티베트와 위구르 지역 등 중국 전역에서 하나님의 귀한 사역을 감당할 수 있도록 도와주신 은혜에 감사드립니다.

사랑의 하나님!

연변과학기술대학 학생들의 복음화를 위해 중국측과의 협력관계도 잘 이루어지게 하시고, 학교에서 필요로 하는 모든 인적·물적 자원도 부족함이 없도록 채워 주옵소서. 특별히 오늘 말씀을 증거하시는 : 총장님에게 영육 간에 강건함을 주셔서 권세 있는 말씀을 전하게 하옵소서. 이 시간 특별찬송으로 하나님께 영광돌리는 가브리엘 중창단도 하나님 은총 가운데 붙드셔서 은혜로운 찬양을 하게 하옵소서.

이 모든 말씀을 우리 주 예수 그리스도 이름으로 기도하옵나이다.

－아멘－

1997년 12월 16일

말씀 : 김진경 총장(중국연변과기대)

기도 : 박완신장로[소망교회북방선교부장(2005～2006)

관동대 북한학교수]

민족통일과 북한선교를 위한 기도

사랑과 은혜가 충만하신 하나님!

우리민족을 사랑하셔서 100여 년 전의 이 땅에 복음의 빛 비추시고 수난의 역사 속에서도 신앙의 자유를 누리며 살 수 있는 은총을 내려 주셔서 감사드립니다. 우리들은 이처럼 하나님의 은혜 가운데 살고 있지만 저 북녘땅의 우리동포들은 하나님을 믿고 싶어도 믿지 못하고 있습니다.

반세기 동안의 남북분단은 우리민족의 신앙을 갈라놓았고 마음의 장벽을 더욱 두텁게 하고 말았습니다. 지금은 세계 유일한 분단국으로 남아서 긴장과 갈등의 골을 더욱 깊게 하고 있습니다.

주님!

민족분단의 비극을 보면서 먼저 우리가 기도하지 못했고 복음 안에서 하나가 되고자 하는 마음이 부족했음을 이 시간 고백하오니 용서 해 주옵소서.

사랑의 하나님!

먼저 우리들에게 북녘 동포들을 사랑할 수 있는 영을 허락해 주옵소서.

"주의 소식을 받지 못한 자들이 볼 것이요 듣지 못한 자들이 깨달으리라."(롬 15 : 21)라고 하신 말씀대로 진리의 말씀을 듣지 못한 북한동포들이 하루속히 복음을 듣고 깨닫는 날이 속히 올 수 있도록 도와주시옵기를 간절히 기도하옵나이다.

그리고 우리 자신들은 절대적 복음으로 철저히 무장하여 북한복음화를 위한 하나님의 선교전략의 도구가 되게 하옵소서. 그래서 우리 7천만 민족이 복음으로 통일되게 하여 주시옵기를 간절히 기도하옵나이다.

정치적이나 제도적으로 통일이 되었다 해도 마음이 하나되지 않고는 진정한 의미의 통일은 완성될 수 없음을 저희들은 알고 있습니다.

전능하신 하나님!

이 민족이 진정 그리스도 안에서 복음으로 통일 될 수 있도록 도와주옵소서.

"하늘에 있는 것이나 땅에 있는 것이 다 그리스도 안에서 통일되게 하려 하심이라"(엡 1 : 10)라고 하신 말씀대로 그리스도 안에서 진정한 통일이 있게 하여 주시옵기를 간절히 기도하옵나이다.

은혜로우신 주님!

오늘 특별히 남북통일과 북한 복음화를 위해 이처럼 기도로 준비하게 하신 은혜에 감사드립니다.

앞으로는 이 일을 위해 더 열심히 기도하고 연구하고 교육하여 하나님 보시기에 합당한 통일선교 사역을 감당하게 하옵소서.

이 모든 말씀을 우리 주 예수 그리스도 이름으로 기도 하옵나이다.

-아 멘-

2004년 10월 4일, 5일 소망교회에서 열린 예장통합총회
통일선교대학에서
기도 : 박완신 장로(통일선교대학 학장)

평화통일과 남북한 선교협력 위한 기도

인류역사를 섭리하시는 하나님!

이 나라 민족을 사랑하셔서 100여 년 전의 이 땅에 복음의 빛 비추시고 저희들로 하여금 신앙의 자유를 누리며 살 수 있는 특권을 주신은혜에 감사드립니다.

광복과 분단 반세기를 보내면서 먼저 이 민족이 통일되지 못한 책임을 통감하면서 하나님 앞에 참회의 기도를 드립니다.

주님!

이 민족의 역사와 현실 앞에 하나님의 크고 비밀한 섭리를 깨닫게 하옵소서.

우리 7천만 한민족 모두에게 하나님을 두려워하는 마음을 주시고 서로는 시기나 질투함이 없이 주의 진리 안에서 하나되게 하여 주시옵기를 간절히 기도하옵나이다. 민족의 통일문제가 정치 · 경제적 이용물이 되지 않게 하시고 하나님의 역사를 실현하는 높은 차원에서 이루어지게 하옵소서.

평화의 왕이 되시는 주님!

우리 민족이 더 이상 분단의 아픔속에서 긴장과 갈등 및 전쟁의 소용돌이 속으로 말려 들어가는 일이 없도록 지켜 주옵소서. 주님 주시는 참된 평화가 이 땅에 영원히 정착되게 하여 주시옵기를 간절히 기도하옵나이다.

사랑의 하나님!

남북으로 갈리어진 우리민족에게 먼저 사랑의 영을 허락해 주옵소서.

"나의 형제 곧 골육의 친척을 위하여 내 자신이 저주를 받아 그리스도에게서 끊어질지라도 원하는 바로라"(롬9 : 3)라고 한 사도바울의 동족을 향한 열정을 선교열정을 배워 실천하게 하옵소서.

빛이 되시는 주님!

신앙의 자유마저 빼앗긴 채 신음하는 북한 동포들에게 하루속히 복음의 빛이 자유롭게 전파될 수 있도록 은혜 허락해 주시옵기를 간절히 기도하옵나이다. 북녘땅에 무너진 성전이 하루속히 재건되게 하시고 시온의 영광과 할렐루야 찬양이 뜨겁게 울려 퍼지게 하여 주옵소서. 그리하여저 북한땅에 온전한 하나님의 나라가 세워지게 하여 주시옵기를 기도하옵나이다.

우리 크리스챤들은 하나님나라 선교전략의 도구로서 북한선교와 통일을 위해 먼저 기도하게 하시고 최선의 노력을 다 하게 하옵소서.

전능하신 하나님!

복음을 듣지 못해 영적으로 죽어 가는 내 민족을 보면서 복음을 전하지 않는 어리석은 죄를 범하지 않도록 도와주옵소서. 북한동포들에게 복음을 전해야 하는 것은 하나님의 명령이요 파숫군의 사명임을 깨닫고 북한선교와 통일을 위한 사명을 감당하게 하옵소서.

이 모든 말씀을 우리 주 예수 그리스도 이름으로 기도하옵나이다.

— 아멘 —

예장통합총회 남북한선교통일위원장

재임시(1996. 9～1997. 9. 1998. 9～1999. 9. 2회 연임)

박완신 장로 기도문

기독신우회 기도

하늘에 계신 영광의 하나님!

이 나라 민족을 사랑하셔서 이 격변하는 국제환경의 소용돌이 속에서도 참자유와 평화를 누리며 살 수 있는 특권을 주신 은혜에 감사드립니다.

광복의 기쁨과 분단의 아픔 및 6.25로 인한 쓰라린 고통 그리고 민주화를 향한 진통 등 그 많은 민족적 회한 속에서도 하나님은 항상 이 나라와 민족을 사랑하셔서 눈동자와 같이 지켜 주시고 이처럼 큰 발전을 이루게 하신 은혜에 감사드립니다.

전능하신 하나님!

특별히 세우신 대통령에게 밝은 총명과 건강을 더하셔서 솔로몬에게 주셨던 지혜와 다윗에게 주셨던 용기로 이 나라 민족을 바로 다스릴 수 있도록 도와주옵소서.

그래서 이 나라가 하나님께만 영광 돌리는 공의의 나라가 되게 하시고 경제적 어려움과 사회 모든 병리 현상들이 함께 극복되는 놀라운 역사가 있게 하여 주시옵기를 간절히 기도하옵나이다.

공의로우신 하나님!

여야 국회의원들에게 공의의 마음을 주셔서 자기 정당이나 정파의 이익보다 국민들을 먼저 생각하는 정치를 펴 나갈 수 있도록 도와주시옵기를 간절히 기도하옵나이다.

우리 국민모두에게는 먼저 하나님을 두려워하는 마음을 주시고 서로 사랑하고 협력하며 이 나라민족을 위한 바른 삶을 살게 하여 주시옵기를 기도하옵나이다.

인류역사를 섭리하시는 하나님!

특별히 2000년 6월에는 남북정상이 분단 반세기 만에 서로 만나서

6 · 15 남북공동선언을 발표하게 하신 은혜에 감사드립니다. 남북이 모두 힘을 합해 6 · 15 공동선언을 실천함으로써 평화통일의 길을 앞당길 수 있도록 도와주시옵기를 간절히 기도하옵나이다.

자비로우신 주님!

북녘 동포들에게 은총을 더하사 가난과 억압에서 해방되게 하시고 자유와 평화를 누리며 살 수 있도록 도와주옵소서. 북녘땅에 하루속히 복음이 자유롭게 전파되게 하시고 남북이 그리스도 안에서 평화통일을 이루게 하옵소서. 국가와 민족을 위해 평화통일을 위해 이 아침에 드리는 기도가 하늘나라에 상달되는 기도가 되게 하옵소서.

이 모든 말씀을 우리 주 예수 그리스도 이름으로 기도하옵나이다.

— 아멘 —

2001년 6월 29일

여 · 야 국회의원 및 교계지도자 참석

대표기도 박완신 장로

북한동포와 탈북자, 외국인 노동자를 위하여

인류 역사를 섭리하시는 하나님!

이 나라 민족을 사랑하셔서 이 땅에 복음의 빛 비추시고 저희들로 하여금 신앙의 자유를 누리며 살 수 있는 특권을 주신 은혜에 감사드립니다.

광복과 분단 반세기를 보내면서 먼저 이 민족이 통일되지 못한 책임을 통감하면서 하나님 앞에 참회의 기도를 드립니다.

주님!

이 민족의 역사와 현실 앞에 하나님의 크고 비밀한 섭리를 깨닫게 하옵소서. 우리 7천만 한 민족 모두에게 하나님을 두려워하는 마음을 주시고 서로는 낡은 이데올로기의 늪에서 벗어나서 주님의 참된 진리 안에서 하나되게 하여 주시옵기를 간절히 기도하옵나이다.

평화의 왕이 되시는 주님!

우리민족이 더 이상 분단의 아픔속에서 긴장과 갈등 및 전쟁의 소용돌이 속으로 말려 들어가는 일이 없도록 지켜 주옵소서. 주님 주시는 참된 평화가 이 땅에 영원히 정착되게 하여 주시옵기를 간절히 기도하옵나이다.

사랑의 하나님!

남북으로 갈리어진 우리민족에게 먼저 사랑의 영을 허락해 주옵소서.

"나의 형제 곧 골육의 친척을 위하여 내 자신이 저주를 받아 그리스도에게서 끊어질지라도 원하는 바로라."(롬 9 : 3)라고 한 사도바울의 동족을 향한 선교열정을 배워서 실천하게 하옵소서.

빛이 되시는 주님!

가난과 억압에서 신앙의 자유마저 빼앗긴 채 신음하는 북녘 동포들에게 하루속히 복음의 빛이 자유롭게 전파될 수 있도록 은혜 허락해 주시옵기를 간절히 기도하옵나이다. 북한땅에 무너진 성전이 하루속히 재건되게 하시고 시온의 영광과 할렐루야 찬양이 뜨겁게 울려 퍼지게 하여 주옵소서.

전능하신 하나님!

특별히 북한에서 자유를 찾아서 이주한 탈북 동포들과 한국에 체류한 외국인 근로자들을 불쌍히 여기사 그들이 안정된 삶의 현장에서 주님 주시는 은혜와 사랑 및 참된 복을 누리며 살 수 있도록 도와주시옵기를 간절히 기도하옵나이다.

우리 크리스챤들은 고통당하고 있는 탈북동포와 외국인 근로자들의 아픔을 보면서 그들을 위해 기도하게 하시고 그리스도의 따뜻한 사랑을 전하게 하옵소서.

이 모든 말씀을 우리 주 예수 그리스도 이름으로 기도하옵나이다.

– 아멘 –

일시 : 2003. 12. 15.

장소 : 명성교회당

주관 : 한국복음주의협의회 집회

기도 : 박완신 장로(중앙위원, 감사)

서울강남노회 제직연합수련회 기도

사랑과 은혜가 충만하신 하나님!

2006년 새해를 주님주신 사랑과 기쁨가운데 감격으로 맞이할 수 있게 하신 은혜에 감사드립니다.

오늘은 특별히 서울강남노회 교육자원부 주관으로 주의 귀한 종들이 소망교회에 모여 신년 제직연합수련회를 갖게 하신 은혜에 더욱 감사드립니다.

전능하신 하나님,

지난 한해를 돌이켜 보면 우리의 삶 전체가 하나님께서 주신 복을 누리며 사랑과 행복이 넘치는 시간들이었음을 믿고 감사드립니다.

하나님께서는 이처럼 저희들에게 하나님자녀가 된 큰 복을 주시고 주의날개 아래 보호해 주셨건만 저희들은 주님 뜻대로 살지 못했음을 이 시간 고백합니다.

새로움을 원하면서도 옛 사람으로 산 때가 많았습니다. 저희들 때문은 심령 심령들을 십자가의 보혈로 깨끗게 하여 주옵소서.

자비하신주님!

서울강남노회에 속한 모든 제직들, 우리에게 늘 새롭게 닥아 오시는 주님만을 바라보며 과거에 얽메이지 말고 새로운 비전과 참 소망을 갖고 기도하며 교회를 섬기고 봉사하는 주님의 종들이 다되게 하옵소서.

미래에 대한 두려움과 걱정으로부터 벗어나게 하시고 진리의 말씀으로 희망찬 내일을 열어 가는 용기를 주옵소서.

어떤 역경과 고난가운데서도 항상 감사하는 믿음을 주시고 우리 노회에서, 각지교회에서 제직들이 해야 할 일들을 충성스럽게 감당하는 열정도 주옵소서.

인류역사를 섭리하시는 하나님,

전쟁과 재난, 기아와 질병, 경제적 어려움 등 그 숱한 위기속에서도 우리나라를 지켜주시고 우리민족이 주님 주신 참 평화를 누리며 살 수 있도록 도와주신 은혜에 감사드립니다

대통령과 위정자들에게도 먼저 하나님을 경외하는 새 마음을 주셔서 이나라를 공의로 잘 다스리게 하옵소서.

우리노회를 위해 수고하시는 노회장님과 노회임원, 그리고 모든 노회원들, 성령께서 항상 힘주시고 능력주셔서 노회를 위해 봉사하는데 피곤치 않도록 도와주옵소서.

우리민족이 하나되기를 원하시는 주님,

새해에는 분단된 이민족이 그리스도안에서 복음으로 평화통일의 길을 열게 하옵소서!

지금 저 북녘에는 아직도 기아와 굶주림, 추위와 억압에 떨고 있는 우리 동포들이 있습니다.

한번도 복음을 들어보지 못한 우리의 형제들이 있습니다.

하루속히 저 북녘 땅에 복음의 빛이 자유롭게 전파될 수 있도록 도와주옵소서.

교회의 머리가 되신 주님!

서울강남노회를 사랑하셔서 우리노회 모든 교회들이 하나님 말씀의 깊은 뿌리 안에 아름다운 성장을 이루게 하신 은혜에 감사드립니다.

세우신 교역자님들이 항상 영육 간에 강건할 수 있도록 도와주시고 우리노회 소속 교회들이 더욱 큰 부흥과 발전을 이루게 하옵소서.

오늘 단위에서 말씀을 선포하시는 노회장 김수흡목사님, 제직들을 위해 좋은 말씀을 들려주실 서임종 목사님, 주의 오른팔로 강하게 붙드셔서 권세 있는 말씀을 전하게 하시고 구원의 역사, 생명의 역사를 이루게 하옵소서.

찬양으로 하나님께 영광돌리는 충성교회 찬양단을 성령께서 주장해

주옵소서

이 모든 말씀을 우리 주 예수그리스도 이름으로 기도 하옵나이다.

— 아멘 —

2006년 1월 19일 오전 9시 30분

대표기도 : 부노회장 박완신 장로 드림

서울강남노회 제직연합수련회가 소망교회에서 개최될 때 개회 예배시에 박완신 장로가 부노회장으로서 드린 대표 기도문임.

서울강남노회 신년예배 대표기도

전능하신 하나님!

2006년 새해를 주님 사랑가운데 기쁨과 감격으로 맞이할 수 있게 하신 은혜에 감사드립니다.

특별히 서울강남노회를 사랑하셔서 진리 안에 굳게 세워주시고 이 시간 주의 귀한 종들이 서울교회에 모여 신년예배를 드릴 수 있는 은총을 내려주셔서 더욱 감사드립니다.

사랑의 하나님,

지난 한해를 돌이켜 보면 우리의 삶 전체가 하나님께서 주신 복을 누리며 사랑과 행복이 넘치는 시간들이었음을 믿고 감사드립니다.

하나님께서는 이처럼 저희들에게 하나님자녀가 된 큰 복을 주시고 주의날개아래 보호해 주셨건만 저희들은 주님 뜻대로 살지 못했음을 이 시간 고백합니다.

새로움을 원하면서도 옛 사람으로 산 때가 많았습니다

자비하신주님!

우리에게 늘 새롭게 닥아 오시는 주님만을 바라보며 과거에 얽메이지 말고 새로운 비전과 참 소망을 갖고 새해를 살아가게 하옵소서.

미래에 대한 두려움과 걱정으로부터 벗어나게 하시고 진리의 말씀으로 희망찬 내일을 열어 가는 용기를 주옵소서.

어떤 역경과 고난가운데서도 항상 감사하는 믿음을 주시고 우리 노회에서, 각지교회에서 해야 할 일들을 충성스럽게 감당하는 열정도 주옵소서.

이 혼돈과 무질서속 에서 진리의 빛, 사랑의 빛을 발하는 하나님의 종들이 다 되게 하여 주시옵기를 간절히 기도하옵나이다.

인류역사를 섭리하시는 하나님,

전쟁과 재난, 기아와 질병, 경제적 어려움 등 그 숱한 위기 속에서도 우리나라를 지켜주시고 우리민족이 주님 주신 참 평화를 누리며 살 수 있도록 도와주신 은혜에 감사드립니다

대통령과 위정자들에게도 먼저 하나님을 경외하는 새 마음을 주셔서 이나라를 공의로 잘 다스리게 하옵소서.

특별히 강남, 서초지역을 위해 수고하시는 기관장님들, 국회의원님들, 그 동안 군에서 국가안보를 위해 헌신하신 여호수아회원들,

우리노회를 위해 수고하시는 노회장님과 노회임원, 그리고 모든노회원들, 성령께서 항상 힘주시고 능력주셔서 우리지역을 위해, 국가와 민족을 위해, 우리 노회를 위해 봉사하는데 피곤치 않도록 도와주옵소서.

우리민족이 하나되기를 원하시는 주님,

새해에는 분단된 이민족이 그리스도안에서 평화통일로 가는 길을 열게 하옵소서!

지금 저 북녘에는 아직도 기아와 굶주림, 추위와 억압에 떨고 있는 우리 동포들이 있습니다.

한번도 복음을 들어보지 못한 우리의 형제들이 있습니다.

하루속히 저 북녘 땅에 복음의 빛이 자유롭게 전파될 수 있도록 도와주옵소서.

교회의 머리가 되신 주님!

서울강남노회를 사랑하셔서 우리노회 모든 교회들이 하나님 말씀의 깊은 뿌리 안에 아름다운 성장을 이루게 하신 은혜에 감사드립니다.

세우신 교역자님들이 항상 영육 간에 강건할 수 있도록 도와주시고 우리노회 교회들이 더욱 큰 부흥과 발전을 이루게 하옵소서.

오늘 단위에서 말씀을 선포하시는 증경노회장님이신 서울교회 이종윤 목사님 이 시간 주의 오른팔로 강하게 붙드셔서 권세 있는 말씀을 전하게 하시고 구원의 역사, 생명의 역사를 이루게 하옵소서. 찬양으로 하나님께

영광돌리는 목사중창단을 성령께서 주장해 주옵소서

이 모든 말씀을 우리 주 예수그리스도 이름으로 기도하옵나이다.

— 아멘 —

2006년 1월 3일 아침 7시 강남, 서초지역 기관장과 국회의원, 기독장교회원들이 참석한가운데 서울강남노회 신년하례회 예배를 서울교회에서 드릴 때 박완신 장로가 부노회장으로서 드린 대표 기도문임.

서울강남노회 정기회 대표기도

인류역사를 섭리하시는 하나님 !

이 민족을 사랑하셔서 이 땅에 복음의 빛

비추시고 신앙의 자유를 누리며 살 수 있는 특권을 주신 은혜에 감사드립니다.

특별히 서울강남노회를 사랑하셔서 주님진리 안에 아름다운 성장을 이루게 하신 은혜에 또한 감사드립니다,

하나님께서는 이처럼 저희들에게 큰 은혜를 베풀어 주셨건만 저희들은 주님 뜻대로 살지 못했음을 이 시간 고백합니다.

새로움을 원하면서도 옛 사람으로 산 때가 많았습니다. 저희들 때문은 심령 심령들을 십자가의 보혈로 깨끗하게 하옵소서.

사랑과 은혜가 충만하신 하나님 !

오늘은 하나님께서 진리로 세우신 서울교회에서 서울강남노회 제38회 정기회를 열게 하심을 감사드립니다.

이번 노회가 온전히 하나님께만 영광돌리게 하시고 노회에 참석한 저희들은 은혜와 사랑으로 충만한 시간시간이 되게 하옵소서

노회 회무처리도 하나님 뜻에 합당하게 진행될 수 있도록 도와주시고 노회장님과 노회임원들, 그리고 모든 노회 총대들을 성령께서 주장하셔서 하나님이 기뻐하시는 성 노회가 되게 하옵소서

그리고 저희들 모두는 총회와 노회,지 교회에서 하나님나라 확장을 위한 도구로 쓰임받기에 부족함이 없도록 능력을 더해주옵소서

전능하신 하나님 !

전쟁과 재난, 기아와 질병, 경제적 어려움 등 그 숱한 지구촌의 위기 속에서도 주의날개 아래 우리나라를 지켜주시고 보호해 주신 은혜에

감사드립니다

대통령과 위정자들에게도 먼저 하나님을 경외하는 마음을 주셔서 이 나라를 공의로 잘 다스리게 하옵소서.

우리민족이 하나되기를 원하시는 주님,

분단된 이민족이 그리스도안에서 복음으로 평화통일의 길을 열게 하옵소서!

지금 저 북녘에는 아직도 기아와 굶주림, 감시와 억압에 떨고 있는 우리 동포들이 있습니다.

한 번도 복음을 들어보지 못한 우리의 형제들이 있습니다.

하루속히 저 북녘 땅에 복음의 빛이 자유롭게 전파될 수 있도록 도와주옵소서.

교회의 머리가 되신 주님!

서울강남노회를 사랑하셔서 우리노회 모든 교회들이 하나님 말씀의 깊은 뿌리 안에 아름다운 성장을 이루게 하신 은혜에 감사드립니다.

세우신 교역자님들이 항상 영육 간에 강건할 수 있도록 도와주시고 노회소속 교회들이 더욱 큰 부흥과 발전을 이루게 하옵소서.

오늘 단위에서 말씀을 선포하시는 노회장 김수흡목사님, 성찬예식 집례를 맡으신 이종윤목사님, 주의 오른팔로 강하게 붙드셔서 권세 있는 말씀을 전하게 하시고 구원의 역사, 생명의 역사를 이루게 하옵소서.

찬양으로 하나님께 영광돌리는 서울강남노회여전도회연합회찬양대를 성령께서 주장해 주시고 교회안팎에서 예배를 돕는 성도들에게도 주님의 크신 은혜로 함께해 주옵소서.

오늘 예배가 신령과 진리로 드려지는 예배가 되게 하여 주시옵기를 간절히 바라오며 이모든 말씀을 우리 주 예수그리스도 이름으로 기도하옵나이다.

— 아멘 —

중국연변과기대 주일예배 기도

인류역사를 섭리하시는 하나님!

130여년전 한반도에 복음의 빛 비추시고

저희들에게 참된 평화와 자유를 누리며 살 수 있는 특권을 주신은혜에 감사드립니다.

하나님께서는 이처럼 우리민족에게 큰 은혜 주셨건만 저희들은 진리의 말씀 안에 굳건히 서지 못했고 나라와 민족을 위한 기도가 부족했음을 고백하오니 용서해 주옵소서.

말씀으로 이 땅에 오신 주님!

인간의 힘으로 고치지 못한 죄의 요소들을 끊게 하시려는 하나님의 강권적인 역사임을 믿고 진리의 말씀 안에 굳건히 서서 이 나라 민족을 살리는 일에 앞장서게 하시고 세계속에 진리의 빛을 발하는 우리민족이 되게하여 주시옵기를 간절히 기도 하옵나이다.

건능하신 하나님!

하나님 뜻이 계셔서 1992년 한.중수교를 통해 한국과 중국이 발전적 관계를 이루게 하시고 특별히 이곳에 연변과학기술대학을 세워주신 은혜에 감사드립니다.

연변과학기술대학을 통해 중국의 과학기술 발전에 기여함은 물론 북방선교, 세계선교의 큰 사역을 감당하게 하옵소서

연변과학기술대학 운영을 위해 애쓰시는 김진경총장님과 학생들을 가르치기에 땀흘려 수고하신 교수님들, 그리고 모든 교직원님들, 그 수고가 하늘나라에 상달되게 하옵소서.

연변과학기술대학에서 공부하는 학생들이 중국 전역 복음화에 크게

쓰임받을 수 있도록 도와주시옵기를 간절히 기도하옵나이다.

연변과학기술대학 학생들의 복음화를 위해 중국측과의 협력관계도 잘 이루어 지게 하시고 학교에서 필요로 하는 모든 인적, 물적 자원도 부족함이 없도록 채워 주옵소서.

사랑의 하나님!

특별히 이번에 저희 소망교회 북방선교부에서 연변과학기술대학을 방문하게하시고 오늘 거룩한 성일, 저희들이 함께모여 하나님께 예배드리게 하신 은혜에 감사드립니다.

오늘 드려지는 이 예배가 신령과 진정으로 하나님께만 영광 돌리는 예배가 되게 하시고 우리 모두는 은혜와 사랑의 시간이 될 수 있도록 도와 주옵소서.

특별히 오늘 말씀을 증거하시는 최두열목사님 영육간에 강건함을 주셔서 권세 있는 말씀을 전하게 하옵소서.

이 시간 찬양으로 하나님께 영광돌리는 찬양대와 특별찬양을 하시는 강은희교수님 하나님 은총가운데 붙드셔서 은혜로운 찬양을 하게 하옵소서.

이 모든 말씀을 우리 주 예수그리스도 이름으로 기도하옵나이다.

— 아멘 —

2006년 5월 7일(주일)

기도 : 박완신(소망교회, 관동대교수)

러시아 사할린 신세대교회 주일예배 대표기도

인류역사를 섭리하시는 하나님!

한국과 러시아를 사랑하셔서 1990년 한, 러수교를 통해 두 나라간에 발전적 관계를 이루게하신 은혜에 감사드립니다.

특별히 하나님께서는 저희들을 사랑하셔서 수많은 어려움 속에서도 주님주신 참된 평화와 자유를 누리며 살 수 있는 특권을 주신은혜 또한 감사드립니다.

하나님께서는 이처럼 저희들에게 큰 은혜를 베풀어 주셨건만 저희들은 주님진리의 말씀 안에 굳건히 서지 못했고 나라를 위해 세계속에 흐터져 사는 민족을 위한 기도가 부족했음을 고백하오니 용서해 주옵소서.

말씀으로 이 땅에 오신 주님!

저희 믿는 사람들이 주님진리의 말씀 안에 굳건히 서서 이 지구촌 전 민족을 살리는 일에 앞장서게 하시고 세계 속에 진리의 빛, 평화의 빛을 발하는 주님의 사역자들이 되게하옵소서.

전능하신 하나님!

특별히 하나님 뜻이 계셔서 러시아 사할린 지역에 신세대 교회를 세워주신 은혜에 감사드립니다.

세우신 쎄르게이 목사님을 주의 오른팔로 강하게 붙드셔서 이 사할린 지역에, 러시아와 세계속에 하나님나라 확장을 위해 크게 기여할 수 있도록 도와주옵소서.

신세대교회 성도들도 성령께서 주장 하셔서 영육간에 강건하게 지켜주시고 생활에 어려움이 없도록 주의날개아래 보호해 주옵소서.

사할린 지역 복음화를 위해 교회에서 필요로 하는 모든 인적, 물적 자원도 부족함이 없도록 채워 주시옵기를 기도 하옵나이다.

앞으로 러시아와 세계복음화를 위해 한국교회와 러시아교회가 더욱 깊은 협력관계가 잘 이루어 질 수 있도록 도와 주옵소서.

사랑의 하나님!

특별히 이번에 저희 소망교회 북방선교부에서러시아 사할린 지역을 방문하게하시고 오늘 거룩한 성일, 저희들이 함께모여 하나님께 예배드리게 하신 은혜에 감사드립니다.

오늘 드려지는 이 예배가 신령과 진정으로 하나님께만 영광돌리는 예배가 되게 하시고 우리 모두는 은혜와 사랑의 시간이 될 수 있도록 도와 주옵소서.

특별히 오늘 말씀을 전하시는 최두열목사님, 성령께서 강하게 주장하셔서 권세 있는 말씀을 전할 수 있도록 도와주시옵기를 간절히 기도하옵나이다.

이시간 찬양으로 하나님께 영광돌리는 찬양대도 하나님 은총가운데 붙드셔서 하나님께 기쁨을 드리는 찬양을 하게 하옵소서.

이 모든 말씀을 우리 주 예수그리스도 이름으로 기도하옵나이다.

－아 멘－

2006년 7월 30일(주일)

기도 : 박완신(소망교회, 관동대교수)

제7부
북녘하늘, 평화로 하나

북녘하늘／평화로 하나

[북녘하늘]

작사 : 박완신
작곡 : 김기웅

17
G
D7
G
자 유 로 평 화 심 고
평 화 로 자 유 심 어 —
자 유 로 평 화 심 고
평 화 로 자 유 심

21
C
A7
D7
G
믿 음 과 사 랑 으 로
잡 은 손 뜨 거 웠 네
어 —
사 랑 으 로

평화로 하나

Μοδερατο
작사 : 박완신
작곡 : 김기웅
파 아 란 하 늘 아 래 뜨거 운 사 랑 일 어
칠 천 만 가 슴 들 은 믿음 으 로 부 르 네
조 국 을 사 랑 하 는 마음 들 이 모 여 서
눈 물 과 웃 음 얽 겨 래 함 성 — 드 높 아
한강 에 서 대 동 강 — 능 라 도 에서 여 이 도
아름 다 운 금 수 강 산 우 리 함 께 — 가 꾸 며
평 화 와 통 일 의 꽃 기 쁨 으 로 피 어 났
서 울 과 평 양 의 손 힘 차 게 붙 — 들 었
평 화 로 하 나 — 로 세 계 로 달 — 려 가
네 (후렴) 사 랑 도 하 나 마 음 도
네
자 하 —— 나

B♭7
E♭7
A♭
B♭7
하 나
온 겨 레
믿 음 으 로
노 래 부 르
하——나 온 겨 레
믿 음 으 로
노 래 부 르
E♭
A♭
B♭7
f
자
서 울 과
평 양 하 늘
평 화 로
자
서 울 과
평 양 하 늘
평 화 로
E♭
B♭7
E♭
Cm7
ff
물 들 었
네
물 들 었
네

주요저서

「북한행정론」, 서울 : 희성출판사, 1988
「북한선교 1권 통일의 길목」, 서울 : 엠마오, 1989
「북한선교 2권 통일의 그날」, 서울 : 엠마오, 1989
「교회행정론」, 서울 : 기독교문사, 1991
「교회정치론」, 서울 : 기독교문사, 1993
「구하는자의 은혜」, 서울 : 국민일보사, 1992
「소망의 여정」, 서울 : 지구문화사, 1996(수필집)
「신 북한행정론」, 서울 : 지구문화사, 1995
「북한종교와 선교통일론」, 서울 : 지구문화사, 1996
「인간과 윤리」 (공저), 서울 : 지구문화사, 1994
「신정치이념과 민족통일」 (공저), 서울 : 지구문화사, 1995
「꿈에도 소원은 통일」, 서울 : 답게, 1997
「평화통일과 북한복음화」 (한기총), 서울 : 쿰란, 1997
「북한의 경제와 경영」, 서울 : 서울프레스, 1998
「금강산에 메아리친 통일의 노래」, 서울 : 서울프레스, 1999(시집)
「신 북한학」 , 서울 : 서울프레스, 1997
「마음으로 여는 통일」, 서울 : 답게, 1999
「평양에서 본 북한사회」, 서울 : 답게, 2001
「통일시대대비를 위한 신 북한행정론」, 서울 : 지구문화사, 2002
「북한종교와 선교통일」, 서울 : 지구문화사, 2002
「평양하늘을 울리는 사랑의 노래」, 서울 : 지구문화사, 2006

평양하늘을 울리는 사랑의 노래

2006년 12월 10일 초판 인쇄
2006년 12월 15일 초판 발행

저 자/박 완 신
발행인/주 병 오
발행처/지구문화사

경기도 파주시 교하읍 문발리
파주출판문화정보산업단지 518-2
영업부 (031) 955-7566·7577
편집부 (031) 955-7731~3
FAX (031) 955-7730

값 12,000원

ISBN 89-7006-397-8

등록번호/1979년 7월 13일 제9-57호